U0799907

暨南大学本科教材资助项目（普通教材资助项目）

新闻传播学教材

CONVERGENCE JOURNALISM
融合新闻学

陈伟军　主编

南方日报出版社
NANFANG DAILY PRESS
中国·广州

图书在版编目（CIP）数据

融合新闻学 / 陈伟军主编. — 广州 ：南方日报出版社，2021.9
ISBN 978-7-5491-2425-1

Ⅰ. ①融… Ⅱ. ①陈… Ⅲ. ①新闻学—教材 Ⅳ. ①G210

中国版本图书馆 CIP 数据核字(2021)第 186014 号

RONGHE XINWENXUE
融合新闻学

主　　编：陈伟军
出版发行：南方日报出版社
地　　址：广州市广州大道中 289 号
出 版 人：周山丹
责任编辑：刘志一　黄敏虹
封面设计：肖晓文
版式设计：梁春薇
责任技编：王　兰
责任校对：阮昌汉
经　　销：全国新华书店
印　　刷：广州市岭美文化科技有限公司
开　　本：787mm×1092mm　1/16
印　　张：17.75
字　　数：350 千字
版　　次：2021 年 9 月第 1 版
印　　次：2021 年 9 月第 1 次印刷
定　　价：48.00 元

投稿热线：（020）87360640　读者热线：（020）87363865
发现印装质量问题，影响阅读，请与承印厂联系调换。

目 录

绪　论

媒介技术变革与新闻生产转型

- 媒介技术变革与融合新闻溯源
- 融合新闻实践与学科知识构建
- 媒体深度融合与新闻场域转换

日新月异的信息和通信技术促成了互联网、手机等新媒体的崛起，媒介技术的不同属性和使用情境塑造了不同的新闻形态，新闻生产、传播变革成为必然趋势。融合新闻，是以数字编码、数字交换、数字通信和数字存储等信息技术为基础，依托电脑、手机等智能设备设施，借助互联网、大数据和人工智能等演绎手段，发挥流媒体、超文本链接、“比特”叙事的优势，生产出的融语言文字、图像、音频、视频或虚拟现实、增强现实场景等为一体的新型交互式新闻样态。

新媒体技术浪潮的涌动，对传统的新闻业形成巨大冲击，其影响不仅体现在技术层面的融合新闻生产、传播方式上，同时更深刻地表现在媒介发展理念、思维范型、整体布局和实践路径等诸多方面，新的现象和新的问题层出不穷，新的实践经验不断汇聚。2020 年 9 月，中共中央办公厅、国务院办公厅印发了《关于加快推进媒体深度融合发展的意见》，要求“以先进技术引领驱动融合发展，用好 5G、大数据、云计算、物联网、区块链、人工智能等信息技术革命成果，加强新技术在新闻传播领域的前瞻性研究和应用，推动关键核心技术自主创新。要推进内容生产供给侧结构性改革，更加注重网络内容建设，始终保持内容定力，专注内容质量，扩大优质内容产能，创新内容表现形式，提升内容传播效果。要深化主流媒体体制机制改革，建立适应全媒体生产传播的一体化组织架构，构建新型采编流程，形成集约高效的内容生产体系和传播链条”①。2021 年 3 月发布的《中华人民共和国国民经济和社会发展第十四个五年规划和 2035 年远景目标纲要》提出，推进媒体深度融合，做强新型主流媒体，推进国家、省、市、县四级融媒体中心（平台）建设②。在宏观战略和实践操作层面加快推进媒体深度融合发展，必然带来广泛的辐射效应。

媒体发展环境及运作逻辑的变化，同时影响着新闻学的知识生产，传媒领域的重新组构，悄然改变着我们时代的新闻生态和知识场域。聚焦当今时代的媒介变

---

① 《中办国办印发〈意见〉加快推进媒体深度融合发展》，《人民日报》2020 年 9 月 27 日第 1—2 版。

② 《中华人民共和国国民经济和社会发展第十四个五年规划和 2035 年远景目标纲要》，《人民日报》2021 年 3 月 13 日第 10 版。

局，探讨如何建立融合新闻学的理论框架、方法策略、实践路径和教育方式，是一个深具理论价值与应用价值的重要命题。

一、媒介技术变革与融合新闻溯源

信息化、网络化、智能化技术赋能新闻生产变革，将新闻业带入前所未有的变局和大转型，新闻内容呈现、运作模式、业态和场景处于不断创新之中。大数据、虚拟现实、人工智能、5G 等技术直接加快了融合新闻业发展的步伐，传统媒体与新媒体在更广阔的平台上相互竞争、融合，为新闻业带来了新的挑战和机遇。融合新闻是新技术、新平台催生的一种现实选择，它体现在媒体发展战略转型、信息资源整合、业务技能更新等诸多方面。全球性的科技创新浪潮推动新闻生产因时而变，内容资源的开发方式、媒体品牌的建构策略、内容产品的呈现形态和价值品质等，被高科技激活而具有了各种各样的可能。科技创新为新闻业带来了无限活力。

科技创新是新闻生产变革的强劲动力，在媒体深度融合形势的催逼下，传媒业跨越疆域界限全面竞争。"全媒体不断发展，出现了全程媒体、全息媒体、全员媒体、全效媒体，信息无处不在、无所不及、无人不用，导致舆论生态、媒体格局、传播方式发生深刻变化"①。"四全媒体"成为技术驱动下媒体深度融合发展的大趋势，它们分别在时间维度、空间维度、主体维度、效能维度等方面营构了全新的生态。技术更新升级推动着新闻生产进行深刻的调整。高新技术为新闻产品的开发、传播和接受，提供了更为广阔的空间。建设新型主流媒体，需要以互联网思维优化多样化资源配置，将"移动优先"、采编流程重构、内容表现形式创新、运营模式转换作为战略发展的进路。

数字革命推动技术与新闻"联姻"，深刻影响了新闻传播的形态与质态，促使传统的新闻学研究必须作出回应和更新。无论是新闻业界还是学界，对于数字语境中的新闻形态，均有多个术语来指称，如网络新闻、互联网新闻、新媒体新闻、全媒体新闻、融合新闻等。命名是理论研究对事物和现象说话的一种方式，就像运用语言是人对世界说话的方式一样。如果没有相对统一的术语和理论框架，对数字语境中新闻样式的研究就很难科学化。新闻学研究的推进，新概念、新语词和新术语的规范使用是最基本的工作。本书将数字语境中的多模态互动新闻，命名为"融合新闻"，探讨其生成、特质与演化规律。对新的新闻现象进行命名、阐释，不仅

---

① 习近平：《论党的宣传思想工作》，中央文献出版社，2020，第 354 页。

能给无序的处于流动过程中的媒体格局带来某种秩序，而且使对象置于特定的理论框架和阐释模式中获得理解并确定其价值，形成有关数字语境中新闻形态的新理论。

“融合新闻”的术语溯源，其前身是“网络新闻”。我国在 1994 年接入国际互联网，网络新闻在 1995 年应运而生，其标志是《神州学人》和《中国贸易报》电子版上线。研究者将“网络新闻”定义为：“在互联网上传播的新近发生的、为受众所关注的信息。”具体而言，网络新闻又有广义与狭义之分。广义的网络新闻是指互联网上各类网站如新闻媒体网站、娱乐体育网站、医疗健康网站、电子商务网站、金融证券网站、科技教育网站、工业企业网站、生活服务网站、人力资源网站、电脑网络网站、政府网站、个人主页和个人站点等所发布出来的各类有传播价值的新信息。狭义而言，则专指互联网上的新闻类信息，包括传统媒体所设网站发布的新闻信息、其他网站设立的新闻中心或新闻板块发布的新闻信息、国家有关部门设立的专门网站所发布的新闻信息、个人主页和站点所发布的新闻信息等[①]。学界和业界讨论的网络新闻，通常是就狭义而言的网络新闻。

数字化、网络化技术迅速推动新闻业变革，新闻业界和学界多用“网络新闻”一词来命名互联网催生的新闻形态。这方面代表性的著作如杜骏飞的《网络新闻学》（中国广播影视出版社 2001 年版），考察了泛传播的观念与网络传播，审视网络新闻业的发展历程，对网络新闻业的战略进行分析，阐述网络新闻与传统新闻的竞争与合作，探讨网络新闻的新闻价值系统，同时提出了网络新闻采访、写作、编辑的基础理论。彭兰的著作《中国网络媒体的第一个十年》（清华大学出版社 2005 年版），追踪中国网络媒体发生、发展进程，对中国网络媒体最初十年的景观进行了全程式、全景式的记录。在该书中，彭兰也是用“网络媒体”“网络新闻”术语来分别命名互联网兴起后出现的新媒体和新闻形态。国外学者对网络新闻发展也给予密切关注，如美国的研究者理查德·克雷格（Richard Craig）著《网络新闻学：新媒体的报道写作与编辑》（刘勇主译，中国时代经济出版社 2010 年版）一书，对网络新闻采访、网络新闻写作、网络新闻编辑技巧进行了详细探讨。

“网络新闻”术语，在一段时期内成为普遍认同、使用的概念，学界和业界对网络新闻学的探讨也逐渐深入，其标志之一便是“网络新闻学”课程和教材建设在 21 世纪初迅速展开，网络新闻学的研究对象、学科名称、学术定位开始逐步清晰。代表性的教材如董天策的《网络新闻传播学》（福建人民出版社 2007 年版），

---

① 钟瑛：《论网络新闻的伦理与法制建设》，《新闻与传播研究》2000 年第 4 期。

该书对网络新闻生产、传播过程中的各个业务环节、业务领域基本技能进行了阐释，包括网络新闻传播的历程、网络新闻传播的特性、网络新闻价值的取向、网络新闻传播的准则、网络新闻采访、网络新闻写作、网络新闻编辑、网络新闻专题、网络新闻论坛、网络与公民新闻、网络新闻工作者等各个方面。

尽管网络新闻学的名称开始确立，但它也不能完全概括、反映变动中的融合新闻实践。随着技术变革和媒体探索的深入，融合新闻学应运而生。代表性的著作如石长顺的《融合新闻学导论》（北京大学出版社 2013 年版）、李兰主编的《融合新闻写作》（浙江大学出版社 2016 年版）、刘冰的《融合新闻》（清华大学出版社 2017 年版）等，澳大利亚研究者斯蒂芬·奎恩（Stephen Quinn）的《融合新闻报道》（张龙等译，北京大学出版社 2015 年版）、美国珍妮特·柯罗茨（Janet Kolodzy）的《融合新闻学实务》（嵇美云译，清华大学出版社 2016 年版）等。数字化成为世界范围内媒体发展的一种趋势，"融合新闻学与新闻报道方式有关"①。这些著作阐明了融合新闻的基本理念、融合新闻报道的表现形式、融合新闻的写作基础、融合新闻文本写作、融合新闻报道的体裁、融合新闻报道的结构。研究者提出，融合新闻是运用融合思维与方法采集、呈现事实信息的互联网新闻样式，它建立在媒介融合技术发展的基础上，综合而又灵活地运用文字、图片、音频、视频等多种媒介元素来报道新闻，注重互动设置、关键词与超链接的运用，强调提升新闻服务品质、用户体验和呈现效果②。即时性、互动性和参与性，是融合新闻的重要特质。

融合新闻不能简单地视为新闻类型，它是一种"自主性"的力量，也遵循技术变革、内容生产、社会规制的多重逻辑。融合新闻作为当代高新技术与内容产业结合的产物，引发新闻和技术的大跨度"杂交"与融合，它是媒体最新实践的结晶，同时开辟了新的知识领域。异常复杂的融合新闻生产、传播和快速变动的信息环境，很难用一种传统的新闻学理论来描述和阐释。

二、融合新闻实践与学科知识构建

数字新媒体的强势崛起，改变了新闻业的运作环境。在新的技术平台上，传统媒体与新媒体大汇流，融合新闻生产成为一种必然趋势。传媒行业原本存在着各自分工，报刊、广播和电视之间界限分明。然而，新媒体技术打破了分工的壁垒，各

① ［澳］斯蒂芬·奎恩：《融合新闻报道》，张龙、侯娟、曾嵘译，北京大学出版社，2015，第 3 页。
② 刘冰：《融合新闻》，清华大学出版社，2017，第 19—20 页。

种形式的传播发生了彻底的变革，媒体行业面临前所未有的变局和大幅度调整的命运，新兴业态不断涌现，传统模式所设定的专业操作界限难以适应融合新闻的潮流。在这样的语境中，新闻业的流程逐步再造，融合新闻的理论、方法与实践模式处于调整变化之中，其知识体系也必须相应进行更新。融合新闻是随着互联网、电脑、手机的普及而勃兴的，其报道方式、文本形态越来越多样。5G、大数据、云计算、虚拟现实、人工智能和区块链等技术所引发的新闻实践和新闻学原理的改变，已经是不争的事实，问题在于如何应变和怎样构建新的理论框架。

媒介技术飞速发展，融合新闻大潮席卷而来，我们需要在理论逻辑上把握新媒体如何改变新闻的存在方式，揭示其对传统新闻规制的技术改写。本书的一个基本立足点是：融合新闻学理论、方法与实践模式重构。这一基本立足点关联以下问题：在融合新闻学理论范式嬗变的过程中，技术逻辑改变了新闻学的话语系统，如何揭示融合新闻生产、传播、接受中的技术力量和内在机理？融合新闻革命究竟会对新闻理念、操作方法、媒体实践带来哪些影响？新技术改写了媒体与用户之间的关系、人与文本之间的关系、思维认知与媒介载体之间的关系，日常生活日益以网络为中心，被重新编码的新闻文本是否被赋予了新的意义和本质？我们该如何对数字时代的技术变革及新闻走向进行定位？这些问题，在实践和学理层面都向我们提出了巨大挑战。

作为一种全新实践和话语重组，融合新闻及其相关要素的汇聚与整合，对我们时代的新闻生态和学科架构形成巨大冲击。基于网络、手机的新媒体及其引爆的媒介融合，搭建了“一个超越历史上全部既有知识的平台，在此之上演绎出一幅全球化、个人化、现代化、社会化、信息化交相融合、此起彼伏的宏伟动人图景”，“成为新的生产关系、知识机制、价值规律、文化观念、意识形态的社会化生产要素，它既具有继承人类过去的本能，更具有开辟未来、突破创新的天性”①。可以说，传统的新闻理念、新闻生产与传播的方式在数字环境下发生了种种变异。

在通常情况下，学科是用来进行知识分类的，指一定科学领域或一门知识专业。知识原本没有学科门类的界限，人们对不同知识体系的抽象和划分，是为了学习、研究的需要。特定时期在某个学科名义下被研究的东西并非“自然的”对象，而是一个人为建构的知识场域，这个场域本身就是通过学科的实践建构起来的。随着融合新闻实践的展开，新闻学知识和技能更新速度的不断加快，新闻理论知识、实务应用知识和媒介技术应用的传统界限已日渐模糊。融合新闻生产模式的变化，

---

① 苏志武：《新媒体：竞合与共赢·序言》，载李怀亮《新媒体：竞合与共赢》，中国传媒大学出版社，2009，第1页。

要求我们重新审视新闻学学科知识、基本理论。

数字媒介推动新闻不断“扩容”，融合新闻学的学科内涵发生了显著变化。目前有关融合新闻的研究取得了不少成果，人们从新闻类型、文本特征、媒介运作等角度作了一些有针对性的探讨，我们对融合新闻的叙事机理、话语结构和文体特质的认识不断深入。然而，融合新闻实践始终是处于不断发展、演化之中，新的技术应用和媒介逻辑催生新的操作手法和文本变异，因而我们需要不断进行新的经验总结和理论阐释。

融合新闻改变了新闻学既有的知识体系，而这种变化则可以从实务操作以及叙事学、文体学等多维度展开。“边界跨越已经成为知识生产过程的一部分，不是一个外围事件，教与学、研究与学术以及服务工作，不再简单地是学科内部与学科外部的问题，学科互涉问题既在学科之内，也在学科之外。现在，学科每天都经历着众多领域的推拉和强大的新概念、新范式的拽扯，由于专业化已经扩展到新的问题领域，知识视野也扩大到新的经验领域和现象领域。新领域中兴趣的不断增加产生出新的知识范畴，它们填充在已有学科之间”①。随着融合新闻的勃兴，加强融合新闻学话语体系建设显得十分必要，这一领域还有很大的学理拓展空间，我们需要运用多学科的理论来进行探讨。

由于技术已渗透到新闻生产的各个环节，融合新闻文本的内容和形式发生了巨大变化。新的融合新闻文本形态不断涌现，这就在实务操作的方法论层面提出了新挑战。融合新闻不断翻新样态，超出原有的话语规范，寻求新的理论阐释框架。在构建融合新闻学的理论框架时，本书重点考虑以下要素：

一是融合新闻的本体构成。在本体论上，融合新闻并未改变新闻的本质，它依然以“真实”为生命，立足于报道事实的基础，但却在这个基础上添加了“虚拟现实”“人工智能”“沉浸式体验”等维度。

二是融合新闻的生产主体。媒介本身就是生产力，它在技术变革的基础上优化新闻生产、传播环境，同时通过塑造主体的观察方式、感知方式、表达方式来推动新闻生产、传播和接受。技术变革为新闻生产开辟了更大的空间，用户生成内容越来越成为常态。“当记者和网络用户都能生产出可能具有同等新闻价值的媒体内容时，新闻工作的权威也发生了转变。”② 专业媒体新闻内容生产，与用户内容生产构成共生关系。专业人士与业余人士合作，形成互补效应。

---

① ［美］朱丽·汤普森·克莱恩：《跨越边界——知识　学科　学科互涉》，姜智芹译，南京大学出版社，2005，第 71 页。

② ［美］尼基·阿瑟：《〈纽约时报〉是怎么做新闻的》，徐芳芳译，上海译文出版社，2019，第 24 页。

三是融合新闻的文本形态。数字媒介为新闻内容呈现提供新的方式，并不断创造出形式新颖的多模态话语，我们该如何体认融合新闻生产的新语境和新文本形态？数据新闻、H5 新闻、短视频新闻、移动新闻直播、VR 和 AR 新闻、新闻游戏等各种融合新闻样式，与传统新闻文本的叙事属性和文体特征有很大差异。

四是融合新闻的操作方法。融合新闻区别于传统新闻，不仅是媒介载体的不同，更重要的是操作理念和操作方法的改变，我们需要从方法论上总结出其内在规律。

五是国内外媒体的融合新闻实践路径。融合新闻学的理论构建，必须始终植根于实践的基石，追踪国内外主流媒体的融合新闻实践，把握其现状和发展趋向，总结其操作经验，揭示其中存在的问题。

六是融合新闻生态反思。数字媒介推动新闻生产转型，一方面引发了当代新闻观念变化和传媒格局变迁，另一方面也带来一些负面问题。辩证看待融合新闻，是学科基本理论构建必须坚持的立场。融合新闻越来越成为一种混合体，技术在其中发挥着重要作用，各种新闻成规、惯例被改写，特别是虚拟现实新闻、新闻游戏等形态的出现，新闻与非新闻的界限似乎不再鲜明。我们需要从认知模式和新闻教育的角度反思当前的新闻生态，提出融合新闻操作的改进策略。

本书立足于信息技术革命的背景，整合新闻传播学、叙事学、文体学等学术资源，从理论、方法与实践维度推进融合新闻学话语体系构建。从技术与新闻融合视阈，探索融合新闻学构建的学理依据和现实路径，把握国内外主流媒体的融合新闻实践，将相关学术资源放在融合新闻学的理论框架中融会贯通，依据它们在学理上的内在联系进行整合和运用，转化为对媒介现实问题的科学阐述，形成有机的、系统的学理结构，使理论框架、研究内容、逻辑结构、研究方法和观点创新等形成完整的系统，提出融合新闻学理论、方法与实践研究架构，从一个方面为数字时代新闻学学科体系重构提供学理支撑。

三、媒体深度融合与新闻场域转换

数字时代社会生活、媒介技术变迁和媒体生存状况的变化，为多样化的融合新闻生产、传播提供了现实依据。新闻领域的变革常常是与社会变革相伴随的，社会结构裂变、媒体环境变迁、新闻观念调整对新闻生产的影响极其巨大。较之历史上发生过的传播革命，数字技术带来的颠覆性影响将更为深远，传统媒体和新兴媒体在体制机制、组织架构、平台构建、运营模式、采编流程等方面加快实现深度融合，新闻生产、传播出现了重大改变。基于互联网思维优化资源配置，媒体深度融合发展的运作逻辑，推动新闻场域转换，催生新闻与传播新生态、新秩序。

数字时代新闻生产、传播和接受方式的转换，带来了新闻效应和认知论的深刻转变。新媒体影响着人们感知世界、认识事物的方式，整个社会的信息场域变得更复杂、更多元。海量信息渗透到日常生活的各个角落，成为泛化、分散化的信息碎片。各种新闻热点现象层出不穷，人们的注意力频繁转换，不再有固定的焦点和中心旨趣。日益扩张的自媒体信息，助长了“快餐文化”的盛行，新闻产品的易变性和用户注意力的短暂性并存，“信息过剩”与“信息饥渴”共生。在“即刻性”“实时性”信息产品充盈的场域中，各种视听刺激物不间断的轰炸，造成了能指漂浮、感觉超载、意义断裂等问题。用户从碎片化信息中激发的刺激越强烈，获得的体验越丰富，人们对数字内容意涵的感知却容易流于表面。探讨融合新闻生产，就是要掌握其中的规律，提升融合新闻文本的思想、温度和品质。

新技术从新的维度延伸人的能力，对原有的成规和惯例却造成冲击。“现在面临的不是自然的进化，而是颠覆性的革命；不仅仅带来了新的工具，而是彻底改变了整个生态环境。”① 传统媒体的垄断地位被打破，社交媒体在抢占人们的注意力。“消费者对新技术和媒介的采纳在数字时代更快，采纳曲线呈现出加速的趋势。”② 融合新闻不仅改变了用户对新闻的期望值，而且以其独特的信息编码方式创造了一个新的媒介生态系统和一套新的期望值。

数字智能设备极大地提升了人类聚集新闻信息、传播新闻信息的能力，我们需要提升分析、使用新闻信息的能力，改革新闻教育与人才培养模式。要在实践上和理论上适应科技进步带来的数字工具革新与新闻场域转换，必须相应地进行媒介价值重塑和认知重构。“社会的万花筒不断地在旋转，总是以永远变动的、新的和不同的形态出现在我们面前，因此，我们很难辨别出一种持久的结构来。”③ 置身于如此激烈的技术变革和社会转型时代，我们只能从变化着的现实状况和媒介格局出发，以开放性的思维、前瞻性的眼光，打破那种传统的、因循守旧、故步自封的模式，将技术与人文、事实与价值相结合，探求我们时代的媒体变革和融合新闻发展路径。

---

① 彭增军：《新闻业的救赎：数字时代新闻生产的16个关键问题》，中国人民大学出版社，2018，第49页。

② ［美］埃弗里特·E. 丹尼斯、梅尔文·L. 德弗勒：《数字时代的媒介：连接传播、社会和文化》，傅玉辉等译，中国人民大学出版社，2019，第36页。

③ ［英］詹姆斯·库兰、［美］米切尔·古尔维奇：《大众媒介与社会》，杨击译，华夏出版社，2006，第146页。

第一章

融媒体发展逻辑
与融合新闻报道理念

- 融媒体发展逻辑
- 融合新闻报道理念

数字技术的兴起，带来了一场空前的信息革命，融合新闻逐渐成为主导新闻形式。在融合新闻发展的大潮之中，主流媒体都在积极探索新闻生产的新模式，以适应数字时代新闻生产流程变革、内容消费模式转换的新要求。信息技术革命推动融媒体发展，形成了独特的内在逻辑，这一逻辑又驱动融合新闻报道理念、文本形态不断更新。

第一节　融媒体发展逻辑

融媒体是融合新闻的直接载体，必须立足实际，抓住技术这一关键因素，紧跟变革潮流才能在这瞬息万变的时代立足。融媒体在中国的发展，主要存在四种逻辑，即政治逻辑、文化逻辑、技术逻辑、市场逻辑。探讨这四种逻辑要从融媒体发展现状出发，洞悉以主流媒体为代表的融媒体如何借助互联网技术重组媒体格局，重塑媒体生态，以适应时代发展与要求。

一、融媒体发展现状

2018 年以来，我国媒体行业已经进入深度融合、多元发展、不断升级的新阶段。有学者从宏观层面总结了中国媒体融合发展的特点：智能化技术深度落地引领产品服务升级；内容迭代升级推动融媒体产品范式更新；平台聚合互动激发媒体融合活力①。在拉斯韦尔提出的“5W 传播模式”中，信息传播过程具有五大要素，即传播者、信息、媒介、接受者、传播效果，这是传播活动得以发生的条件。从微观层面来讲，技术驱动下的融媒体发展，使得传播的各个要素皆发生了巨大变化，重塑着信息传播模式。

（一）信息聚合平台崛起

互联网技术的演进，使社交媒体与短视频平台获得空前发展，极大程度地为公众赋权，将大众从被动的信息环境中释放出来，获得了话语权与传播主动权。具有

---

① 黄楚新、刁金星：《盘点 2018 年中国媒体融合多元发展》，《新闻论坛》2019 年第 1 期。

媒体属性的信息聚合平台也成为信息集散地，虽然没有新闻采访权，但利用算法的智能筛选极大地满足了大众的定向信息需求，也成为信息传播主体之一。多元传播主体格局一方面满足了大众多元化的信息需求，促进了信息传播与信息公开，另一方面也使传统媒体的话语权受到了极大挑战，对传统媒体的发展提出了新的要求。

（二）传播渠道更加多元

进入万物互联、万众皆媒的时代，新的终端入口越来越多，传播渠道交织成网，覆盖着整个社会。社交媒体、信息分发平台等新进入者打破了原有主流媒体主导的传播权力格局，使得信息传播走向普遍化与大众化。在现代信息传播技术的推动下，人类传播关系格局正在变化，从“一对多”的大众传播模式转向“多对多”的以分享、互动为特征的社交化传播①。

（三）传播内容变革

数字化技术的出现促进了新闻报道在内容和形式上的极大创新。当下我们正处于视觉化向数字化过渡的阶段，从微观层面来看，信息的传播形式也成为新闻内容的一部分，如数据新闻、H5 新闻等皆是以技术与数据为基础，而技术与数据本身也是内容。从中观层面来看，内容的含义更加广泛，传播内容不仅指新闻内容，也包括其他一切影响大众或社会发展进程的传播活动，这时传播内容不但具有传播信息的功能，也承载着连接社会的责任。

（四）受众身份转变

社交媒体的崛起，使大众拥有了“发声筒”，可随时随地生产信息、发布信息。受众是信息接收者的同时，也成为信息的再加工者甚至是信息生产者。他们的力量足以影响社会舆论甚至制造社会热点。另外，大众媒介素养的提高与愈发熟练的媒介使用能力，使其熟知信息生产发布的流程，不再产生盲目的信息崇拜，而信息平台的增多使受众不必依赖某一个或几个信源，导致其对所要接收的信息更加“挑剔”。拥有了自主选择权，被动接收信息的受众身份转变为主动选择信息的用户身份。

（五）传统媒体加快融合转型

具有媒体属性的商业平台逐渐崛起，打破了既有的传播格局，成为具有庞大用户的信息源平台之一。曾经占主导地位的传统媒体，受众不断被分流，原有的广告盈利模式受到巨大冲击，传统媒体在发展过程中面临着严峻的运营困境。为走出困

---

① 宋建武：《以服务构建用户平台是媒体融合的关键》，《新闻与写作》2015 年第 2 期。

境，改变现状，传统媒体正积极向融媒体转型，这个过程面临着如何整合重组产业链、商业模式需要更新升级、流量变现能力有待加强等现实问题。

二、融媒体发展的技术逻辑

定向采集、单向传播、被动接收的传统传播模式已经被多元化、去中心化、互动化的新媒体传播思维所替代。基于融媒体发展现状，借助技术这个釜底之薪可助力传播内容与媒介渠道的变革升级。而经营困境追根究底是源于传统媒体无法适应新市场环境下的竞争法则。

融媒体的产生与发展本质上是一场技术驱动下的信息革命。在这场浩浩荡荡的、以技术为驱动力的信息革命中，媒介融合就是基于"互联网 +"、"人工智能 +"、算法等技术进行创新和社会话语重组的一场深刻变革。技术作为融媒体发展的底层支撑，一定程度上决定着融媒体的本质以及发展的方向。正是技术变革使得融媒体生产成为现实，因此要讨论融媒体发展逻辑，技术是必须关注的重点因素之一，其对融媒体的发展从传播内容到传播渠道以及实现有效传播都起到了关键性作用。

德布雷提出"媒介圈"的概念，用以展现技术、媒介、人与社会之间的新型复杂关系，它们之间不是单向的谁决定谁的问题，而是以互相嵌入、互相影响且互相促进的方式描绘出一种新型社会形态。技术创造的媒介圈，就是社会形态本身①。德布雷所指的话语圈、图文圈、视频圈，它们所指代的不仅仅是传播技术改革而引发的媒介变迁与话语方式改变，更是人类社会的发展过程与演变轨迹。视频圈，以及正在形成的数字圈，就是我们当前身处的整个世界②。这种描绘突出了媒介演变的一个真相，那就是技术的最终目的是要使一切信息表达与人的感官贴合。

（一）技术驱动下的内容生产多元化、精准化

技术手段的更新迭代，媒体形态的发展变化，都是为了更好地呈现内容。人人媒体时代，众声喧哗，但我们必须意识到，越是嘈杂的时代越需要优质的内容。这个内容不单指深度报道、专业评论等传统意义上的新闻内容，新闻采集手段、发布速度、内容呈现形式等都成为内容的一部分。在新中国成立 70 周年阅兵庆典中，人民日报、新华社等主流媒体推出的融媒体产品如 H5《全民换装，接受祖国检

---

① 孙玮：《融媒体生产：感官重组与知觉再造》，《新闻记者》2019 年第 3 期。

② ［法］雷吉斯·德布雷：《媒介学引论》，刘文玲译，中国传媒大学出版社，2014，第 45—50 页。

阅》《我在复兴大道70号遇见你》，手机游戏《家国梦》等，满足了大众的多元化信息与社交需求。并且，随着信息传播渠道的增加，信息过剩成为我们这个时代的症结，面对海量信息，个性化和特色化成为衡量媒体内容产品的重要指标，一个好的新媒体产品要能够满足用户的定向需求——垂直媒体应运而生，借助算法技术智能推荐，做精做足专业领域信息，向大众提供更加精准的信息。

（二）技术支撑下的传播渠道边界消融

在技术的推动下，媒体平台不再是信息分发的唯一渠道，媒体平台的功能也不再是单一的信息分发、内容传播。媒体的边界淡化，媒体与社会其他产业形态之间的界限也在媒体融合的过程中逐渐消融。

边界消融包含三个层次。首先是媒介渠道的边界模糊，信息准入口与信息出口同步扩大。“屏屏可传播、处处皆入口”的全媒体传播时代已经到来，特别是5G带来的“新兴屏”大爆发。车载屏、柔性屏、智能音箱、智能机器人等新终端，正在不断为用户提供新使用场景①。其次是从人类传播活动的内部要素出发，包括技术、经济、主体、内容、规范等因素的边界消融。这一层次的边界消融强调媒体融合的若干基本特征，包括多层面、多视角、界限模糊和不断变化等②。最后，边界消融走向更广泛、更深的层次，即产业边界模糊和跨产业资源与功能整合。

（三）以技术为手段，实现有效传播的最终目的

媒体融合不是终极目标，终极目标是实现有效传播，夺得话语权，掌握主导权。推动媒体融合发展是掌握舆论主导权、占领传播制高点的必由之路，而想要尽快通过这条路走到尽头收获相应社会效果，就必须借助算法、大数据等技术手段，实现精准、有效传播。只有明确用户需求，才能找准定位，在媒体融合的实践发展过程中赢得话语主导权。传统媒介组织在历史变迁中累积下来的价值体系构建了超越新型传播平台引导力、公信力的基石。在此基础之上媒介组织可利用自身资源、借助技术手段，增强社会认同，提高传播效果，占据舆论场的主角位置。

三、融媒体发展的市场逻辑

市场是媒介赖以生存和发展的场域，媒介融合本质上也是媒体产业化运营和实

---

① 钱蔚：《从国庆阅兵报道看主流媒体的融合创新》，http：//xhpfmapi. zhongguowangshi. com/vh512/share/6580286，访问日期：2020年3月1日。

② 韦路：《媒体融合的定义、层面与研究议题》，《新闻记者》2019年第3期。

体化转型的过程。融媒体想要在这场信息革命中“华丽转身”，就必须在当下的经济市场中找到能够为自己买单的运营发展模式。

媒体融合背景下，信息资讯、娱乐、学习、社交等已形成了特定的消费方式，如果只是向受众提供单一的新闻资讯，而忽略了融合信息产品和相关生活及政务服务，那么将无法打破生存的“紧箍咒”，也就必然面临着被淘汰出局的结局。想要抓住受众，必须契合用户心理，满足其全方位的需求，融入他们的生活之中，使其成为生活必需品。完成行业与产业的全面融合，实现了内容的多元场景与分发渠道的全覆盖，并不代表完全解决了融媒体的现实困境，好内容还得有受众进行消费，否则无异于“对空言说”，当下很多县级融媒体中心便面临着这样的问题。由于媒介所处的社会环境和时代环境发生了巨大变化，传媒竞争力的实现和影响力的增强离不开市场，大众传媒只有遵从基本的市场逻辑来获得大众和社会的认同，在市场中获得一定的资本支持，才能获得长足稳定的发展动力源泉。

（一）组织融合层面的市场逻辑

组织融合是指传媒企业内部的战术融合，通过优化企业内部结构，重整传媒行业资源，实现融合式的内容生产、信息推广和发展经营。同一媒体机构同时具有多元内容生产、全媒体发布、营销推广等功能，成为全传播产业链条的传媒企业，而不是单一的内容生产者、“笔杆子”行业。这一过程也被称为纵向整合。

运用产品思维，做好市场定位。以流量输送为核心的发展模式已经结束，注意力经济、广告收益等传统盈利模式已经无法支撑媒体继续运营。媒体融合的本质是围绕用户这一主体产生的用户参与和用户地位的转变①，所以融媒体的发展根本就是运用产品思维，将新闻用营销的思维方式去包装，使之成为一个有市场定位、用户定位和商业推介的产品。作为产品，需要考虑受众需求、营销推广、市场定位、竞争对手等多方面因素。用户正从单一的信息消费向多元型的综合文化消费转型，传媒消费市场也应同步转向多样性、多元化生产。

价值共创，价值变现。受众身份转变，加入内容生产者的行列之中，在自我表达的同时也在创造着价值。除了媒体与消费者的价值共创之外，媒体与信息聚合平台之间的合作也是另一种“价值共创”。人们的媒介使用正在向社交媒体的小众化倾斜，这会进一步加速信息平台的“内容荒”，这时便需要媒体平台为其提供优质的内容，信息聚合平台就变成了传统媒介的媒介，两者之间形成一种“价值共创”。要将所创造的价值变现，媒体就须在发展过程中利用经济原则，走向市场并

① 徐楠：《社群化运营：电视媒体运营转型的重要模式》，《电视研究》2017 年第 9 期。

最终获得运营资本。

（二）产业融合发展中的经济原则

产业融合是指原来独立运作、互不相通的媒体产业，如报纸、广播、电视以及网络媒体、影视行业甚至是文化产业之间的界限逐渐模糊。它们之间跨产业合并，组建成覆盖面更广、影响力更大的全产业链条媒体巨头。这种产业融合的集团化整合运营，已经成为当前全球传媒发展的趋势。目前全球的传媒巨头，如迪士尼、查特通讯、维亚康姆、哥伦比亚广播公司等，都是将出版、影视、游戏以及广告、运输、公共事务与公共关系等产业结合起来的全产业媒体集团。这一过程也被称为横向整合。“广告不够，产业来凑”的说法，反映了产业反哺事业、事业产业相互促进已成为很多媒体在收入来源上的必要补充的现实。布赖恩·卡欣、哈尔·瓦里安编著的《传媒经济学：数字信息经济学与知识产权》一书，对科研和商业化在线媒体、平面印刷媒体资源进行了比较分析，发现在线新闻为了实现盈利采用了四种收费模式，即订阅收费模式、广告收费模式、在线交易模式、组合收费模式①。融媒体发展过程中，没有哪一种具体的模式（或某几种模式的混合体）是完全合适的，但可以确定的是多种多样的创收形式是必要的。

利用“范围经济”削弱沉没成本带来的影响。沉没成本是指在运营发展过程中已经发生或付出的、不可收回的支出，如时间、金钱、精力以及逐渐被淘汰的技术开发产品等。一直以来，传统媒体为了跟上技术与时代的发展，不断被市场牵引着走，先后开发了诸如官方论坛、官方网站、电子报纸、移动端App等，但这样走在技术之后的“跟随”策略，造成了原来投资和使用的媒体产品形态尚未盈利就面临落伍的局面，由此产生了巨大的沉没成本②。面临如此困境，传统媒体在融合发展的过程中，应根据自身发展定位做好策略管理。另一方面，固定成本高和再生产成本低是信息商品的一个显著特征，可借助范围经济，减少必要的沉没成本。范围经济是指同时生产两种或多种产品，费用低于分别生产每种产品的总和，也就是“2<1+1”。比如在生产新闻信息的同时，提供生活服务信息、就业服务信息等。新浪、腾讯、网易等许多网络媒体就充分挖掘了媒体的“范围经济”效应，获得了良好的经济效益。新闻及媒体的概念边界日趋模糊，新闻可替代性增强，媒体平台注意力被极大分散，受众需求多元化导致新闻本身对媒体的直接价值影响正在下降，但从范围经济来看仍有重要意义。

---

① ［美］布赖恩·卡欣、哈尔·瓦里安：《传媒经济学：数字信息经济学与知识产权》，常玉田等译，中信出版社，2003，第61—90页。

② 姜东旭等：《传统媒体媒介融合的基础：成本、市场和收益》，《编辑之友》2015年第1期。

技术作为融媒体产生、发展的基本驱动力，影响甚至是重组了媒体信息生产传播的全过程。媒体的转型发展是被动的，但在转型的过程中，认清技术渗透到媒体“血液”里的方式，便可化被动为主动，借助技术带来的一切条件自我生长，借技术的风使融媒体的船扬帆远航。如果技术是扬帆的风，那么经济市场便是那承载融媒体之舟前行的汪洋大海，要想在翻滚的海浪中稳步前进，必须深谙市场逻辑、经济原则。传统媒体进行的媒介融合能否成功，就在于成本、市场和收益三者之间能否达到一种和谐的平衡状态，能否在不断更新重组的产业市场中形成竞争优势。传统媒体面临着无法避免的发展机制问题，必须从内部进行改革，将自己放入市场竞争的洪流之中去搏击，赢得长久发展的资本。在这个过程中，融媒体发展必须正确处理事业和产业之间的主客体关系，平衡发展。在融入市场、立足市场的同时，媒体必须明确自身的使命，高扬主旋律，传播正能量。

四、融媒体发展的政治逻辑

（一）坚持政治导向为根本

1. 以政治引领营造良好舆论生态

融媒体是传统媒体和新兴媒体进行融合形成的新型主流媒体，具有“资源通融、内容兼容、宣传互融、利益共融”的特点。当多种新形式的媒体加入原本由传统媒体主导的新闻生态的时候，良莠不齐的信息流和开放的平台内容给融媒体带来了挑战。不同形式的媒介融合不是“装在袋子里的土豆”，而是在共同的政治导向中，深度契合连接起来①。“资源通融”“内容兼容”让融媒体具有更加丰富的内容形式，同时在进行媒体运作的过程中能够更加高效地传播和生产；“宣传互融”“利益共融”则对于媒体的政治导向、立场、观点和方法有较高的要求。媒体融合的过程中，其传播效力随着内容多、形式多、渠道多的特点而被放大，同时政治功能和属性也在增强。原本单一、单向度的报道形式转变为多元、双向的形式，主流媒体的公众影响力在融合过程中逐渐形成并不断增强。因此，主流媒体要以党和国家的政治话语体系作为逻辑前提，准确传递党的主张和国家意志，把握好政治导向，以政治引领营造良好舆论生态。

2. 后真相时代下被凸显的“把关人”功能

后真相时代带来的信息爆炸，“情绪左右了真相，观点超越了事实”②。受众很

---

① 张萱：《融媒体发展的三个逻辑》，《当代电视》2018 年第 4 期。

② 漆亚林：《“后真相时代”新型主流媒体的价值重构》，《新闻与传播研究》2018 年增刊。

难分辨出信息的真假，在观点表达和传播中极容易受到情绪的影响，并产生了情绪和观点占据主导、只去关注和听取跟自己情绪有关的片面事实、失去仔细思考分辨的能力而忽略真相等后果。

在这种形势下，媒体的“把关人”角色尤为重要，主流媒体通过融媒体平台在海量的信息中筛选出真实信息，通过多渠道将事实真相展示给受众，使大众在了解真实的情况下合理有序地表达观点。主流媒体应通过“内容兼容”，将关于热议事件的全部信息源有效有机地整合，运用大数据运算和“云模式”建立起新的过滤机制，发挥媒体的正确导向和引导作用①。后真相时代的信息爆炸容易造成舆论场情绪极化，同时也是对主流媒体的考验和挑战。融媒体的功能和属性可以有效地有针对性地在新闻发布源头把关，还原事件真相；在传播过程中筛选有争议的信息，传递合理的观点和内容；并最终在与受众交流反馈的过程中，把握舆论走向，合理引导受众。强化议程设置功能是发挥融媒体政治属性，实现主流媒体政治引领的重要方式。

（二）改善网络政治生态

“网络政治生态”是各网络政治主体基于网络政治环境进行相应的政治活动而形成的政治生态模式②。网络政治生态主要关注网络政治主体、网络政治行为和网络政治环境三个方面。

在融媒体时代下，网络政治生态主要面临三方面的问题。第一，“全员媒体”对民意的整合形成挑战。低门槛的发声渠道让全民有机会参与政治讨论，在开放的平台拥有参与政治讨论的机会，但网民的判断能力和分析能力均有限，在参与网络政治讨论的过程中不免造成网络秩序的混乱，并让谣言有了生发和传播的土壤。第二，“全程媒体”让公众在媒体中的参与度上升，但在全程参与活动中对政治行为的规范可能带来冲击，缺乏理性的政治表达往往成为危害网络政治生态和谐的主要因素。第三，“全息媒体”通过技术给公众带来了丰富多彩的视听体验，但也有可能造成泛娱乐化的感受，使得受众在参与网络政治的过程中，将政治行为、政治人物、政治事件等话题以娱乐的方式看待，这种情况偏离了增强政治公信力的初衷。

改善网络政治生态环境，就要发挥融媒体的积极功能，规避在融合过程中容易出现的诸多问题，从融媒体本身找到改善策略。针对网络政治生态出现的问题，融媒体发展的对策如下：首先，面对“全员媒体”中海量的信息，应当建立政府民

---

① 张萱：《融媒体发展的三个逻辑》，《当代电视》2018 年第 4 期。

② 余艳红：《全媒体时代的网络政治生态建设：问题及对策》，《当代世界与社会主义》2019 年第 4 期。

意中心，利用大数据等技术整合民意，为政府决策提供有效的建议。其次，针对传播过程中的网络行为，应当充分利用媒介融合的传播优势，将信息与资源融合，消除网络谣言生存的空间，不断提升政府的公信力。再次，加强数字政府、电子政务建设，为公众和政府沟通建立通畅的渠道，保证公民理性参与政治讨论。最后，针对“全息媒体”中的娱乐化倾向，应当引导公众从“政治娱乐化”走向“政治责任化”，将合理参与网络政治当成构建和谐社会的一种责任。

五、融媒体发展的文化逻辑

（一）实现从文化管制到文化善治的转变

文化管制，是指文化发展中国家在意识形态以及市场监管等方面对文化实行的管理行为。所谓文化善治，就是使文化走向健康、有序的发展状态，最终使全体国民走向人的现代化①。从文化管制到文化善治的转变，是从文化传播到主体把控的转向，引导公众在把握基本价值的基础上进行文化自我治理。

目前，媒介文化治理过程中相关的法律规制并不是很完善，因此需要进行规范和补充，在监管和规制上对公众进行约束和规范。约束条例的滞后，会给文化管制带来模糊地带，公众不易建立自我管理的意识。

融媒体时代，媒介文化的发展应结合当下环境，从多渠道、多方位进行引导，实现从整体规定到平台治理，再到公众自身自上而下的同步改革。

（二）以新形式获得文化活跃主体认同

数字时代媒介产品无限丰富，媒介文化呈现多元趋势，二次元文化、迷文化、摇滚文化等渐渐占据媒介市场，并在青年群体当中作为主要形式传播。主流媒体在进行融合发展的过程中应当尊重亚文化的形式，将青年群体作为主要传播对象，并将主流价值与新型传播形式相结合，努力探索出一条成熟的道路。针对青年群体的传播，也要对他们进行专门的心理研究，对亚文化的“仪式抵抗”有准确的了解和认识，寻求价值上的基础认同，引导青年群体树立正确的价值观。

2019 年 7 月，中央广播电视总台新闻新媒体中心推出了短视频栏目《主播说联播》，节目内容密切关注时下热点事件，用轻快、通俗的形式，结合短视频的特点，在受众中得到好评。

共青团中央的微博自开通以来，将青年群体作为主要关注的受众。与传统媒体

---

① 陈龙：《媒体融合背景下媒介文化发展的国家意志和逻辑》，《传媒观察》2019 年第 5 期。

官方微博内容传播不同的是，共青团中央在信息发布上更加关注青年群体的话题，和青年群体在传播过程中积极互动，听取青年的声音。青年群体可以在微博上针对社会热点话题、国内外时政新闻发表自己的见解，官方机构也可以在互动中听到青年的声音。在微信公众平台上，共青团中央运用短视频的形式，利用青年主播讲解中国历史发展的故事、新时代国家的重要战略和布局，充分将青年团结在一起，实现文化的有效传播。

遵循数字时代的文化逻辑，主流媒体要充分认识网络亚文化的整体特征，吸纳其合理因素，建立新型文化生产机制，真正做到文化与科技层面的深度融合，在文化自信的背景下讲好中国故事，使主流价值观传播赢得受众的广泛认同。

第二节　融合新闻报道理念

融合新闻的呈现形式，目前正在各个新闻平台溢出，相较于以往单纯通过报纸、广播、电视传播新闻，融合新闻通过将诸多媒介形态进行整合，并基于不同媒体的特异性采取多元路径进行新闻分发。在媒介技术高度发展的当下，技术融合的程度决定着新闻“融合”的深度与高度。走过“图片 + 视频 + 音频 + 文字”较低水平新闻融合的历程之后，随着 VR、AR、H5、3D 等技术的发展，新闻迎来了更具广度与深度的融合时代，新闻融合的边界日益走向泛化，融合形式以及手段在媒介形态元素加速增长的情境下愈加丰富，并促使新闻生产、传播模式、传播渠道以及传播理念不断更新。

一、融合新闻平台搭建

随着融合新闻发展势头逐渐走向纵深，思考融合新闻生产过程不应仅仅将目光囿于单一融合新闻制作的多媒介性元素以期进行小规模新闻复制与分发，而应从大处着眼，从平台源头的结构性基础上为融合新闻的大规模、多样态生产奠定导向基础、技术基础以及人才基础。

（一）把握主流导向：增强“正声音”表现形式与感染能力

融合新闻的广泛兴起，对于主流媒体而言意味着又一轮抢占受众眼球与市场的竞争格局形成。媒介表现形式日趋多样以及传播渠道愈加丰富的基本信息态势在一定程度上赋予了媒介平台传播主流声音、引导舆论正向化发展的时代机遇。在媒体融合平台日常运转的过程中，转变“正声音”传播的传统思维定式，寻求新闻制作多样化媒介元素结合的路径，以适应时代对于正向报道提出的新要求，驱动“正声音”呈现样式多元化发展与作品感染力的增强。如华声在线推出的《寻湘记——历史文化名人重回潇湘》这一融合报道，通过虚拟场景的建构，在改革开放40周年与新中国成立70周年之际营造出湖南地区历史人物穿越归来游览湖南的生动景象，并通过历史人物的“故地重游”以及“所闻所感”，巧妙表现出改革开放40年来湖南地区蓬勃发展的历史进程，展现了一幅锦绣潇湘的历史画卷。

（二）运用智能技术：融合新闻规模生产与高效传播

优质内容的生产需要新型技术赋能，否则就难以发挥其内容优势①。当下，移动互联网技术、数字化技术以及VR、AR技术蓬勃兴起，正在卷起新一轮媒介技术变革浪潮，提前布局技术基础建设以及掌握新闻技术化生产思维关乎媒体机构不远的将来的市场竞争能力。之所以如此，是源于媒介技术本身在新闻高效生产过程之中的原生优势。例如，在融合新闻的规模化生产层面，人工智能技术能够帮助新闻平台进行前期的选题策划、智能素材监测与采集、程序化写作以及辅助人工对新闻文本进行编辑，这能够扩展新闻形成的时空延展能力，推动新闻生产速度呈几何倍提高，使新闻产品在保证“无差距”时间性的同时，也拥有相对较高的品质内核。在新闻产品的传播层面，通过利用大数据技术，描绘清晰的用户群像，实现新闻产品的精准化投放，保证新闻产品价值的最大限度实现，进一步提升用户黏性；此外，通过实时追踪监测的手段，评估新闻在各个渠道传播中的效果实现，以便必要时立即对民情反应进行分析与干预。为了适应5G时代，新华社融合新闻平台通过将原先新闻采集、制作、贮存以及分发相关音视频的系统进行高清化改造，赋予其平台多格式、超清晰的视频处理能力，同时对新闻传输路径进行全流程的优化，脱离原先地理位置的空间限制，为突发性事件融合新闻制作提供手段支撑，大大提高工作效率，满足了新华社全媒态业务转型的需要。

（三）提升人才底蕴：复合型人才配备激发融合张力

媒介融合最大的出发点是驱动媒介机构发展，而在建构媒介融合平台的过程之中，重构组织生态、运行模式以及人才配备是媒体平台发展的重要前提条件，而在这些前提条件之中，“最核心最关键的是集聚具有融合思维的创意创新型新闻传播

---

① 陈艳艳等：《从融合新闻奖看技术与优质内容的关系》，《青年记者》2019年第5期。

人才”。有学者提出了融合新闻人才培养的四种专业素养，即“复合型、全媒型、创新型、专家型”，以回应全媒体时代下对新闻从业者知识结构以及专业素养等方面的现实要求。但在目前“全能通才型”人才还不能充分供应的条件下，融媒体平台应该广泛吸纳具有计算编程、人工智能以及大数据分析背景的人才，让他们与原先的记者团队合作。因此，首先在组织结构上，要打破原先分割条块的僵化界限壁垒，驱动不同背景人才之间的相互交流与合作，提升团队配合默契度与工作效率；其次在组织思维上，传统以单一或少量媒介元素组合进行新闻报道的呆板思维亟待转变，应当立足于诸如超链接、H5、3D、VR、AR 等新型技术，创造形式新颖、符合受众心理需要的融合新闻报道形式，提升新闻表现张力。

二、融合新闻策划模式

融合新闻的策划不仅仅局限于传统新闻的选题、版面以及内容策划，还将新闻策划的范畴进行了全方位的延展。而作为一种面向新媒体平台的新闻呈现形式，融合新闻的策划不仅要考虑事前的融合形式策划以及传播渠道策划，还应把融合新闻放在新闻传播全流程的框架之内并结合平台原始受众反应数据考察融合新闻的投放策划，以收获受众持续化黏性。

（一）融合形式策划：立足于媒介形态特性

目前，数据新闻、H5 新闻、新闻游戏、AR 新闻、VR 新闻等多种依靠新技术与融媒体手段的新型新闻表现形式正在喷涌而出，在新闻制作过程中的媒介选择与组合形态日趋多样化的情景下，对接新闻选题与多媒体媒介呈现形式的预先策划设计被提上议程。无论何种媒介形态，其本身必然具有不能被其他媒介形态所替代的独到优势，并在此基础上形成了各异的文本风格与表达方式①。基于诸多媒介形态内含的本质不同，利用何种媒介形态进行新闻传达语言的书写是要仔细考虑的问题。网易出品的融合新闻报道《失踪青年章莹颖》以动态漫画的背景形式展现出留学生章莹颖失踪的背景以及过程，随着用户屏幕的向下滑动，必要的人物对话以及说明文字随即出现在相应的部分，其间根据现实场景的发展配备相对应的画面声音，使人产生强烈的身临其境之感。这则融合新闻集漫画、动画、音频、文字于一体，充分发挥了各个媒介形态的传播特性，为新闻核心主题服务，在多媒体功能统合描述事件发展的情景中，用户无疑以极为舒畅的感受体验了此条新闻。

---

① 刘涛：《融合新闻策划：从形态创新到渠道对话》，《教育传媒研究》2019 年第 5 期。

（二）传播渠道策划：渠道整合与圈层响应

建构渠道型平台，扩展市场领域间合作规模，打通移动互联网市场主要资源的关节，业已在媒体新闻实践层面取得显著进展①。基于“万物互联”的技术前景，打造智慧型的全媒体生态是未来融合新闻发展的一大趋势②。分析不同渠道的传播特性、综合考虑多样化的媒介形态组合形式回应了新闻在事先的素材采集以及对应渠道分发的问题，而在另一个更为宏观的层面，融合新闻的跨圈层传输回应了新闻选题再扩展以及新闻认同再扩大的问题。上述两种策划形式，在当下融合新闻快速发展的实践之中业已峥嵘初露。具体言之，在渠道融合层面，央视新闻在新中国成立 70 周年国庆阅兵的过程中通过 PC 端、移动客户端、手机电视以及海外社交平台等多个终端入口进行同步直播，此外央视新闻还通过制作 H5、短视频、VR 新闻等融媒体产品联合微博、快手、咪咕视频等移动终端平台进行多通路联合传播，构建了关于阅兵庆典的全媒体传播矩阵。此外，在圈层响应层面，宁波日报通过采取“App + AR + 3D 裸眼”的全新融合传播技术手段推出《让科技金蛋“跃然”报纸上——全国首个科创项目移动路演平台上线》的报道，建立了“新闻报道 + 创投项目 + 科创项目”的新型报道思维理念，科创项目通过媒体的创投平台实现了商业对接，实现了融媒体报道的跨圈层联动响应。

（三）精准投放策划：巩固核心与着眼边缘

新闻传播的对象永远是受众群体，而新闻也总是在追求受众认同的最大化。这一点无论在传统媒体时代还是融媒体时代都是不变的，只不过在融媒体时代实现新闻认同的手段发生了变化。大数据技术的发展使得对新闻产品在流通过程中的效果进行监测成为可能。同时，基于大数据技术，通过描绘用户群像，寻求用户“痛点”可为新闻的精准化投放提供参考框架。具体而言，融媒体平台应当依托其多端口连接的数据聚合性优势，一方面针对核心受众不断生产其一贯具有认受性的新闻产品，另一方面，扩展各渠道用户数据资源池，开扩并积累边缘用户数据，吸纳边缘用户群体，提升分析用户群像的整体准确度以及新闻对接相应受众的效能。在融合新闻精准化投放层面，“东方头条”的成功实践值得学习。“东方头条”通过采用新闻聚合的模式构建渠道型平台，以大数据算法推荐技术为引擎，实现新闻分发“千人千面”的传播特色，扩展用户基数与夯实用户黏性并举，在移动客户端

---

① 何斌：《渠道为王平台为先——东方头条构建渠道型平台的创新实践》，《新闻与写作》2017 年第 10 期。

② 胡正荣等：《走向智慧全媒体生态：媒体融合的历史沿革和未来展望》，《新闻与写作》2019 年第 5 期。

市场占有率不断上涨，平台影响力不断上升。

三、融合新闻叙事模式

不同于传统媒体囿于两种以内媒介形态的叙事局限，融合新闻具有以往新闻叙事远不能及的叙事原料（超文本、超链接、H5、动画、视频、音频等）。随着融合新闻叙事语法规则的增多，旧有新闻的叙事模式应当从叙事思维、叙事角度以及叙事架构等方面进行再梳理。

（一）叙事思维：以用户本位为出发点

网络媒体的出现在很大程度上赋予了受众即时传播的权力，但专业化媒体机构掌握传播资源的局面仍不会被颠覆，媒体想要生存以及提高市场竞争力，必须对特定的受众群体进行定位，以特定用户为本位进行信息传播①。与传统媒体时代受众被动接收的地位不同的是，新媒体时代受众接收信息并参与新闻传播的方式愈发多样化，受众认同新闻的方式可由评论、转发、点赞来表达，这同时也意味着符合受众需求、贴近受众心理的新闻能得到广泛传播，不符合受众需求、受众抵触的新闻不仅不能得到充分传播，还可能对媒介机构造成负面的影响。融合新闻时代多媒介融合的形式为增进受众的新闻体验提供了多样化的基础，这同时也对新闻制作提出了更高的要求。具体而言，在信息呈现上要明白特定受众群体的“痛点”，及时传达受众迫切需要的信息；在信息体验上应当发挥创意，实现媒介元素与新闻进展融合对接，为受众提供沉浸式的新闻体验。在“天舟一号”发射期间，央视新闻采取全景 VR 直播的方式近距离对发射现场进行直播，除此之外，观众还可在屏幕上进行火箭运转、吊装等发射全流程操作，通过直面火箭发射的一瞬间而获得强烈的视觉冲击。这种沉浸式体验与多屏交互的方式，配合参与火箭升空直播的互动形式，为受众提供了感受丰富的新闻体验。

（二）叙事角度：多维立体全面展示

新闻叙事视角是指新闻报道主体新闻采写的着眼点，叙事主体从不同的切入点进行新闻报道的操作手法②。融合新闻的出现突破了以往新闻报道常规性的线性的叙事路径，通过将多媒介元素拆分与组合带来更为丰富多维的立体化展示。相比原

---

① 胡翼青：《试论 21 世纪受众在传播中的地位》，《新闻与传播研究》2000 年第 4 期。

② 刘英志：《略论融合新闻的叙事策略——以〈央广主播的朋友圈〉报道为例》，《采写编》2019 年第 5 期。

本将新闻事件糅合进单一媒介元素的叙事手法，融合新闻的多媒介元素结构以及开放性的表现方式能够最大限度重现新闻发生的现实场景，并进一步延展受众对新闻感受与认知的程度。融合新闻叙事视角的立体化展示应该注意元素组合的问题。具体而言，应当注意“元素主导”原则与“元素排列”原则，前者回应了对应于不同的新闻主题，应当采取何种主导的媒体元素的问题，后者回应了确定性新闻主题的基础上次级媒介元素的排列组合问题。新闻融合不是“为融而融”，而是应当立足于不同的新闻主题，采取发挥新闻报道最大功效与最大信息量的呈现方式。在2017年四川九寨沟7.0级地震中，山东卫视衍生App“闪电新闻”的记者第一时间采取视频直播的形式，并在后续辅之以文字报道、图文滚动的表现手法集中立体呈现灾区一手信息，为突发事件中政府及时的救助工作带来了很大的帮助。

（三）叙事架构：多媒介形态优化组合

融合新闻叙事最大的一个问题就是“如何融”，即针对性地围绕某一新闻主题采取媒介形态组合优化的策略将这一主题充分展现的问题。当新闻生产的结构要素由原先的“图片 + 文字”单一的原始组合转向动画、视频、音频、图像等多媒介元素聚合之后，“融合新闻叙事的核心问题是，多媒体叙事是否存在一定的‘语法’系统，我们如何把握多媒体元素的构成法则和语言体系?”[①] 融合新闻基于叙事元素的多样性，能使各具特性的叙事元素相组合。不同的叙事元素整合从而深化新闻主题，使新闻叙事结构更为开放丰富，表现形式与效果更为多样深刻，会在一定程度上形成“1 + 1 > 2”似的结构组合效应。解放军报在建军90周年之际推出《军报纪念建军90周年特刊·阅兵专号：沙场点兵》融合报道，集文字、图片、动画以及VR技术于一体，伴随着用户的下拉观看，各个媒介形态的组合优势被充分展示出来，通过营造受众观看、参与练兵的第一视角，增强了用户观看新闻的多方位感官体验。

融合新闻最大的特性在于“融合”二字，这一前缀充分表明了这一新型新闻形态的高度开放性、多维性以及延展性的显著特征，这同时也预示融合新闻新型报道理念的建构必须以一个更具宽广的视野来实现。本节从融合新闻平台搭建、融合新闻策划模式以及融合新闻叙事模式三个逻辑层次回应了当下融合新闻逐渐向纵深发展的新风向，指明了在融合新闻发展宏观的平台搭建上应当导向先行、技术驱动、人才兜底，在融合新闻中观的新闻策划层面应当着眼于融合新闻的形式采纳、渠道选择以及投放对象之上，在融合新闻叙事的微观层面之上应当注重思维转换、

---

① 刘涛等：《融合新闻叙事：语言、结构与互动》，《新闻与写作》2019年第9期。

视角开拓以及优化聚合等问题。融合新闻被视为未来新闻的发展趋势，新闻从业人员必须转变既定的新闻报道理念，并使之符合融媒体时代的新要求，以在未来媒介市场确立竞争地位。

在媒介融合的时代潮流下，媒体组织、媒介技术和新闻生产正在发生由内而外的深刻变革。习近平总书记在中共中央政治局第十二次集体学习时，提出全程媒体、全息媒体、全员媒体和全效媒体的概念。在“四全媒体”格局下，新闻生产的传播机制发生深刻变化，融合新闻报道将成为主流。

融合新闻报道意味着新闻报道平台、技术、方法和理念的全面革新。融合新闻报道理念诞生于新闻媒体的媒介融合实践并随着实践而不断丰富和更新，同时也起着指导新闻媒体和新闻工作者建构融媒体平台、改革报道方式和促进技术创新的重要作用。当前在媒体的融合新闻报道实践中总结出了以下几种报道理念。

四、技术支撑的理念

当前是一个媒介技术勃兴的时代，5G、人工智能、大数据、虚拟现实、物联网等技术不仅支撑着媒体融合向深度发展，也贯穿在融合新闻报道的全过程，从智能媒体平台的建构到新闻线索的采集，从数据的分析到报道的呈现，技术和媒体的深度融合让融合新闻报道不仅是一个“笔头活”，也成为一种“技术活”。重要的不是用了多少技术，而是如何使用技术，让平台和资源形成最优结合，让媒介和信息达到最佳适配。技术支撑的理念镌刻在每一个媒体工作者的心中，也体现在他们的融合新闻报道实践中。

（一）平台建构：智能媒体

平台媒体已经取代传统媒体甚至是其他新媒体，成为受众获取新闻的首要选择[①]。在平台建设上，商业媒体平台借助技术东风扶摇而上，抢占市场先机，获取了大量受众，传统主流媒体则日渐式微。因此不少主流媒体纷纷转型，构建智能化媒体平台，将分散的资源、渠道和受众聚合在统一平台之上，提升报道“四力”，做大做强主流舆论。智能技术则是搭建平台的“砖瓦”“骨架”“支柱”“地基”。在建设和完善智能媒体平台的过程中，新闻媒体以算法和云技术为基础建设智能媒体传播网络，并将数据新闻、智能新闻写作、人工智能主播、4K/8K高清视频、移动直播、VR/AR、无人机等技术综合联通到平台网络之中，实现技术之间的高效

① 韦嘉等：《智能媒体平台打造与新闻舆论“四力”建设》，《传媒观察》2019年第10期。

对接，进而让融合新闻报道的全过程得以在智能平台上运作，大大提升了报道效率和传播效果。

（二）信息采集：多维线索

传统媒体报道中，信息主要靠人工来提供，靠人工来采集，比如口头或电话采访、摄影、录像或者从文献中查找新闻信息，对新闻信息的分析和甄别也基本靠记者的职业技能和素养。当前多种智能技术极大拓展了记者获取新闻信息和用户数据的手段，给予了记者“第六感”①。一部智能手机就可实现打字、录音、录像、拍摄、直播、网页搜索等多种信息采集和记录功能，还能实时上传和下载数据，实现简单的信息分析和可视化。除此之外，高清录像机、移动直播车、移动云平台、移动大屏、无人机等专业“移动”设备，让记者可以“轻装”出行，高效便捷完成信息采集和新闻报道，让新闻报道永远“在路上”。

在一些重大灾难性事故的报道中，这些新技术一定程度上克服了记者无法到达现场的限制，让受众可以完整地了解事件的真实状况和来龙去脉。比如新京报对2016年的天津港爆炸事故所做的视频新闻即是如此②。得益于无人机航拍，大众能最快看到灾区内部的宝贵影像。

传感器、物联网和大数据技术拓展了记者的感知能力，开辟了信息采集新维度，“传感器新闻”产生。2015年10月央视推出的“数说命运共同体”专题中，GPS系统至关重要，分析员利用这种地理位置传感器挖掘了大量核心数据。如今遍布大街小巷的监控摄像头也是一种传感器，它们记录的影像往往成为揭发新闻真相的关键数据。诸如红外摄像、陀螺仪、TOF深感知镜头等传感器，它们从不同维度和深度捕捉到的数据都可以支持融合新闻报道，并使预测性报道和定制化报道成为可能。

（三）内容呈现：多媒融合

融合新闻报道从狭义理解就是新兴媒体平台的多媒体新闻。“多媒”是其最直观的特点。融合新闻报道常常是文字、图片、视频、链接、H5、可视化表格、游戏、VR等多种媒体形式的有机融合，这离不开深层次的技术支撑。大数据和智能可视化技术帮助绘制直观清晰的可视化图表；第五代超文本语言是互动性H5作品的基础；信息通信技术的迭代突破，让多媒体信息得以瞬时呈现和传递；VR技术则可以让用户实现虚拟在场的新闻体验。融合新闻产品本身就是一个技术集合体，

---

① 彭兰：《变革与挑战：智能化技术对传媒业的影响》，《信息安全研究》2019年第11期。
② 何志武：《媒介融合下的新闻生产：平台创新促进理念回归》，《今传媒》2017年第8期。

是多种底层技术和智能技术协调运作的产物。

技术的广泛应用，也激发了编辑、记者生产优质内容的能力，不仅将多种信息表现形式融入融合新闻报道流程中，更注重媒介和信息的适配，力图为每一条新闻信息寻找最有效的表现媒介，实现媒介和信息“1 + 1 > 2”的效果。媒介技术和新闻信息在编辑、记者的手中达成精彩和巧妙的创新结合，融合新闻报道可以发挥最大的传播效果。

（四）新闻推送：精准到达

近年新闻传播中的一种新现象，是类似于“今日头条”这样的客户端出现，它们以“个性化”为卖点，为内容与用户间的匹配提供了一个新维度的依据①。这种以算法为“媒”的内容和用户的匹配逐渐受到主流新闻媒体的重视，一些新闻媒体平台开始招募大量算法工程师和数据分析师，将算法运用到新闻推送中，依据社会场景和用户喜好，让融合新闻产品通过最优渠道以最优的界面展现给用户，比如在夜深的时候自动将音视频静音，当用户网速不畅时加载简略页面。同时到达端口的算法优化也影响融合新闻报道的前置阶段，在制作时需要考虑多种渠道的特点以及目标用户和适宜场景。当前围绕算法还存在广泛争议，因此一些媒体也在通过算法的不断迭代，以“有边界的调适”来增强其社会的适应度与合法性②。

技术支撑的理念贯穿融合新闻报道的全过程，本质是技术逻辑向媒体业的入侵，但是从总体上看，新技术只是在一定程度上丰富了新闻生产的手段，并未从根本上改变新闻生产的方式，更谈不上改变新闻生产的品种。对用户而言，新技术带来的报道方式变化固然让人感到新奇，但新闻报道更令人期待的则是报道什么以及新闻呈现的逻辑。因此，融合新闻报道必须避免唯技术论，技术的革新和渠道的拓展只能吸引受众一时，而优质的新闻才能真正影响受众③。

五、创新生产的理念

“四全媒体”格局下，传统的新闻生产模式和理念已经无法满足新时代的要求，伴随新闻媒体的新闻生产流程再造，融合新闻生产形成新模式和新理念。

① 彭兰：《未来传媒生态：消失的边界与重构的版图》，《现代传播》2017 年第 1 期。

② 苏涛等：《热点与趋势：技术逻辑导向下的媒介生态变革——2019 年新媒体研究述评》，《国际新闻界》2020 年第 1 期。

③ 何志武：《媒介融合下的新闻生产：平台创新促进理念回归》，《今传媒》2017 年第 8 期。

（一）协作化新闻生产

传统的新闻生产是相对封闭的、链条式的，新闻稿的撰写、编排和发布遵循单向度的线性模式，记者和编辑“孤军作战”，互动性较差，反馈机制薄弱。融媒体时代，网络的开放、互动、去中心化特性使受众可以参与新闻生产和传播，协作化新闻生产出现，记者、编辑、受众甚至机器共同参与信息内容的生产和传播，从而实现优质高效的社会化协作①。当前媒体已经“从组织化的新闻生产向社会化的新闻生产转型”②。比如众包新闻，用户在新闻生产中提供线索、分享观点、发布照片、撰写报道，一条简单的新闻线索或初步的新闻报道迅速膨胀，更新程度远胜任何新闻媒体③。公众甚至可以为新闻报道提供小额资助，或者建立一个新的媒体组织。主流媒体在新闻生产中也应该积极引导普通民众参与新闻生产，真正实现公众全程参与社会④。

（二）迭代化新闻生产

迭代化生产包括融合新闻产品的迭代和新闻媒体平台的迭代。由于新闻时效性要求和媒体版面的限制，一直以来，新闻都是以“短暂”的形式存在的⑤。但是在“四全媒体”的格局下，信息传播日益突破时空限制，网络传播的交互性和互动性反馈机制驱动着某一新闻事件或某一主题的新闻报道持续滚动、更新，出现保罗·布拉德肖所说的“迭代新闻”⑥。编辑在发布新闻时，可以用微博发布短消息，网站制作专题，报纸进行深度报道，多种形态的新闻产品分阶段地发布，每一次发布，新闻要素都在丰富，内容都在深入⑦。具体可呈现为微博“话题”或“标签”、时间线或瀑布流等，做到世界在变动，新闻报道也在同时变动。

平台的迭代是新闻报道迭代的基础。智能媒体平台的云架构和基础算法需要定时维护和更新，才能承担不断涌入的用户流量和数据资源；微博、公众号、网页、客户端等新闻分发渠道也要不断迭代，开发新的功能和服务，才能满足用户日益增长的需求。

---

① 苏宏元、舒培钰：《网络传播重构新闻生产方式：协作、策展与迭代》，《编辑之友》2017 年第 6 期。

② 张志安：《新闻生产的变革：从组织化向社会化》，《新闻记者》2011 年第 3 期。

③ 李良荣：《新闻学概论》（第六版），复旦大学出版社，2018，第 132 页。

④ 查海霞等：《论融媒体时代新闻生产模式变革》，《中国报业》2019 年第 21 期。

⑤ 董小菲：《融合时代新闻编辑的三种态势和七个理念》，《编辑之友》2017 年第 7 期。

⑥ 苏宏元、舒培钰：《网络传播重构新闻生产方式：协作、策展与迭代》，《编辑之友》2017 年第 6 期。

⑦ 董小菲：《融合时代新闻编辑的三种态势和七个理念》，《编辑之友》2017 年第 7 期。

（三）整合化新闻生产

在整合化生产理念的驱动下，“中央厨房”成为当前许多传统媒体的新闻生产流程再造模式。一个媒体集团拥有多个子媒体，并形成智能化媒体矩阵，但记者队伍共用一套，统一指挥，统一管理，实现了优质资源的集中整合和高效运作。记者统一采集新闻素材并面向多个终端分发，实现分众传播和个性化传播。同时信息分层发布，对一个新闻进行多层次、多侧面的分析与整合，以形成能满足不同媒介形态需求的新闻产品，实现信息资源利用的最大化①。集约化管理节约了技术、人力和时间成本，也保证了融合新闻报道的即时性、针对性和可持续化。2019 年全国“两会”期间，浙江广电集团在北京设立“两会”融媒体中心，在中心调配下，整合了广播、电视、网络等资源的 150 人报道团队整体运作，大小屏互动，全媒体联动，生产了多个融合新闻产品，全方位报道“两会”，体现了整合化新闻生产的高效和深入。

（四）智能化新闻生产

智能技术在融合新闻报道中的大量使用，促生了智能化的新闻生产理念。首先是新闻生产流程的智能化。诸如“快笔小新”“Dreamwriter”等智能写作机器人已经应用到新闻生产中，在财经新闻、灾难新闻、体育新闻报道中发挥重要作用。“AI 人工智能主播”通过提取真人主播新闻播报视频中的声音、唇形、表情动作等特征，运用语音、唇形、表情合成以及深度学习等技术联合建模训练而成，可以展现与真人主播无异的信息传达效果。人民日报、新华社、浙江日报等新闻媒体还利用数据分析进行选题策划、效果分析和传播优化②。新华社的“媒体大脑”融合大数据、AI、云计算、物联网等多项技术，集新闻自动采集、语音图像识别、用户画像勾勒、全网舆情监测、视频智能剪辑、新闻产品分发等多种功能于一体，可以实现完全智能化的机器生产新闻。智能化的新闻报道不仅要求记者、编辑掌握相应的技术操作，更重要的是树立“人—物”连接的理念，合理利用智能技术更好赋能新闻报道。

其次是新闻报道呈现的智能化。纽约时报的融合新闻作品《雪崩》利用多种媒体构筑复合型信息流，在以文字为主体的报道中，穿插动态图片和动画演示雪崩的形成和发生过程。主要人物的介绍视频增强了描述的具体程度和读者的投入度，网页还会根据读者鼠标浏览动作的快慢，自动调整视频的播放速度。智能化的多媒

---

① 姚丽亚：《基于“中央厨房”模式的新闻生产理念创新》，《新闻界》2015 年第 14 期。
② 彭兰：《变革与挑战：智能化技术对传媒业的影响》，《信息安全研究》2019 年第 11 期。

体信息呈现，优化了受众的阅读体验，兼顾了报道信息的清晰和报道页面的完整美观①。新闻呈现的智能化还体现在报道的可视化，丰富的可视化表格、漫画、图片、H5 和新闻游戏让单调的数据和文字变得直观清晰，增进受众对新闻的理解。

六、用户体验的理念

当前一些传统媒体在媒介融合方面努力探索但收效不甚理想，这和它们一直固守传统媒体的用户理念不无关系，没有意识到新闻受众向新闻用户身份的转变，不重视用户需求，缺乏和用户的有效沟通，新闻报道“高高在上”却难以赢得更多的注意力资源。树立用户体验的新闻报道理念，需要从以下几方面入手。

（一）精准定位需求

用户的兴趣是新闻生产的“原点”，新闻生产者就是要找准内容与用户兴趣的结合点②。当前用户获取新闻的渠道转移至互联网，除了获取信息便利之外，重要的是网络新媒体能迅速捕捉用户的信息需求偏好。“今日头条”借助算法可以实现用户的新闻界面“千人千面”；微博可以根据用户的浏览历史推送相似的话题和微博。传统主流媒体的融合新闻报道也要实现内容和用户需求的对接，需要描绘出媒体用户画像，根据用户的新闻阅读习惯针对性地制作新闻产品，使其更符合用户需求。通过不同渠道分发的新闻产品也应该根据渠道特点，重新定制。尤其要重视新闻作品的用户点击、搜索、点赞、评论、播放数据，这些数据有利于更精准地弄清用户的主体需求。对于专业媒体、地方媒体和小众媒体而言，精准定位用户需求甚至关乎媒体的生死存亡。

（二）丰富新闻报道

克里斯·安德森认为，我们的文化和经济中心正从需求曲线头部的少数大热门（主流产品和市场）加速转向需求曲线尾部的大量利基产品和市场，即长尾市场。因此小众的产品依然具备强大的市场潜力，用户的需求也越来越多样化和分众化。主流新闻媒体也需要相应丰富新闻报道的主题和体裁，不仅重视政治、经济等“硬新闻”的报道，而且要多报道用户感兴趣的社会、民生等“软新闻”；不能放松对热点事件、重大突发事件的追踪报道，也要挖掘平凡生活中闪光的新闻点；既

---

① 韩士皓、彭兰：《融合新闻里程碑之作——普利策新闻奖作品〈雪崩〉解析》，《新闻界》2014 年第 3 期。

② 何志武：《媒介融合下的新闻生产：平台创新促进理念回归》，《今传媒》2017 年第 8 期。

要坚持正面报道为主，也要发挥新闻媒体的监督作用；既要满足普通大众的新闻需求，也要兼顾少数群体和冷门话题；既要生产足够的纯新闻产品，也要生产优质的解释性报道、调查性报道和特稿。用户的需求在多样化，媒体的报道也要相应多样化，才能更好发挥“四力”，牢牢把握主流舆论阵地。

（三）提升用户参与

传统媒体时代是记者、编辑主导型的新闻生产，受众只能被动接收新闻。而网络媒体时代，媒体应该邀请用户介入融合新闻报道策划、组织、播发、推广的全过程，强调新闻报道的“微创新”，激发 UGC（User Generated Content，用户生产内容）的活力和创造力，开展社会化新闻生产。融合新闻产品也要提高用户的参与度，让用户不仅可以阅读新闻，还能点击新闻、滑动新闻、观看新闻、“玩”新闻。尤其是近几年崛起的新闻游戏中，用户能以第一人称进入虚拟和真实结合的游戏空间，在互动参与的过程中了解新闻信息，极大提升了用户接收新闻信息的体验。

（四）场景浸润体验

移动互联网时代，场景成为影响用户接收新闻的关键因素，新闻用户的需求和体验根据场景转移而变化。融合新闻报道应该实现场景适配，从传感器和定位系统数据中获取用户的场景信息，有助于发现新颖的选题，预测用户的需求，比如“摇一摇”“抢红包”就适配了家庭场景。重视移动传播和社交媒体，通过场景连接带动用户之间的人际传播。利用 VR/AR 技术所营造的沉浸式体验实现场景融合，提升用户的实时互动观感体验①。最重要的是实现场景再造，传统媒体可以利用 PC、移动端、社交媒体、LBS（基于地理位置的服务）、可穿戴设备结合自身的公信力和权威性为用户建构场景，比如一些媒体正在尝试将 Vlog 和新闻相结合，尤其是重大主题报道中，用户跟随新闻记者、明星主播的镜头进入新闻生产的后台，通过建构私人场景，公共传播私人化，满足了用户的陪伴感和亲近感。

（五）社交传播优先

随着社会化媒体和移动终端的兴起，融媒时代信息传播逐渐由大众传播向人际传播转移和回归，传统传播渠道失灵，手机成为第一媒体，社会关系成为传播渠道的“最后一公里”②。融合新闻报道应该主动适应“社交化”的传播，适应微博、

---

① 喻国明等：《边缘计算、5G 与传播的未来融合——试论场景视阈下新闻传播过程的重新构建》，《传媒观察》2019 年第 10 期。

② 喻国明：《融媒体发展的战略逻辑与操作路线》，《北方传媒研究》2019 年第 4 期。

微信、短视频、论坛等不同社交平台的社交模式和传播特点，同时传统新闻媒体也须开放自有平台的社交入口，以社交功能吸引用户。融合新闻产品中可以添加社交功能，比如一键转发、邀请好友、分数排名、组建社群、互动游戏模式，提升用户的阅读体验，借助用户的社交网络促进融合新闻的传播。2017 年中国人民解放军建军 90 周年之际，人民日报客户端借助人脸识别、融合成像等技术，推出互动 H5《快看呐！这是我的军装照》，立即呈现“裂变式”传播，网友纷纷在社交网络分享自己的“军装照”，在网络上形成刷屏效应，截至当年 8 月 7 日，浏览次数超过 10 亿次，成为融合新闻报道的经典成功案例①，社交传播的优势可见一斑。人民日报客户端之所以能够取得显著成果，关键点就在于对社交媒体的密切关注，基于其强大的连通性来打通自有平台，实现线上线下有机整合。

融合新闻报道需要记者、编辑的报道理念实现“继承—吸收—创新”的三重发展。既要继承传统报道中忠实真相、力求客观、承担责任的宝贵理念，还要主动吸收网络新媒体和自媒体的创新理念，比如技术理念、用户理念、平台理念、娱乐理念等，同时结合新闻实践和国家发展需要进行新旧理念的融合创新，在实践中发展理念，用理念指导实践，提高主流媒体的传播力、引导力、影响力和公信力。

---

① 人民日报社：《“军装照” H5》，http：//www. xinhuanet. com/zgjx/2018 - 07/20/c_137334840. htm，访问日期：2020 年 3 月 7 日。

第二章

融合新闻报道的实践探索

- 媒介融合背景下新闻媒体采编机制重构
- 国内融合新闻报道的实践探索
- 国外融合新闻报道的实践探索

进入数字时代，传统的新闻生产机制弊端逐渐显现，国内外主流媒体在融合新闻实践方面进行了多样化探索，以适应数字内容消费新需求。媒介融合背景下对传统媒体采编机制的重构与再造，目的在于摆脱传统媒体内容生产的旧路子，寻找全媒体时代新闻传播的新突破。媒介融合不是单纯物理学意义上不同媒介的结合，而是升级到化学意义上的“深度融合”，这是一个质变的过程，媒体内部组织实现协调发展，新闻资源产生最大的传播效益，以此形成一股强大的“聚合力”。

第一节　媒介融合背景下新闻媒体采编机制重构

从印刷术到互联网，从单一媒介到多媒体，每一次技术的发展都革新了新闻信息的生产与传播流程，整个媒介生态已经发生了深刻的变革。随着大数据、云计算、区块链技术的发展，数字化、智能化新闻媒介蓬勃发展，各媒介之间开放连接、合作共通的融合局面已是大势所趋。这种变化还体现在受众的媒介使用和阅读方式的改变上，从被动接收到主动选择，对媒介内容的需求越来越呈现出视觉化、碎片化、日常化、多样化的需求，受众逐渐成为新闻传播的主导者。

媒介融合使媒介生态环境和信息创作价值链发生了根本性的变化，新的媒介生态环境需要再造编辑流程、组织架构、传播机制，创新新闻生产的流程与模式。本节从新闻采编流程、融媒体产品、再造路径三个角度，对媒介融合背景下新闻媒介生产与传播机制重构进行探讨。

一、媒介融合下新闻采编的流程概述

传统媒体的新闻策划、采写、编辑、发布、反馈往往呈线性模式，有着严格的制度设计，每个环节都形成了必要的核实、审查等程序，为新闻产品的真实性、准确性、权威性提供了有力保障。新媒体时代，传统媒体的这一套新闻采编机制显然已不能适应全媒体发展的需要，媒介融合的理念要求摒弃繁复琐碎的程序，打通新闻生产“五环节”，在坚守新闻价值理念的前提下，建构一种以融合编辑室为枢纽

的多元互动、协同分享式的集约化新闻生产流程，呈现出开放、多元、兼容特点[①]，实现信息资源高度共享，传统媒体与新媒体相得益彰。

（一）策划：整合部门力量，统筹线索管理

新闻报道的质量首先取决于是否有好的选题与线索。传统媒体对某一重大新闻主题的策划，往往只限于不同媒体之间，或者同一媒体不同部门的分开行动，就呈现新闻报道内容来看，媒体“单独作战”的结果就是新闻报道的同质化问题严重。因此，凝聚各媒体、媒体各部门的合力，提高内部协作能力，是媒体融合发展的第一步。对于媒体而言，发现新闻线索不仅要有敏锐的新闻嗅觉，更重要的是要广开来源，拓宽现有的新闻线索渠道，并且对线索进行统筹管理；同时，还要针对各种新闻来源进行甄别、科学整合，选择有价值的新闻线索集中发力，进行全面的深度策划与报道。以人民日报社为例，作为融合媒体建设的标杆，在策划环节大胆探索创新，有价值的线索在报社内部资源共享、互联网公司监测舆情热点、编辑协调集约分配等通力合作下产生，打破了原有采编机构的藩篱，在策划环节构建起了一个线索集中共享、统筹策划一体化、信息全网感知、情况实时反馈的新流程[②]。

融合媒体面对时效性极强的突发新闻事件，尤其应该发挥合力做好新闻报道。记者接到重大突发事件的新闻线索时，及时向总部汇报，接受总部的指令，前方记者、后方编辑各司其职，不间断进行编辑、发布，传统媒体如广播、电视以及新媒体如微信、微博等全平台、立体式播报。2020 年初，在抗击新冠肺炎疫情时，主流媒体和自媒体平台迅速反应，快速策划了相关报道，满足了特殊时期公众对信息的需求。如“丁香医生”的“疫情地图”策划，通过鲜明、直观、形象、易读的地图，以省份、地区为统计单元，从地图中大家可以直观地了解疫情空间分布、数量和高发区域等情况，从而评估自己所在区域可能存在的潜在风险。滚动式提供全国乃至全球范围最新的疫情发展状况，为人们第一时间了解信息提供了便利；并且配合以“疫情辟谣”的专栏策划，及时对疫情期间的谣言予以说明澄清，减少公众恐慌。

（二）采写：完善技术配备，素材采集全面

过去，传统媒体的一次新闻采访活动往往只能生成一种或两种新闻产品，不仅造成了新闻资源的浪费，也忽视了不同受众对多样化新闻产品的需求。如今，承认

---

① 石长顺、肖叶飞：《媒介融合语境下新闻生产模式的创新》，《当代传播》2011 年第 1 期。
② 叶蓁蓁：《“中央厨房”的数据化采编与传播体系构建——人民日报全媒体生产机制探索》，《传媒评论》2017 年第 7 期。

差异，尊重个性，信息从多点到多点的分众传播与大众传播共存成为媒介的生态环境，受众对信息渠道和信息获取有了更多的主导权和选择权；各类媒体对新闻内容的要求在偏重文字、图片、视频上不尽相同，语言上也有短小精悍、严肃或口语化等之分。在这种情况下，就需要具备全媒体素养的记者，同时拥有文字、图片、音频和视频等信息采集技能，以及与媒体内部成员协调作战的能力，进行多角度、多层次全面的信息采集，满足媒体和受众的多样需求。“巧妇难为无米之炊”，丰富的新闻素材才能为下一步的编辑工作提供原料与灵感。建立在大数据技术基础之上的平台资源库，为其他媒体引用借鉴提供参考。

前方采访工作的高效完成离不开强大的技术支撑，尤其体现在重大新闻报道的直播活动中，直播带来了现场感和悬念，同时组合文字、图片、音频、短视频的报道形态，以及鼓励受众随时参与开放的互动，让这种报道形式备受欢迎。2019 年庆祝新中国成立 70 周年的阅兵仪式，中央广播电视总台在前线设置了阅兵式直播团队，以移动直播的形式即采即播，为广大受众带来了一场震撼的视觉盛宴，沉浸式的全景直播带来超高清的极致临场感，鼓励受众互动参与引发全民传播的效果。将来可以预见的是，随着信息通信新技术的发展，一线新闻记者将会更好地利用技术服务于采集新闻。

（三）编辑：多元生成推广，内容受众主导

媒体融合时代，新闻采集与新闻编辑是一体两面，二者互联共通的关系尤为密切，形成“一次采集，多元生成”的合作模式，大大提高了新闻生产的效率和质量。这就对编辑工作提出了更高的要求，融合媒体的编辑要具有更强的组织与管理能力，在多媒体新闻产品的策划、采集、编辑和发布上，做到策划迅速、决策科学、协调灵活。在新闻素材采集环节，前方记者根据编辑的信息需求采集新闻素材，编辑及时协调前方记者报道的重点和报道的形式等，结合平台数据库里的新闻资源，形成个性化的立体报道格局，整个团队资源共享、协同作业，使新闻素材利用最大化；在编辑环节，在现有新闻素材的基础上，立足于不同平台的功能特色与受众需求，各部门根据自身的特质，集中精力选择恰当的素材进行深度加工和再创造，形成内容集约化生产、核心资源共享的工作机制，提高传播效果，节约传播成本。

在很大程度上，媒体融合时代新闻内容是由编辑和受众主导的，编辑的新闻选题不是对空言说，而是与受众交流的结果。受众从信息接收者变为信息生产者，与编辑之间的互动性加强，参与到报道活动的议程设置中来，受众资源往往参与新闻生产而成为新闻线索的来源。以人民日报的“中央厨房”项目为例，在重大活动

报道中启动“1 + N”的报道模式，即 1 名前方记者对应后方 N 名编辑人员，记者现场一次采集之后，后方就能同时生产出相关的图解、H5、直播、短视频、VR 新闻等多种形态的报道；“中央厨房”还推出配套的融媒体工作室机制，允许体制内的内容创业，比如学习小组、侠客岛、麻辣财经、国策说等优秀的新媒体都是这一改革的成果[①]。媒体融合时代采编流程改造并不意味着核实、审查的松懈，而是对审查有着更严格的要求。再造新闻采编流程意味着媒体从业者“与时间赛跑”意识的加强，随到随审的内审机制重新确立，保证新闻质量的同时提高新闻生产效率。

同时，传统媒体还通过政策手段积极推进采编流程改造。如长沙广播电视台鼓励全媒体记者跨媒体一稿多投，按照稿件使用的数量和质量，由不同类型的媒体使用后计发稿酬；在考核内容上，对原来广电媒体的内容生产负责人提出新的要求，把向“中央厨房”提供不同类型的新闻素材作为基本任务纳入考核指标等[②]。

（四）发布与评价：多端精准发布，高效客观反馈

融合编辑室都具备一套数字化管理平台，可以在统一界面上加工并编发文字、图片、音频和视频等新闻素材，根据集团内各种媒介的不同功能和特色发布多媒体信息[③]，报、网、端多个平台同时发力，最大限度地整合信息、人力、渠道等方面的资源，提高新闻素材的使用率，实现多屏多渠道全面联动的融合报道。另外，随着大数据信息技术的成熟，智能媒体对受众的数字画像描摹越来越清晰，新闻内容与受众偏好相匹配，信息分发精准推送，能够满足受众个性化的需求，扩大受众规模，提升媒介的影响力。新闻报道发布之后不是结束，而是一个新的开始，大数据和新媒体技术对用户数据进行实时监测，评估传播效果，及时优化新闻报道内容，为各传播渠道精准定位，调整传播内容，统筹策划、采访、编辑、发布、评价各个环节提供有力保障。

二、融媒体产品

目前，我国主流媒体大多以人民日报“中央厨房”作为媒介融合实践的样板，设置全媒体指挥中心作为媒介融合的“大脑”，以全媒体指挥中心为枢纽，形成全

---

① 叶蓁蓁：《“中央厨房”的数据化采编与传播体系构建——人民日报全媒体生产机制探索》，《传媒评论》2017 年第 7 期。

② 鲍新文：《融媒体背景下新闻采编流程再造的实践与思考》，《中国广播电视学刊》2017 年第 2 期。

③ 石长顺、肖叶飞：《媒介融合语境下新闻生产模式的创新》，《当代传播》2011 年第 1 期。

流程打通的媒体融合体系。所有的新闻产品先从人民日报社所属媒体客户端进行发布，再进一步与国内外主流媒体、新闻网站合作供稿，从而实现报道“一体策划、一次采集、多种生成、多元传播、统一评价”的融合生产机制，网以海量取胜，端以便捷取胜，报则以深度取胜，实现内容生产到传播流程的再造。随着媒介融合的深入，出现了短视频、众包新闻、H5 新闻、数据新闻、新闻游戏等一系列新型新闻产品形态。

（一）短视频叙事

移动化是新闻产品迁移的基本方向，是一次媒体产品的系统性升级，而非一种简单的搬运；移动化也意味着传播形式视频化，移动视频看似是电视形式的延伸，但其实是对电视模式的革新①。在新闻报道的叙事策略上，媒体融合的内容创新愈加倾向于对短视频、视频直播形式的使用，数字媒体的便携特性使得新闻报道以移动式、视觉化的表现手法呈现。比如人民日报通过“两微一端”进行改革开放 40 周年主题策划报道，《中国一分钟·地方篇》系列微视频用数据来讲述各地在改革开放后取得的伟大成就，用视频代替文字，以视觉的冲击力还原真实的现场感。这种呈现方式让受众能够更加直观地捕捉到信息，相对短小的篇幅也适应受众的阅读习惯，适合在微平台进行传播②。除去宏大的叙事主题，短视频也在细微之处体现真情。新冠肺炎疫情暴发后，央视纪录频道于 2020 年推出融媒体短视频产品《武汉：我的战“疫”日记》，每集时长不超过 5 分钟，内容大多是日常的生活场景、见闻和对话。正是这种从日常普通人视角出发的短视频影像与正面展现疫情前线的英勇和奉献构成了这场抗疫斗争的一体两面，贴近移动媒体时代传播规律，获得了良好的社会反响。正是这些影像所展现的成千上万的普通人的温暖坚守和默默努力，支撑起了武汉这座英雄城市不倒的防线，也支撑起了我们战胜疫情的信心和希望③。

（二）众包生产

参与性是新媒体时代用户需求之一。众包新闻就是基于 UGC 的新闻生产，这是一种基于社会化媒体的新闻生产方式，赋予新闻生产新的社会情境，把新闻生产变为一种信息集成过程。媒介融合时代，受众参与媒介生产的能力提升，因此需要

---

① 彭兰：《移动化、社交化、智能化：传统媒体转型的三大路径》，《新闻界》2018 年第 1 期。

② 吴鸿波：《试论媒体融合背景下新闻理论与实践的创新——以〈人民日报〉融媒体新闻产品为例》，《东南传播》2019 年第 1 期。

③ 黄典林：《〈武汉：我的战“疫”日记〉：现实题材融媒体短视频的有益尝试》，《文艺报》2020 年 2 月 24 日第 4 版。

转变新闻编辑部的功能，促进数据团队与媒体内各部门的融合；同时，媒体机构也自我颠覆，进行跨界合作与产业升级，除了促进各部门的融合，让数据新闻团队参与到新闻生产之中，还需要加强与社会化媒体、移动互联网的合作，把不同行业、领域和终端的数据进行聚合，进行关联分析和价值挖掘，通过媒体融合及跨界合作，加速产业升级①。众包新闻通过与庞大而活跃的受众群合作，达成可以让各方受益的、互动的结果。以“梨视频”的发展为例，它创造了一个大众化的视频资讯平台，鼓励受众成为“拍客”，在平台上发布真实原创，且有一定资讯价值的视频。

（三）互动新闻

社交化是助力融合媒体扩大传播影响力的重要手段，数字社交媒体深刻地改变了人际关系网络，成为大众传播的重要基础设施。互动新闻是信息使用者可以参与采集、传递以及呈现的新闻，是在多媒体、Web 2.0 等新技术条件下，新闻工作者与信息使用者建立的一种新的对话关系②。以多媒体手段呈现新闻，以互动手段制作新闻，可以帮助读者更好地理解世界。人民日报以微信、微博为载体，通过 H5 页面、动画等技术加强原创内容的社交属性，与网络用户形成互动，从而促使用户在社交网络中进行传播和参与。例如建军 90 周年之际火爆朋友圈的“军装照”系列活动，通过 H5 页面的形式吸引网友互动参与，网友通过简单的拍照即可生成专属于自己的军装照，形成了很高的活跃热度，上线后浏览访客超过 10 亿。优秀的主题、精致的设计与对时间节点的把握，使其成为社交化互动新闻产品的典型案例。2019 年 8 月 24 日，“41 岁”的《新闻联播》正式入驻抖音及快手短视频平台，在《主播说联播》短视频栏目中，用年轻人喜闻乐见的通俗语言传递主流声音。通过这种“拟态的互动”模式，电视新闻改变了之前以传者为中心的状态，开始以观众的参与为目标，以观众的需求为主导，力图让传播过程呈现出更明显的交流感、互动感，呈现出一种“对话”的姿态，将热点新闻与通俗语言相结合，在移动社交平台重塑了主流媒体形象，将传播的触角向基层扩展、向用户靠近③。

---

① 喻国明、李慧娟：《大数据时代传媒业的转型进路——试析定制内容、众包生产与跨界融合的实践模式》，《现代传播》2014 年第 12 期。

② 马忠君：《走进纽约时报互动新闻报道部》，《新闻战线》2011 年第 11 期。

③ 崔林、陈昱君、林嵩：《“互动”与“亲民”：融合发展背景下主流媒体电视新闻的语态变革——以央视〈新闻联播〉为例》，《新闻与写作》2019 年第 11 期。

三、媒介融合采编流程再造路径

就目前的媒介融合实践而言，尚存在着许多问题，比如旧有规制的制约，跨媒介的管理条块分割，媒体不兼容，融合度较差；组织结构未整合，新闻资源在不同媒介间的共享、整合不足，对全媒体的数字化平台利用不充分；缺乏共享的媒介理念，各媒体的责任和义务不明确，未树立不同媒体之间共享新闻的理念；记者业务技能有待提升，媒介融合背景下新闻采编流程的重塑对记者和编辑都提出了更高的要求①。在推动媒体融合发展，传统媒体向新媒体转型的过程中，媒体需要在新闻采编技术革新、媒体组织架构一体化、培养全媒体记者、以受众为中心四个方面下足功夫。

（一）新闻采编技术革新

技术建设往往是所有传统媒体的短板，未来融合媒体的发展趋势是移动化、社交化、视频化，特别是移动互联，LBS 在场景中应用的结果就是实现精准传播。要做到这些必然需要云计算和大数据。因此，传统媒体与新媒体的融合首先需要打造一个基于大数据、云计算、人工智能技术的集成化技术平台，对所有新闻信息进行整合、发布、管控，并对各发布渠道进行统一管理②。比如，通过此平台，可以采用电话、微信、微博等方式采集来自公众的新闻线索，然后对线索进行集中讨论，寻找有价值的选题；核实与审查之后进行多媒体编辑，再将其通过微博、微信、客户端等新媒体渠道发布出去。新技术带来了新媒介，新媒介创新了新闻生产与传播流程，融媒体时代，采编流程再造强调的是“开放、兼容、多元”，这也是传统媒体以最低成本获取最高效的自我更新之道。

（二）媒介组织架构一体化

媒介融合首先是内部机制、流程的改革，是媒体集团内部序列子媒体位置的更迭——打乱、重新定位、排序，在组织架构、收入分配上进行全面改革，并配备以合适的考核机制③。中央广播电视总台早期的全媒体建设，大多涉及机制变革、部门调整。比如把原来分散在各部门、各频道的采编力量重新整合，建立了新闻中心，明确了新闻指挥系统和新闻共享系统，由新闻中心总值班室协调前后期、各频

① 蔡雯、刘国良：《纸媒转型与全媒体流程再造——以烟台日报传媒集团创建全媒体数字平台为例》，《今传媒》2009 年第 5 期。

② 刘福贞：《融媒体背景下新闻采编流程再造的实践探讨》，《新媒体研究》2018 年第 4 期。

③ 陈国权：《中国媒体“中央厨房”发展报告》，《新闻记者》2018 年第 1 期。

道、各栏目组、新媒体部门的新闻选题、线索以及排版，并对全台资源进行统一调配①。融媒体模式会增加记者、编辑工作量，改变采编人员固有的工作习惯，必然会面临很多反弹和阻力，因此，除了动员和鼓励，记者、编辑生产观念的转变更需要考核机制的配套。如廊坊日报社融媒体建设采用数据化考核，数据记录着记者稿件的传播轨迹与效果，记者的工作量以数据的形式呈现出来②。

（三）培养全媒体记者

融媒时代的采编工作，单一媒体的竞争力变为多媒体融合起来的竞争力，要求记者具备更多的技能和素养，即全媒体素养，为媒介融合提供智力支持。记者不仅要保留传统媒体时代的政治素养、新闻策划能力和创新能力，具备较高的思想和理论水平、政治敏锐性与清晰的思辨力，采取最佳的报道方案，创造性地进行新闻报道和舆论引导，还要提升自己在媒体融合中的实践技能以及多媒体素养，才能适应"人人都是记者"的时代变化。比如，记者应该树立跨媒体意识，熟练掌握各种传输设备的使用方法，在新闻竞争中抢占先机，尤其是对网络环境中图像、视频等新媒体传播方式、话语方式的灵活运用；还应该掌握对新闻信息的视觉化处理的能力，从海量信息中捕捉有价值的信息，对信息进行分析、鉴别与选择性编辑，激发受众阅读并观看新闻的兴趣③。有学者将传统媒体和新媒体的"空间融合"看作是向全媒体记者过渡的一个有效方式，从单介质记者转型成为多媒体记者，通过互联互通的各类平台有效地分布信息、整合信息④。只有在坚持专业、创新、探索精神的前提下，才能在碎片化的信息中去伪存真，提升在跨平台上数据挖掘、内容生产、定制服务、信息整合方面的综合能力，开发出媒体融合新产品。

（四）以受众为中心

受众是新闻传播活动的归宿和传播过程的决定性主体，也是新闻传播行为和新闻产生发展的原动力，以受众为本是发展现代传播的必由之路。媒体融合的核心即以受众为中心，推进新媒体与传统媒体协同运作。今天新闻产品的生产，越来越向着视频化、移动化、社交化和服务化的方向发展。受众不仅消费信息，还要转发再生产信息、发现信息背后延伸的服务，成为新媒体时代的"产消者"。把受众视为融媒体建设的合作伙伴，提供让受众参与、分享的新闻报道。同时，融媒时代的编

---

① 陈丽荣：《量力而行善用"中央厨房"——基于城市电视台的视角》，《视听》2017 年第 5 期。

② 张宝富、任淑静、董艳：《廊坊日报社全媒体"中央厨房"的运营探索》，《中国地市报人》2017 年第 3 期。

③ 戎紫冰：《融媒体时代传统媒体编辑记者技能与素质培养途径》，《科技传播》2014 年第 24 期。

④ 栾轶玫：《融媒体时代新闻生产的流程再造》，《视听界》2010 年第 1 期。

辑应该借助于数据技术，关注受众关心的热点话题，充分吸收和利用用户生产内容，了解受众需求，再通过文本、图片和视频相结合的多媒体手段引起受众的注意和兴趣，从而建立融媒体的权威性和公信力。

新技术驱动的媒体融合现象深刻改变了全球传媒业的生态，媒体融合推动着新闻采编流程的重构与再造，这是一个循序渐进的过程，不是一个孤立的现象，而是一个“连续体”，各家媒体或不同的媒体市场可能处于不同的融合阶段。媒体融合的最终目的是形成内容与技术无缝对接、各个部门既各司其职又紧密合作的媒体有机体①。不仅如此，还要培养全媒体记者，在新的舆论生态和格局下把握正确舆论导向，传播社会正能量，弘扬社会主流价值观。只有这样，才能使媒体完全从传统理念和组织架构的桎梏中解放出来，在融合发展的理念下进行新闻产品的生产、传播，根据受众需求配置各种资源，最终形成“全程媒体、全息媒体、全员媒体、全效媒体”的全媒体传播格局。

第二节　国内融合新闻报道的实践探索

融合新闻已经成为如今媒体发展的标配，是建设新型主流媒体的必然要求。面对时代变革的不确定性，唯有抓住机会才能够更好地实现自身的价值。本节以人民日报、南方日报、湖南卫视和县级融媒体为例，对其媒体融合探索的实践进行总结，希望发现其中的成功经验。

一、人民日报融合新闻报道实践

（一）人民日报的融合新闻之路

《人民日报》作为中共中央机关报，有着重要的政治和社会地位，也是媒体融合的先行者和实践者。2015 年全国“两会”期间，人民日报“中央厨房”推出一系列独家图片图表、长短视频、H5、深度稿件等产品，创新了融媒体报道方式。取得了良好的传播效果之后，人民日报又在媒体融合的道路上不断探索前行。

近年来，人民日报融媒体平台展现出了良好的发展态势，形成了“1 + 3 + 1”

① 刘滢：《配合、竞合与融合——国外媒体融合的探索和尝试》，《对外传播》2014 年第 12 期。

的全媒体矩阵：纸质版的机关报为主体，人民网、“两微两端”、电子阅报栏构成的新兴媒体三大平台以及一个“中央厨房”。在“中央厨房”的新闻生产和新闻人的不断追求下，人民日报采取多元形式融合生产，如运用技术方案、融合云平台进行数据新闻的尝试、融媒体工作室的创新以及重塑组织架构。

几年来，人民日报早已不只是一张报纸，而是涵盖了报、网、端、微、屏等10多种载体，综合覆盖受众超过9亿的“人民媒体矩阵”，人民日报客户端、法人微博、微信公众号的影响力均居全国媒体前列，移动直播、VR全景、虚拟现实、竖屏短视频、互动H5、音乐快闪、线下体验馆……作为中央级媒体，人民日报的媒体融合发展总体上取得了非常大的成功。

（二）人民日报对新冠肺炎疫情的融合新闻报道

2020年以来，面对新冠肺炎疫情，《人民日报》纸质版及其融媒体平台如官方微博、微信、小程序、客户端等牢牢追踪疫情发展态势，关注国家卫健委信息，运用多种形式和媒体手段，实时播报疫情数据，向全社会传播正确的防疫知识，及时辟谣，关注疫情公共话题，透明化地向社会展现抗疫部署，讲好中国的抗疫故事。

1. 人民日报对新冠肺炎疫情的融合新闻报道

（1）疫情实时数据

在人民日报融合新闻的报道体系中，国内疫情实时数据作为疫情最重要的一项数据，在微信公众号、微博账号、微信小程序、人民日报客户端，随着国家卫健委的数据公布全天候及时更新。同时，以全球视野实时播报全球疫情。实时数据对疫情来说是刚需，通过实时数据的公布，不仅向公众传达了疫情最新情况，而且有利于增强对某一平台的用户黏度（全天候更新，随时看），从而更好地自我营销，将更多受众吸引到人民日报新媒体矩阵中。

（2）防疫知识普及

2020年上半年，人民日报不间断地通过文章、视频、动画的方式，向受众传播防范新型冠状病毒感染的正确方法，如《防范新型冠状病毒感染，家长孩子们可以这么做》《钟南山院士团队发布老年人防范新型冠状病毒感染肺炎指南》《钟院士喊你查收这份老年人防范新冠病毒性肺炎指南》《如何防范下水道传播病毒？专家建议来了》等。这类融合新闻报道为抗击新冠肺炎疫情知识走进寻常人家搭起桥梁，有着非常高的社会价值。

（3）讲好抗疫故事

抗击新冠肺炎疫情，要讲好抗疫故事。人民日报用大量融合新闻报道，讲好抗疫故事，如：《你有多美：通城抗“疫情”故事，一句话，让云南支援医生听完落泪》，讲述了去往通城支援医疗队的雷鸣，被病人关心、嘱咐要穿好防护衣防止感染的故事；《“等疫情过后，一定补办婚礼”——一对民警和医生的年轻夫妻的战“疫”故事》则讲了一对恩爱夫妻因疫情工作不能见面的故事；《疫情下的泸州，摄影师记录的身边故事》则用照片记录下了一场疫情给一座城市带来的变化；等等。抗疫故事的讲述，一方面向社会宣扬无私奉献、舍己为人的家国精神，用社会主义核心价值观引领风尚，另一方面使受众感受温暖，与故事的人物产生共鸣，产生信任，对战疫有必胜的决心。

（4）疫情公共话题

疫情公共话题在人民日报的融合新闻报道中也占有很大比例，如《何时开学？教育部最新回应：需要满足三个条件》讨论了学生最关心的返校问题，《博鳌亚洲论坛推迟举行2020年年会》《北京：游泳场馆等体育健身场所继续停业》则通知了疫情期间的一些社会事项等。疫情期间公共话题的讨论，有助于人们了解社会生活情况，维护疫情中稳定的社会秩序，安排后续事宜，是人民日报疫情期间话题的重要组成部分。

（5）直击抗疫部署

对于国内疫情，我国政府坚持公开公正透明地向群众告知疫情数据，在人民日报的融合新闻探索中也从容地展现了这份自信。如“国务院联防联控机制新闻发布会”将会议全程直播，让群众真实地了解疫情部署。再如发布《国务院安委办、应急管理部：确保涉疫场所绝对安全》，增强了人民群众的信心。

2. 人民日报有关抗疫的融合新闻报道形式

图文、长文：最常见的一种报道方法，见于报纸、微信公众号、微博、小程序，如日常抗疫播报。

短视频：多用于展现抗疫地区的故事、人物采访等。

直播：用于重大新闻发布会、抗疫部署等。

数据与图片结合：多用于抗疫立体、长期、综合性展示。

（三）人民日报融合新闻报道特点

1. 移动化

新媒体的发展革新了媒介生态环境，移动化是人民日报抗疫融合新闻报道的一个重要特征。疫情期间，纸质报纸发行不便，且大多数读者已经失去阅读纸质报纸的习惯，大量的新闻报道依托于新媒体平台，借助手机、电脑、平板等终端接收，因此疫情期间的许多报道呈现出短小精练的特征，以适应碎片化、随时化的阅读习惯。

2. 社交化

在一些新媒体平台，可谓“无社交，不新闻”。“人人都是自媒体”的现代社会，真假信息鱼龙混杂，正反观点势不两立，新闻从业者应该用专业的态度和职业的精神来正确有序地引导大众。在微信公众号、微博此类社交媒体上，人民日报能将权威信息融入社交生态中，所发布的融合新闻措辞更为生动有趣，有较强的对象指向性，语言体系更加口语化，通过评论与读者建立沟通与共识，引导舆论导向。

3. 智能化

智能化的融合新闻，借助云计算、数据分析技术、人工智能、物联网等科技。人民日报在抗疫报道中，展现出智能化的特征。如在人民日报客户端发布的《新冠战“疫”，中国逆转的100天》结合国家卫健委的数据、相关论文以及部分公开报道，制作出了一个关于中国战“疫”100天的数据新闻，逻辑性强，信息量大，令读者耳目一新。类似报道还有许多，人民日报利用视频让数据说话，让新闻说话，这便是按照数据思维来生产新闻。智能化的报道，使得融合新闻可读性、趣味性更强。

（四）人民日报融媒体报道的内在逻辑

1. 重构话语，引领主流舆论

人民日报凭借其权威性和公信力，第一时间对抗击新冠肺炎疫情进行议程设置，通过疫情状况的即时播报，及时辟谣，发布权威人士的视频、进行抗疫部署直播等途径，迅速掌握在抗疫话题上的话语权和主动权，做到在突发重大事件上不失语，充分展现了其作为中共中央机关报的担当与责任。

2. 多频分众，拓展传播渠道

人民日报融媒体平台充分利用自身优势多频分众，推出不同风格、适合不同受众的新闻产品。在报纸端或电子报刊端，刊登的仍旧是传统的消息、通讯、新闻特写等体裁，新闻语言准确凝练，如《全面提高依法防控依法治理能力，为疫情防控提供有力法治保障》《同舟共济，坚决打赢疫情防控阻击战》《党和国家领导同志带头捐款》《提高应对突发重大公共卫生事件的能力和水平》等，都是较为传统的新闻，对有阅读报纸习惯的中老年人适用；针对年轻人，在客户端、公众号上频频出现的，又是另一种风格的新闻，如《疫情过后，让我们“报复性”热爱生活》《你没看错，意大利这个新增数据是死亡病例数……》等。与传统纸质报纸相比，融媒体端语言形式更为生活化，其中不乏网络热词吸引年轻人的目光，报纸跟年轻人之间通过切合的语言形式形成共鸣。

通过不同融媒体平台差异化经营、分类化经营，大量使用习惯不同的用户被分发到各个平台，通过分众的模式实际上聚拢受众，扩展了传播渠道，另一方面也减轻了不同平台内容同质化的问题。

3. “三度”聚合，生产优质融合产品

人民日报融媒体新闻生产过程中十分注重信息度、态度和情感度。

信息度，即融合新闻中所蕴含的有价值信息的量。在抗疫报道中，人民日报微信公众号、微信小程序、微博官方账号同步推出疫情实时播报，用具体的数字和对比展现疫情发展情况，如《湖北：新增确诊 36 例，武汉之外的 16 个市州无新增》《首次！29 个零!》，语言短小精悍，信息价值高。再如《致敬！“看不见”的战疫一线》《患难见真情！国外援助中国抗疫物资清单》，可通过图文视频清晰地展现抗疫的具体救助情况，视角独特，帮助受众获取信息。

态度，即是融合新闻产品中所包含的价值倾向与观点，正向的价值判断和带有真知灼见的态度，都是新闻产品中另一增值处。人民日报融媒体产品以正向报道为主，且保持很高的透明度。如《数字为证！这一仗，全中国都在拼》《全网众筹！晒晒最美的她!》《31 张援鄂医疗队名片，致敬 42000 多名白衣战士!》等报道，充分彰显了医护人员无畏、坚强、无私奉献的职业精神和社会责任感。报道给予十分肯定的态度，这有利于形成疫情之中良好的社会风尚和正向积极的社会舆论引导，用事实向人民群众说明这场战“疫”中国必胜，增强了我们战胜疫情的决心和信念。

情感度是融合新闻报道的温度与情感，一篇有温度、有热度的文章才能获得人民群众的共鸣。在抗疫报道中，人民日报用贴近百姓生活的视角，推出了一批感人至深的好产品。如《侠之大者》用 9 张照片讲了 9 个抗疫的感人故事，其中一位抗疫工作人员露出了脸，口罩的印记在脸上格外明显，配文“口罩脸是你最美的印记”。另一篇《他们不只是医护天团……》用照片讲述了医护人员除了照顾、治疗病人，还帮患者做力所能及的事——照看孩子、辅导作业、缝补衣服、按摩、带操，从细节展现了医患关系的良好状态，感人至深。

二、南方日报的实践探索

作为广东省委机关报，南方日报扎根改革开放的前沿阵地，守正创新，在融媒体这条道路上探索出了一条属于自己的前进方向。

（一）内容为王为核，技术创新为翼

传统媒体时代，也即纸媒风行的时代。内容是纸媒赖以生存的核心，如若没有优质内容，那么报纸在激烈的竞争中一定活不下去。虽然如今“万物皆媒”已然来临，5G、人工智能也在传媒领域争奇斗艳，但是媒体的核心是传递信息，所以传递优质的信息内容是媒体的责任。不管技术如何更新，优质内容依旧是媒体制胜的法宝。对于南方日报而言，对内容的渴望显而易见。“南方+”客户端搭建的南方号平台，聚集了全广东6000家政务机构号；同样，“南方拍客”则是他们另一个开放生产平台①。通过开放而不放任的内容生产模式，引入用户有序地为其提供优质内容，以满足其信息需求。

无论是传统媒体还是新媒体，优质内容都是他们的灵魂，是他们吸引流量的重要法宝。但如果这优质内容有先进技术的辅助，那么内容的传播将会更加到位。如今的传播早已不是内容的一方展演，在技术的加持下，新闻变得更加活泼和贴近受众。在十九大、“两会”、新中国成立70周年等重大节点，“南方+”先后推出《“新四大发明”神曲》《直播答题解读政府工作报告》《VR全景看广东》等爆款融媒体产品，以及《广东日记》《70秒云上瞰广东》等全媒体系列报道②。近年来，场景传播越来越受到媒体的重视，南方日报也不例外，运用场景思维进行平台的布局，已经在这条路上慢慢探索。VR新闻就是其中的典型。当然，南方日报的探索不止于此。他们运用媒体知识对AI进行赋能。第一步，是设计适合用于评价个别用户的特定阅读场景的基础指标。第二步，是将基础指标与常量指标交叉匹配，定义特定的阅读场景。第三步，针对不同的阅读场景，将大数据技术和AI技术充分结合，进行智能推荐③。

（二）打造政务服务型媒体

对于媒体来讲，政府是新闻信息的重要来源。南方日报积极服务于政府，适应“融”时代趋势做好政务新闻报道。例如在南方网的融媒体专区中，“政直播”和“粤政直通车”等是比较典型的政务新闻融合的作品，专门滚动播报相关新闻。

以直播为例，自2016年6月直播平台上线，南方网已经通过不断学习，打造具有传播力、影响力的硬核直播平台。在2019年广东省“两会”上，首播“两会”代表通道和委员通道。与此同时，2018年“南方+”客户端与南方日报合作推出“政务直播实验室”，探索政务直播的内容表现形式和运营手法④。近年来，通过探索，南方日报对于直播这种新闻播放形式已经熟稔于心，在2018年台风

---

① 蒲思伊、李啸啸：《布局开放生产，内容运营如何做到“有的放矢”》，《南方传媒研究》2019年第5期。

② 罗彦军：《南方+内容之路：用户为王，内容为核》，《南方传媒研究》2019年第5期。

③ 王勇幸：《传统媒体“场景化阅读”理论在新媒体平台的实践》，《南方传媒研究》2019年第5期。

④ 张哲、丁晓然：《直播广东：打造“南方+”硬核政务直播平台》，《南方传媒研究》2019年第5期。

“山竹”等报道中均有不错的表现。例如，在《超强台风“山竹”登陆倒计时》直播过程中，针对最新发布的重要资讯，制作多个微海报供社交媒体转发传播，海报附带直播页面二维码，也带动了直播页面的传播①。除了日常直播报道之外，南方日报同样将技术的发展应用到了直播报道之中，创新新闻报道的表达形式。虚拟演播室连接现场、4K +5G 的运用、5G 手机直播、VR 直播等均有应用，这些尝试成为南方日报媒体融合的亮点，使得南方日报走在了省级媒体融合创新的前列。

（三）多渠道发行，扩大传播影响力

对于新闻媒体来讲，把新闻信息传播到受众才算完成了自己的任务。采写编播是一个完整的流程，如果不能将新闻推向受众，那么采写出来的新闻也就没了意义。

南方日报目前的发行已不仅仅局限于报纸，与其说是发行，不如将其概念扩大为传播。目前，南方日报除了传统的报纸，电子报、南方网等平台已经成为南方日报的传播重镇。在南方网的首页中，栏目覆盖要闻、广东、中国、国际、社会、直播、快报、融媒等 15 个方面。而视频直播以及社交平台传播等，也是南方日报的传播重点。

（四）新闻传播业务创新引领发展后劲

新闻传播要想在竞争中获胜，必须提高采编团队的业务能力，这是媒体发展的根本。在新媒体飞速发展的今日，如果被各种眼花缭乱的技术所裹挟，那么媒体就变成了华而不实的技术的傀儡。因此，越是媒体技术在创新，越是不能忘记新闻媒体的老本行，也即生存之本的采编能力。

南方日报在这一方面有所创新。2016 年，南方日报率先在全国开展“南方名记者培育工程”②。在媒体领域率先培养“主流网红”，这是在新媒体时代加强人才培养的举措。由名记者联合打造的品牌栏目《武松来了》《洪记鉴证》《独白》《叮咚快评》《宝览南粤》等，均得到了好评。在技术飞速发展的过程中，南方日报抓住机遇不落伍，直播、社交平台等均有南方日报新闻人的身影，推动新闻传播业务创新。

---

① 张哲、丁晓然：《直播广东：打造“南方⁺”硬核政务直播平台》，《南方传媒研究》2019 年第 5 期。

② 祁雷、曹斯、丁建庭：《深融时代的名记者培育探路——以“南方名记者培育工程”为例》，《青年记者》2019 年第 34 期。

三、湖南卫视的实践探索

新媒体给传统媒体带来的冲击是全方位的，近年来已有《京华时报》《东方早报》等知名报纸陆续停刊、休刊。同样不容乐观的是，电视媒体也受到巨大冲击。面对媒体深度融合发展的潮流，众多电视台均开始了各自的探索。在这些媒体中，湖南卫视是其中表现比较出色的一个。

（一）独播模式牢牢占据内容红利

“内容为王”这个口号在报界喊得较响，但对于电视媒体来讲，内容同样是不可忽视的重点。在互联网兴盛之前，也就是电视独霸一方的时代，湖南卫视就凭借自己优质的内容被称为“卫视一哥”。《快乐大本营》《天天向上》等老牌综艺节目常常占据收视率的顶端。同时，“金鹰独播剧场”也是其在电视剧领域的制胜点。尽管在新媒体时代，电视的顶端地位逐渐被动摇，但是湖南卫视在这个媒体巨变的江湖中已然在奋力站稳脚跟。

2014 年 4 月 20 日，湖南台完成金鹰网与原芒果 TV 两大平台的整合，推出全新的“芒果 TV”网络平台，实现内容产品、运营团队、基础业务等方面深度整合，走上了“以我为主、一云多屏”的融合发展之路①。内容产品方面，湖南卫视延续电视时代的独播模式，将湖南卫视自制的内容产品在芒果 TV 上独播，实现了内容引流的目的。据统计，芒果 TV App 从 0 到 1 亿次下载一共用了 330 天②。湖南卫视凭借多年的积淀，加之坚持内容为王的政策，在媒体变革中占据一席之地。

如今，芒果 TV 已和湖南卫视一样，成为另一个现象级平台，稳居国内视频类 App 前列。这为湖南卫视创新转型提供后续支持，成为国内卫视平台中的亮点。

（二）“多屏合一”多渠道传播

从原先的大屏走向如今的小屏，受众早已适应了小屏所带来的种种便利。所以，无论是 PC 端还是手机端，都论证了多渠道传播所带来的传播效果的强大。过去，湖南卫视依托上星频道锁住了一大批忠实受众。但如今，面对多渠道接收信息的现状，用户也在多个平台流转。湖南卫视紧紧抓住这一机遇，开发了芒果 TV 这一新平台，PC 端和手机端又重新锁住了一大批观众。在移动端，芒果 TV App 下载

---

① 吕焕斌：《以我为主　建设新型主流媒体——湖南广播电视台“双平台”带动战略阐释》，《中国广播电视学刊》2016 年第 1 期。

② 李立影、汤集安：《芒果 TV：广电媒体融合发展的探索》，《青年记者》2015 年第 24 期。

安装激活量超 6.2 亿，月活用户超 5 亿[①]。

在芒果 TV 的手机端中，已经容纳了湖南卫视几乎所有的内容。同时，它还和爱奇艺等平台有合作。总而言之，芒果 TV 内容的存量已经相当庞大。如今多屏合一的现实中，湖南卫视已经搭建起芒果 TV 这一新兴平台，它已经和湖南卫视一样，成了现象级的平台。“先网后台”模式早已不再新鲜，不仅如此，很多在芒果 TV 独播的内容同样引起巨大的关注。

（三）定位关键用户锁住流量

湖南卫视自从上星以来，一直主打“快乐中国”的口号，他们一直走在娱乐的前端。之所以如此成功，与他们精准定位了自己的受众群体是分不开的。一直以来，湖南卫视均将自己的受众定位于年轻群体。而在互联网越来越普及的如今，年轻群体依旧是重要的用户群。18—35 岁的年轻人是湖南卫视的目标群体，只不过这时候是将电视屏幕前的受众转移到了手机或电脑屏幕前。虽然传播的介质发生了变化，但是受众群体依旧是原来的人群。

对于互联网来讲，流量是变现的基础，对于流量的争夺早已白热化。“今日头条”由最开始的新闻侵权到如今的资讯巨头，许多媒体争相与“今日头条”合作以增强自己的曝光率、浏览量。这就是流量在互联网时代的价值。对于媒体来讲，没有了受众就没有了流量，生产出来的新闻信息没有传播的目的地，那么就没有了存在的价值。因此，湖南卫视成功的关键在于锁定了自己生产的内容产品的用户群，使用户产生黏性，从电视荧屏转移到移动荧屏，从而完成了华丽的转身。

（四）建设新型主流媒体

湖南卫视在做好娱乐节目的同时，以马克思主义新闻观为指导，提升新闻品质，创作人民群众喜闻乐见的内容产品。马克思主义新闻观强调坚持正确的舆论导向，坚持以正面宣传为主。湖南广电媒体融合发展之路，是强化“四个意识”、坚定“四个自信”、遵照“四全”标准、提升新闻舆论“四力”的践行之路，是以先进的全媒体传播矩阵，抢占舆论制高点，凝聚共识、弘扬主旋律、传播正能量、壮大做强主流宣传的党媒发展之路[②]。在 2019 年第二十九届中国新闻奖评选中，湖南卫视《午间新闻》播放的电视专题《新闻特稿：十八洞村这五年》、芒果 TV 客户端推送的《我的青春在丝路》获得中国新闻奖一等奖。

---

① 潘界泉：《湖南广电媒体融合发展之路》，《中国传媒科技》2019 年第 7 期。

② 同上。

四、县级融媒体融合实践探究

县级融媒体是指将县域所有媒体资源（包括新闻资源、平台资源、人才资源、财政资源等）加以整合，指挥调度新闻报道工作和舆情监管工作，促进党的声音在基层传播的统一管理部门①。县级融媒体是媒体融合发展进程的关键一步，也是整个媒体融合体系中最后一个环节，随着中央媒体机构和地方传媒集团融合进程的基本完成，县级融媒体的建设不仅能够横向整合县级媒体资源，形成合力，提高自己的传播影响力，更可以纵向连接省级、中央级媒体，实现全国范围内的媒体联动。县级融媒体的建设完成，意味着媒体融合的总布局基本成型。

（一）发展背景

1. 大环境

县级融媒体建设面向基层人民群众，可以更好地满足老百姓的信息和精神文化需求，巩固壮大主流思想舆论阵地，推进基层治理创新。2018 年 8 月 21 日，习近平总书记在全国宣传思想工作会议上指出："要扎实抓好县级融媒体中心建设，更好引导群众、服务群众。"② 随后，《关于加强县级融媒体中心建设的意见》《县级融媒体中心建设规范》等文件陆续出台，从思想上、制度上、内容上都作出指导意见。在资金投入方面，根据财政部公布的 2019 中央财政预算，中央补助地方公共文化服务体系预算为 147.1 亿元，相比 2018 年增长 14%，增加的部分主要是支持县级融媒体中心及深度贫困县应急广播体系建设。按照中宣部的要求，我国 2020 年底基本实现县级融媒体中心全覆盖。

2. 优势

县级融媒体最大的特点在于地域优势。县级范围内人们的文化贴近性强、相似性强，地域色彩浓厚，可以发展本土化优势，打造综合服务平台，例如公用事业服务和生活服务的平台，提供政务资讯、民生问题和本地故事，形成县域特有的信息圈。县级融媒体还提供了政府与公众沟通的渠道，政府与民众能够更直接地交流反馈，更好地集民心聚民意。

县级融媒体建设是有经验可借鉴的，人民日报"中央厨房"模式的建设经验和大量的数据资源，省级、市级媒体融合转型的探索，为县级融媒体中心建设提供

---

① 谢新洲、朱垚颖、宋琢：《县级媒体融合的现状、路径与问题研究——基于全国问卷调查和四县融媒体中心实地调研》，《新闻记者》2019 年第 3 期。

② 习近平：《论党的宣传思想工作》，中央文献出版社，2020，第 340 页。

了参考。同时，在县级融媒体中心建设过程中，合作数据公司能够通过用户画像不断积累用户数据，通过这些数据的分析，能够更深入地分析用户需求，布局产品生态矩阵，为百姓提供接地气的报道和服务。

县级融媒体中心须深耕本土，最大限度地整合资源，提供多元服务。传统县级媒体大多只有电视和广播，节目形式单一，观众也不买账，通过融合可以开辟新的运营方式，在“新闻 + 政务服务商务”方面进行探索。如浙江省海宁市，利用“媒体 + 电商”模式开设的“助农 e 站”帮助了本地农产品销售，取得了可观的经济效益。

3. 挑战

县级融媒体中心建设虽然得到了政策扶持，但在实践过程中，面对不断变化的媒体环境和用户习惯，其发展仍然面临很多挑战。一些县级媒体虽然建立了“中央厨房”、融媒体指挥中心，配备了采访车、无人机等，但在传媒理念、机制等方面并没有真正地融合，仍然受传统媒体思维模式影响，停留在媒体融合就是“ + 互联网”的模式，造成资金和技术的浪费。

县级新闻内容短缺，生产理念滞后，同质化严重，缺少创新的能力①。采访过程往往是耗费大量人力得到相似的结果，融合后也仅仅将自身有限的内容拷贝到网上，这是远远不够的。县级融媒体的内容不仅要与省级和中央级媒体区分开，形成差异化，更要满足目标人群需要，传播有价值的内容。

县级融媒体在互动机制上也存在很大不足。一方面是内容生产者和受众之间，相较于社交媒体，县级融媒体在互动机制的设置上相对落后，容易造成受众流失和年龄结构的固化。另一方面是县级融媒体中心的内部运营、管理机制未能完全理顺，评估体系和激励机制有待完善。

人才资源缺乏更是县级融媒体中心建设的软肋，技术研发、经营管理和全媒体运营人才不足，现有员工的理念和技能大多停留在传统媒体时代，难以适应新媒体环境。

（二）长兴传媒集团的媒体融合之路

2011 年 4 月 15 日，浙江省湖州市长兴县成立了全国第一家整合广电和报业资源的县域全媒体传媒集团——长兴传媒集团②，由长兴广播电视台、长兴宣传信息中心、县委报道组、“中国长兴”政府门户网站（新闻板块）跨媒体整合而成。目

---

① 谢新洲、黄杨：《我国县级融媒体建设的现状与问题》，《中国记者》2018 年第 10 期。

② http：//www. 长兴传媒集团 . com

前集团旗下有电视、广播、报纸、网站、App，其中“两微一端”用户超过65万，另拥有有线电视用户18万户。“在很大程度上，长兴传媒已经转型为一家互联网公司。”① 该集团通过不断实践探索走出了一条适合当地情况的县级媒体融合之路，近年来总营收在2亿元左右。

1. 模式上自主创新

在县级融媒体中心建设中，大多都采用以下三种模式：第一是上级媒体系统的智慧平台搭建模式，例如湖南日报社、河南日报报业集团都入驻了人民日报“中央厨房”，利用其丰富的融媒体资源和渠道联手打造县级融媒体。第二是市县媒体自发跟进的自主搭建模式，例如津云、山西云媒体平台都采取“云化”的方式为县级融媒体提供技术和资源支持。第三是县级媒体整合主导、智慧技术企业参与建设的合作模式，长兴传媒集团借鉴“中央厨房”的经验，在2015年组建了县级融数据中心，为智慧城市的建设提供数据支撑，随后又与科研院所合作推出长兴县政府服务大数据中心，积累建设经验与用户数据。在2016年，该集团与国资委合资成立长兴慧源有限公司。

在经营模式上，长兴传媒集团走出了一条非常值得借鉴的道路。不同于其他县级自媒体的资金短缺、广告营收难，长兴传媒集团利用“事业单位，企业化运作”的指导原则，创新发展创收新模式，将原有的纯广告营收转变到以广告收入为主、产业多元模式经营。除新闻报道外，还主动为乡镇农事节庆活动承包“一条龙”服务，从包装策划、搭台演出到广告宣传、节目制作播出，还与相关部门合作推出车展、房展等展会活动。目前政务合作、活动营销、产业经营、商业广告创收比例基本为3∶3∶2∶2②。

2. 内容上深耕本土

县级融媒体新闻信息少，范围窄，因此经常会出现内容同质化、无意义的现象。县级融媒体的优势就在于其地理上的接近性，能够利用这种近距离，感染和影响当地公众，因此做出当地民众感兴趣的新闻是县级融媒体应该聚焦的内容。

长兴传媒集团坚持“传媒技术有变，内容为王不变”的原则，关注重大舆情中的乡镇议题。在新冠肺炎疫情流行期间，长兴传媒集团各大新闻网站、公众号利用《最长兴》等栏目，向公众实时传播本地的相关信息，重点播报疫情中的长兴动态，确诊病例情况、口罩售卖点、复工措施、交通状况等与长兴人息息相关的信

① 窦锋昌：《长兴不是一个“模板”，而是一个“楷模”》，《青年记者》2020年第36期。
② 周滟：《长兴传媒集团：融合路上我们一直在努力》，《传媒》2019年第2期。

息。长兴传媒集团重视新闻中的人文情怀，做有温度的新闻，连续报道了《湖北3岁女童突患肝病，长兴多方紧急接力救援!》的相关新闻，引起社会各方的广泛关注与支持。在疫情期间，还推出了《疫情防控菜篮子，爱心助农两不误》的帮农行动，通过线上活动的方式解决农产品滞销的问题，已经有十个镇加入行动。

此外，“掌上长兴”App还推出《爆料》栏目，接收民众提供的新闻线索，将原本PGC（Professional Generated Content，专业生产内容）的新闻形式转变为与UGC结合的形式，丰富了新闻内容，增强了互动感，能够真实地了解民众真正关心的问题。

3. 形式上“新闻+服务”

融媒体中心的成立，可以做到一次采集、多种生成，不仅减少了采集成本，更能够向不同平台针对性地投放适合的新闻。报道立体化是融媒体最突出的形式特征，报纸、广播、电视、“两微一端”，不同的平台适合不同的报道形式。在抖音中，“掌上长兴”以暖心视频为主，穿插主播评论，收到上百万的点赞；在微博中，以短新闻加视频或图片的形式为主；在微信公众号中，以长文为主，利用不同的平台特征吸引不同取向的受众。

长兴传媒集团还将媒体平台化，在“掌上长兴”App中，将新闻资讯与交通、公安、医疗、旅游、政务等服务贯通，拓宽了“新闻+”实现形式，更好地服务群众。在App中，可以绑定个人身份一键交纳电费、水费、物业费，还能与助农相关活动连接，直接下单购买商品。通过App，还可以直接连接网络电视、报纸和广播，直接观看长兴电视台的相关栏目、阅读报纸、收听广播。

直播是长兴传媒集团新闻播报的重要手段，从2017年至今，长兴传媒集团投资了6000多万元用于高清化改造和调频频段数字音频广播等项目建设，利用移动直播、无人机采集、VR全景拍摄等技术，实现内容从可读到可视、从静态到动态、从一维到多维的多媒体化展示。台风“山竹”来临时，长兴传媒集团从当天上午10时直播到中午13时30分，影响力巨大。像这样的移动直播，长兴传媒集团已将其进行常态化运用。

（三）发展路径

1. 因地制宜，定位明确

县级融媒体不仅是县级媒体的融合中心，更是主流舆论阵地，连接着中央与省级媒体，是媒体传播矩阵中不可或缺的一环，它不仅要作为区县的综合服务平台、信息枢纽，更要建设成为新时代基层治理的新平台。很多县级融媒体在融合时，虽然形式上融合在了一起，但在思想上并没有融合的意识，依然各自为政，将纸上内容照搬到网络上，形式大于内容。因此想要发展县级融媒体，首要任务就是要确定建设一个怎样的融媒体中心。如长兴传媒集团以“新闻 + 服务”为定位，北京大兴区则以“新闻 + 服务 + 政务”为定位，甘肃玉门以“新闻 + 政务 + 应用服务”为定位①，虽然看似大同小异，但都是根据各地媒体经验和需要决定的。

在 2018 年的第三代“掌上长兴”App 中，长兴传媒集团用新闻加直播、游戏、互动平台等模式不断尝试，找准了定位，打造出一个集政务、民生、公共资源等公共服务于一体的信息平台。在探索定位的过程中，县级融媒体不仅要将民众的需求考虑在内，做好新闻舆论工作，更要将新技术与基层信息连接，打造一个连接群众与政府的融媒体平台。

2. 扬长补短，创新功能

县级融媒体要重视优质内容生产，打造具有本土特色的内容，深耕本土资源，建设本土信息枢纽，丰富传播形式与手段，以贴近性的内容吸引受众。

县级融媒体要利用自己的地域性优势，根据用户需求，打造更多场景性、服务性的便民利民产品，如区域性的社交互动平台、社区服务平台，通过用户之间的互动反馈，以体验为核心为用户提供相关服务，增强用户黏性。这就要求县级融媒体提高自身的服务能力，拓展“新闻 + 政务服务商务”运营模式，建立多元服务体系。

3. 纳士招贤，重视人才

除了引进优秀人才外，培养人才能力、提升现有人才水平也是一个很好的选择。长兴传媒集团根据自身需求和采编团队的特点，以“一专多能一尖”为培养目标，启动“万物生长”培养计划，每年投入 100 万元资金，分批次组织干部员工赴杭州、上海、北京等地学习，邀请媒体融合领域专家到长兴传媒集团培训。同时，该集团利用“首席”聘请等制度，招纳优秀人才，打破编内编外的体制限制，全方位提升人才素质。

除此之外，县级融媒体还可以与高校合作，搭建校外实习平台，一方面为学生提供实践机会、培养后备人才，另一方面可以通过与高校合作提升当地融媒体建设水平。

---

① 谢新洲、朱垚颖、宋琢：《县级媒体融合的现状、路径与问题研究——基于全国问卷调查和四县融媒体中心实地调研》，《新闻记者》2019 年第 3 期。

第三节 国外融合新闻报道的实践探索

当前国内外针对“融合新闻”的研究，主要从媒介技术、新闻业变革的角度展开，包括对媒体内部的运作机制及外部环境的探讨。在业界实践层面，世界范围内有影响力的媒体都陆续进行了实践与探索，从“掌握了多种媒介技能的‘超级记者’”到“多人组成的跨媒体的‘超级团队’”①。媒体集团从记者培养、新闻采编、报道呈现、信息分发等微观、宏观层面进行了多层次、全方位的改革。本节将探讨纽约时报、卫报与 BBC（英国广播公司）在融合新闻实践上所做出的革新。

一、纽约时报的融合探索

《纽约时报》创刊于19世纪中期，是美国具有代表性的报纸。它的发展经历了广播、电视和互联网三种技术的重大变迁。面对数字化浪潮，它是传统媒体走向媒体融合的先行者。它的实践探索为传统媒体的数字化转型提供了众多可供参考的经验。

（一）技术融合：创新技术运用，新闻生产数字化变革

随着大数据、人工智能的深入发展，新科技不断融入新闻行业中。2012 年纽约时报的新闻作品《雪崩》具有里程碑式的意义，该作品结合现场视频、3D 图片、气象图表、文字报道和声音等多媒体技术，开启多媒体新闻叙事新模式。2015 年，基于 VR 技术推出 NYT VR，以《流离失所》为代表的 VR 作品，带给受众前所未有的全景浸入式新闻阅览体验。

1. 自主研发实用技术

由于很多第三方分析软件并不满足新闻报道的需求，无法回答新闻中需要解释的数据问题，纽约时报技术团队自主研发的一款内部数据分析系统——Stela，2016 年正式投入运作②。这个工具可以从众多的消息来源中抓取信息，然后把相关数据的分析结果以直观的图形和列表的形式呈现出来。这意味着纽约时报网站在数据收集和分析上不用再依靠第三方软件，在内部系统中进行能够使数据链更完整，使新

---

① 蔡雯：《从“超级记者”到“超级团队”——西方媒体“融合新闻”的实践和理论》，《中国记者》2007 年第 1 期。

② 祝源：《〈纽约时报〉：创设新型分析工具引导行动决策》，《中国记者》2016 年第 11 期。

闻的生产更加严谨。例如，纽约时报网站一篇关于达拉斯警察被枪杀的报道，从当天上午 6 时 07 分至 12 时 59 分，连续更改了 12 次标题。其中，关于“5 名警察被射杀”以及“枪手被击毙”的内容，纽约时报分别制作了多种不同语言风格的标题。通过“Stela”的实时监测系统，记者和编辑可以随时观察到每次标题变动后的文章浏览量以及受众反应等变化。编辑和记者也能够通过数据分析，结合自己的经验判断哪些类型的报道需要加强、哪些信息内容需要改进，以便将合适的新闻报道通过合适的平台传给合适的读者。

2. 新闻流程的数字化

新闻生产的数字化过程中，纽约时报数字部门的科学团队还研发了 Blossomblot 等多款机器人，运用在新闻采编播发领域。纽约时报研发实验室重新界定新闻素材的概念，将基本的新闻素材称之为 Particle。它需要在文章（Article）的基础上不断更新背景信息和观点评论，由此形成的产品不再是单篇的文章，而是不断更新的内容组合①。这种内容组合能够单独使用，也可以围绕某一话题形成新的一系列内容。纽约时报在 2015 年启动的编辑项目为 Particle 的生产增强了标签和注释的功能，编辑在生产内容时将人物、地点和机构等关键词编码化，储存为内容数据以备后用②。

3. 创新新闻信息获取与采集方式

纽约时报注重对社交媒体中的信源进行汇聚与组织，依赖大量的公众个体进行去中心化的自组织的新闻协同生产。例如，编辑通过基于地图定位和信息搜索相结合的 Geofeedia，能够在地图上定位感兴趣的地区，搜索这一区域内 Twitter、Facebook 和 Instagram 等社交媒体上的热门文章，由此寻找新闻话题、目击证人和意见领袖，也可以根据感兴趣的话题搜索该地区的活跃用户，进行信源的进一步挖掘和确认，实现“分布式新闻”信源的搜集和跟踪③。纽约时报改造传统的新闻生产流程，通过融合新闻生产的新思维指导新技术的运用，优化新闻生产流程，制造出全面数字化的融合新闻产品。

（二）内容融合：打造内容呈现的可视化与互动性

纽约时报的数字平台于 1996 年 1 月建立，2000 年以后将一系列的网站进行整合重组，成为独立运营的机构④。随着采编团队的成熟，网站的内容逐渐丰富起

---

① Smith G. , *New York Times to Start Delivering Meal Kits to Your Home*, Bloomberg Technology, 2016, p. 5.

② 同上。

③ 郑晓迪：《媒介融合背景下〈纽约时报〉内容生产策略研究》，《传媒》2018 年第 18 期。

④ Pavlik J. V. , “A sea-change in journalism: Convergence, journalists, their audiences and sources,” *Convergence the International Journal of Research Into New Media Technologies*, 2004, 10 (4): 21 - 29.

来，遇到突发事件，采取网站优先的策略。早期电子版的大部分网站内容是报纸内容的搬运，仅有少量的原创内容。经历多次数字版的更新，逐步发展出适合数字版面的呈现方式，打破传统僵化的形象。

1. 多平台呈现相互协调

2017 年 1 月的改版后，不同话题的新闻和不同平台的内容不再局限于传统的时报风格，以适合新闻话题和平台特性的方式呈现①。版面趋于简洁直观，文字、图片与视频呈现相协调，广告位减少，留白增多，适当使用幽默风趣的网络语言。同时，纸质版也与数字版内容融合，模仿杂志封面和网络主页的设计。报纸、网站和社交媒体相配合，在报网融合的探索中，打造出符合数字时代阅览体验的崭新模式。纽约时报在社交平台上采取了诸多创新策略。2015 年 Facebook 推出“Instant Articles”的计划，并与纽约时报签订一项协议，纽约时报可直接登录 Facebook 发布新闻而非内容链接。2016 年，纽约时报进一步与 Facebook 的新视频平台 Facebook Live 合作，制作直播短片。通过与 Facebook 推送平台合作，提高网络浏览流量，适应社交媒体环境下用户多平台浏览内容的习惯。

2. 数据新闻的可视化呈现

纽约时报的视觉总监 Steve Duenes 曾在采访中说道：“视觉呈现与文字报道之间是互补的。面对突发事件，它可以进行迅速的回应，并解答读者对于突发新闻的基本问题。视觉化新闻叙事是推动媒体整体转型升级的必要环节。”纽约时报网站中的数据新闻专栏“The Upshot”展现了诸多可视化作品。例如，2014 年俄罗斯索契冬奥会中，主场作战的俄罗斯选手获得花滑女单项目的金牌，而备受瞩目的上届冠军韩国选手屈居亚军。纽约时报的可视化报道《为何斯托尼科娃战胜金妍儿夺冠》，用视频的截图拼接还原了两位选手连跳的动作轨迹，对比中可以发现俄罗斯选手的难度系数更高，动作的流畅性更好，并以详细的评分表的评分来比较两位选手的分数②。纽约时报具有代表性的多媒体叙事作品还有 2012 年的《雪崩》、2015 年的《流离失所》等，通过构建虚拟全景，创新使用 VR 等技术进行新闻叙事。相比起传统新闻报道中单纯的数字呈现和文字图片，纽约时报的数据新闻可视化实践在保证数据真实准确的前提下提升了视觉效果，为新媒体时代的新闻呈现方式展开了全新的探索。

---

① 苏衡、严三九：《〈纽约时报〉的创新与启示》，《当代传播》2018 年第 2 期。

② 张璇、肖焕禹：《数据可视化在索契冬奥会报道中的应用研究——以〈纽约时报〉和〈华盛顿邮报〉为例》，《武汉体育学院学报》2017 年第 5 期。

3. 增强用户的互动体验

纽约时报对于可视化传播的交互设置形式新颖。例如数据新闻专栏 The Upshot 中“Student Loan Calcilator”打造了一个计算大学生学费贷款的专题报道。在专题报道的页面中用户可以通过不同的操作得到不同的结果，如贷款计算器页面顶端分设四个搜索框，在右端的移动条中可以根据个人意愿增加每月还贷额度，左端则计算出需要还贷的总金额以及每月的财务负担。类似的互动设计还有“Is It Better to Rent or Buy?”，用户根据网站构建的经济量表，输入自身的各项数据从而得到针对性的购房建议。除了报道中的互动体验外，纽约时报在 2017 年底对用户开放更多的文章评论权限。这一举动一方面有助于倾听读者的意见，另一方面，还能够将众多的意见汇集成数据，运用算法以及编辑的经验更加准确地判断读者的新闻诉求，从而进一步增强与用户之间的互动。读者在参与评论的过程中获得更多独特的新闻体验，充分发挥作为读者的个人价值。

（三）组织融合：创新组织架构，优化团队的运作模式

技术的融合并不能代替组织的融合，技术创新有可能因为组织的束缚止步不前。要适应数字时代，传统媒体必须超越传统的组织运作方式，这是组织创新的一个着力点①。

1. 转变组织发展理念

2014 年纽约时报的《创新报告》提出，团队要追随媒体产业的发展步伐，充分利用用户数据来帮助新闻编辑部管理层在诸如内容管理系统、结构数据等领域保持领先水平。这样一个战略团队将提升整个新闻编辑部门的创新力度，成为各种新建议和新点子接触、碰撞、交锋的交流中心②。

2. 创建以数媒为中心的团队

纽约时报在组织层面打造以数媒为中心的组织架构，创建数字化团队和专门机构。新闻编辑部专门设立战略规划团队、受众拓展团队和数据分析团队，着重新闻部门数字化策略、读者开发与数据分析应用能力。组织架构的创新不仅是线上线下各平台新闻采集、编辑、播发业务的融合，还是数字新闻与数字营销、数字代理及其他数字业务等新产业链的整合③。2017 年 1 月，纽约时报的内部报告认为，新闻

---

① 张宸：《数字时代纽约时报的变革举措——〈2020 报告〉的几大看点》，《新闻与写作》2017 年第 4 期。

② 新华社新闻研究所国际传播研究中心：《数字化背景下的报业转型——纽约时报创新报告（2014）》，《新闻与写作》2014 年第 6 期。

③ 苏衡、严三九：《〈纽约时报〉的创新与启示》，《当代传播》2018 年第 2 期。

编辑部要与每个产品的团队合作更加密切，各部门任务明确，找准团队运营需要的技能，工作人员要充分理解各自部门清晰的愿景。纽约时报内部机构的整合发展至今，已经基本实现了统一运营、采编和管理，实现了多部门之间的优化整合。

3. 创新协调运作机制

2014 年纽约时报的《创新报告》提出，在运作模式上加强组织各部门间的对话和协作，采取一种以扶植创新项目为导向的深度网络合作模式，积极鼓励新闻编辑部与经营、技术部门之间加强合作，更多地着眼于构建、思考以及研究受众体验①。例如，在编辑部模式的革新上，作为项目主管的编辑带领编辑部成员进行初步采编，然后根据特定新闻的需求，技术部门、市场部门的相关成员也参与到相应的新闻产品制作中。工作中互相协调配合，共同倾力打造富有创造力的新闻产品。

（四）经营融合：独具特色的数字化商业模式

2011 年纽约时报网站开通付费墙，对数字产品制定合理的收费策略。纽约时报通过推行多样收入模式和多种内容营销方式，逐步形成了具有时报特色的数字化商业模式。

1. 设立付费墙

2011 年纽约时报重启付费墙，采用差异化的收费模式。每位读者每个月可以免费阅读 20 篇纽约时报网站文章以及网站各个栏目和博客的主页，超过 20 篇以后，需要订阅才能阅读。印刷报纸的订阅者可以凭借订阅单号登录网站免费获取电子新闻，还可以通过手机应用程序免费阅读新闻。电子版的订户则按照不同阅读平台有不同的收费标准。第一种是每四周付费 15 美元，可进入网站并可用智能手机浏览；第二种是付费 20 美元，可进入网站并可用平板电脑浏览；第三种是付费 35 美元，可进入网站并可同时使用智能手机和平板电脑无限制浏览。为了更好地推广付费政策，纽约时报还对留下电子邮箱的老顾客给予优惠价格，推出订阅 26 周打五折的活动，并开启"合作订阅"模式。2017 年，纽约时报与全球最大的流媒体音乐服务商 Spotify 公司合作提供"合作订阅"服务。两家达成协议，一年以上的时报数字订阅用户可以免费获得 Spotify 公司提供的价值 120 美元的流媒体音乐服务；同时订阅时报新闻和 Spotify 流媒体音乐的用户，每周需要付费 5 美元。这一举措是为了增进与年轻受众互动，争取更多新的用户。付费墙制度真正打响了纽约时报的数字化转型战争，使得纽约时报的数字化转型呈现出新的态势。

---

① 新华社新闻研究所国际传播研究中心：《数字化背景下的报业转型——纽约时报创新报告（2014）》，《新闻与写作》2014 年第 6 期。

2. 创新内容产品营销

纽约时报通过研发创建和与相关网站合作来丰富营销方式。例如，与新技术公司和社交媒体平台联合开发了多个内容产品项目，包括与 Google 合作的旅游系列报道，巧妙结合 Google 地图服务，做成虚拟现实体验包。另外，纽约时报将服务和内容相互嵌入发展。通过网站的电子功能，提供商品的在线购买服务，将商品嵌入内容中[①]。如网上书店和书评栏目绑定，网上购电影票和影评栏目绑定，让读者在看书评、影评的时候，随手就购买图书和电影票。

3. 发展电子商务

纽约时报将电子商务的发展视为品牌整体运营的一个部分。例如，2016 年 5 月纽约时报将“时报烹饪”网站的专业内容资源与食品电子商务相结合，为读者递送食谱中的食材，并确保在 48 小时内送达[②]。与以前售卖随机商品的网上商店不同，重新调整后通过第三方销售平台出售。销售的物品包括该报的档案照片和旧故事合集，以及设计团队开发生产的服装、文具及装饰品等日常用品，都带有《纽约时报》的标识。发展具有特色的电子商务，新的线上商品要求在规格定位上与报纸品牌高度契合，将报纸的品牌功能发挥出来，用报纸的影响力提高产品的吸引力，激发消费者对纽约时报整体的认同感。

（五）纽约时报融合新闻报道的实践经验

1. 将技术优势与媒体发展紧密结合

技术的发展激发了媒体转型动力，同时也为媒体打造全新形态的新闻产品提供了发展空间。技术领域是不断创新的过程，媒体必须紧紧跟进。新闻业要与前沿媒介技术的应用相连接，运用多媒体技术、VR 技术、大数据、人工智能等，并根据媒体的需求研发出新的技术。技术人才在提供新内容产品和服务方面将扮演越来越重要的角色。因此要大力培养技术、设计、数据分析新型人才，加强前沿媒介技术的自主研发和应用，并力争在媒体同行中保持技术领先的优势。

2. 坚持优质内容，提高媒体的核心竞争力

在创新技术水平的同时，坚持“内容为王”，生产提供专业的、优质的新闻内容历来是新闻媒体的安身立命之本。传统媒体应该继续发展在信息采集核实、分析解读等方面的优势，打造优质的新闻产品，提升信息内容的品质。提供注重用户新闻消费体验和满足个性化新闻信息需求的内容产品，既要提供共性新闻产品，也要

---

① 潘新红：《报业数字化发展模式解析——以纽约时报为例》，《青年记者》2013 年第 16 期。

② Smith G. , *New York Times to Start Delivering Meal Kits to Your Home*, Bloomberg Technology, 2016, p. 5.

加强个性化新闻生产。加强媒体与用户间的互动交流，吸引用户提供新闻线索、报道素材和意见建议，提高用户的关注度和参与度。

3. 建立适应融合发展的组织结构与运作模式

促进组织各部门团队的联动，要重构新闻采编生产流程，升级采编系统，建立统一指挥调度的多媒体采编平台，实现一次采集、多元生成、多平台发布的“中央厨房”模式。转变用人机制，建立人才激励机制，完善绩效考核机制，在媒体融合的环境下吸引人才、留住人才、用好人才。打通部门之间的壁垒，畅通跨部门之间、上下级之间的平等对话沟通渠道，促进跨部门团队之间资源共享的同时，能在项目任务实施中彼此配合、相互协作。

4. 促进多方合作，实现优势共赢

如今的媒体市场以消费为主导，受众、第三方机构与媒体组织共同参与新闻内容生产和消费的趋势越来越明显。多方的合作互动为新商业模式的创建提供了多种可能，能够实行内容产品众筹生产、内容产品和服务互动营销、发展与新闻品牌相契合的多元经营等。这不仅能充分利用媒体、受众和第三方的各方资源，体现了三方各自的价值，更重要的是为媒体机构赢得了更大的生存发展空间。

二、卫报的数字化转型

报业是受数字媒体发展影响最深的行业之一，传统的纸质媒体主要面临着业绩下滑甚至被迫关停的问题，卫报也存在着报纸销量骤降的问题。《卫报》（*The Guardian*）创刊于1821年，是历史悠久的综合性日报，英国三大著名的高级报纸之一。面对媒介环境的变化，卫报从2006年起就确立了“网络优先”的原则，并开始了一系列的融合新闻创新实践。

（一）开放式新闻——新闻生产的变革

卫报在融合新闻实践上所做的一个重大创新，就是鼓励用户参与的“开放式新闻”，打破固有的“媒体发出—受众接收”的二元模式，真正发挥了受众强大的再生产能力。

重视网络资源的卫报，积极与互联网用户展开互动。卫报采取的措施是较为激进的“开放式新闻”策略，即“向用户开放评论、数据及应用平台，让记者与用户协作对新闻报道做出更全面和深入的诠释”①。早在2006年，卫报就开放了“自

① 郑若琪：《英国〈卫报〉：以开放式新闻构建数字化商业模式》，《南方电视学刊》2012年第3期。

由评论区”，目的是联合各类专家撰写有价值的专栏，包含电影、音乐、体育博客等多种内容，既可以吸引有兴趣的受众增加流量，也能鼓励他们发表观点而提升新闻价值；2009 年，开放“数据博客”大型数据库，用户可以直接参加到数据库的完善当中，从而形成一种集思广益的效果；再到后来的客户端建设，卫报都积极寻求与用户的深度交流，这样既可以不断完善自身的新闻生产、分发机制，又能快速地抓取到当今最热门、最有价值的新闻内容。面对新闻失实等风险，卫报的做法是建立“读者编辑部”进行排查，而读者同样也能通过“更正与澄清专栏”进行反馈。无论是鼓励当地居民成为新闻见证者，还是通过邀请用户把新闻产品翻译成多种语言而输送到各地，卫报都在用户参与新闻生产的举措上获得了巨大成功，其本质上已经形成了一种“众包新闻”的商业模式，将新闻生产非强迫性地外包给受众，“适应了当前新媒介环境下的传播特征，满足了受众对于某些信息的基本需求，符合当前以受众为中心的主流报道思维逻辑”①。

（二）网络优先——报道策略的更新

时效是任何新闻媒体都要抢占的先机，而互联网的出现几乎将现场与新闻报道的时间差缩短到零，“内容发布的先网后报、先短后长、先快后深，是移动互联网内容运营的基本逻辑”②。卫报积极利用互联网优势，把“网络优先”“数字优先”作为第一要义，弥补了传统纸媒的缺点。特别是突发新闻事件，卫报鼓励记者实时采编分发，将内容发送到官网以及各类社交平台上，以快捷、短小的网络报道最大化新闻的时效性。而新闻现场的记者也摆脱了传统的纸笔采写模式，更新到了相机、手机、互联网等多媒体的报道方式，增添了新闻的可看性。在抢占第一新闻现场的话语权之后，卫报会继续对信息进行深加工，更新报纸内容、长篇以及深度报道，提供更有价值的内容。而在信息深加工过程中，卫报也会继续秉承“开放式新闻”的理念，以客户端为主要窗口吸纳专家与民众的意见，形成有厚度的专题报道。可见，卫报的创新报道策略不但与传统的报道模式不矛盾，反而呈现一种相辅相成的互补形态，既把握住了第一现场，又使得深度内容生产源源不断发挥活力。

（三）数据可视化——文本呈现的改进

互联网的非线性、“后时代”的解构思潮、图像时代的到来等多重语境，是当下传媒业所面临的时代特征，而这些因素必定会影响到新闻文本。受众的碎片化、

① 滕瀚：《众包新闻：未来新闻报道模式中的一匹黑马》，《传媒观察》2014 年第 8 期。
② 闫月英、慕明春：《媒体变局中的融合新闻——基于〈卫报〉〈今日美国〉客户端的内容分析》，《当代传播》2016 年第 1 期。

泛阅读的习惯，促使卫报进行新闻文本呈现上的革新，数据可视化就是其核心举措之一。所谓数据可视化，就是将新闻报道用图像、表格、动画等呈现出来，将文字转化为图形，“这种互动的报道方式，可以使用户在消费新闻信息时，有更强的参与感和不一样的多媒体互动体验”①。为了进行数据可视化的实践，卫报建立专门的程序员团队，并且进行了大量的数据建设与搜集，十分耗费人力物力。其经典案例就是2010年制作的“伊拉克战争”伤亡人数的图像坐标，当死伤的数十万人以红点的形式出现在地图坐标上时，是十分具有震撼力的。

（四）社交媒体与客户端——分发手段的扩展

“‘连接’始终是互联网的要义”②，互联网就是一个万物互联的网络。卫报显然抓住了互联网的要义，而对互联网的积极运用在其社交媒体运营以及客户端建设上可见一斑。首先，卫报拥有自己的推特账号，坐拥数百万粉丝，拥有巨大的流量和影响力；其次，卫报鼓励旗下记者自己在推特、脸书等社交平台开设个人账号，转发专业文章，发布新闻消息，方便用户简单直接地获取新闻资讯，更加亲近地与媒体进行交流；最后，突发事件如果在网络社群中首发，可能会引起社交媒体上的病毒式传播，给媒体带来巨大效益。

除了社交媒体，卫报App也是其重要的新闻分发渠道，这是为智能手机用户量身定制的。智能手机用户往往希望媒体能够根据自己的兴趣定制内容，卫报就根据用户的个性化阅读需求制定了“关注”功能，用户可以根据自己的喜好关注任意的内容，而内容的末端所附着的“标签”又可以跳转到新内容，其本质上体现了卫报对互联网超链接的把握与运用，由此“成千上万的话题聚集起来，则会产生巨大的用户流量，这就是所谓的‘长尾效应’”③。

三、BBC（英国广播公司）的集成再造

除了报纸，电视业也在数字时代面临着艰难转型的抉择，BBC就是通过长时间探索而确立起新的融合新闻报道机制的典范。BBC是一家独立运作的公共媒体，体量巨大的老牌电视台，但伴随着数字媒体技术的飞跃，年轻人越来越多地转向了

---

① 张小强、周晓淇：《国外报业数字化先驱媒介融合的进展与挑战——以〈纽约时报〉和〈卫报〉为例》，《科技与出版》2015年第8期。

② 彭兰：《“连接”的演进——互联网进化的基本逻辑》，《国际新闻界》2013年第12期。

③ 闫月英、慕明春：《媒体变局中的融合新闻——基于〈卫报〉〈今日美国〉客户端的内容分析》，《当代传播》2016年第1期。

使用新媒体，BBC 的用户数开始下滑。除了经济效益的降低，BBC 在年轻群体当中影响力的削弱会导致其公共性的弱化。因此，BBC 开始了长达十余年的媒介整合，其核心就是集成改造现有资源并拓宽视野，建立一个庞大、体系化的“中央厨房”。

（一）组织架构——整体优化管理方式转变

BBC 在财务压力增大的情况下，首先进行了整体全局上的优化，放弃了传统电视台的做法，其要素可以概括为“中心化、标准化、岗位责任制、机动性、全开放式”①。“中心”指的是办公地址以及技术系统上的一种集中化，面对紧缩的经济形势，BBC 选择在大伦敦地区威斯敏斯特市重启了一栋新的办公大楼，结束原有的十几处办公地点的分散局面，节约了土地资源与经营管理成本，并为“中央厨房”创造了条件。技术上的中心化与标准化是一体双面的，这主要归功于 BBC 建立的操作系统，“BBC 的技术平台是一个叫做 BBC Journalism Portal 的软件系统，这个系统能够满足 BBC 记者、编辑工作所需的所有功能，还可实现 BBC 员工之间信息共享与工作调度”②。依傍该系统的特性，BBC 的标准化、流程化、集约化的管理组织模式才能成为可能，这是至关重要的一步。“岗位责任制”是通过分解责任而明确界限，当事记者、当班编辑、媒体公司主管依规而担负不同的责任。“机动性”是通过部门与职责之间的机动转化而满足繁杂多变的业务需求。“全开放式”则指的是流动的办公地点，不设置固定的座位或办公室可以使得新闻工作更具灵活性。

（二）新闻采编——“中央厨房”的整合调度

BBC 的“中央厨房”建设主要通过其全媒体数字平台实现，“现在的 BBC 全媒体新闻中心，各地记者采集的所有信息都要发送到新闻集成平台上，电视、网络和广播三个新闻编辑区域根据各自需求从采集平台获得信息源，再按不同受众和传播途径差异进行编辑，使其适合在电视、广播、网络、手机、互动电视等不同终端播发”③。可见，BBC 的“中央厨房”的运作首先是建立了一个庞大的内部资源库，拥有各种针对电视、广播、手机等不同媒介形式的素材，而记者所采编到的素材也将加入这个资源库以备加工；制作阶段，进入资源库的素材会根据新闻价值、媒介形态等不同的标准进行再次筛选，进入网络、电视等不同的部门，而国内与国际部门则会在语言、文化层面上对素材进行精加工，最后通过网站、手机、播放器等不

① 刘连喜等：《媒体融合时代 BBC 的战略转型》，《电视研究》2015 年第 4 期。

② 任金州、肖弦弈：《BBC 媒介融合的动因、路径和意义》，《传媒》2013 年第 5 期。

③ 麻静：《国际主流媒体台网融合思考——以 CBS、BBC、NHK 为例看媒体融合》，《电视研究》2018 年第 8 期。

同的渠道分发出去。可见，BBC 的“中央厨房”架构是比较完备的，集中体现了融合新闻理念。当新闻事件发生时，BBC 调动多种媒体关注，进行多样化的信息采集，再通过多种媒介呈现，最后通过多渠道分发，既可以保证新闻的质量，又能满足用户的个性化需求。

（三）新闻分发——全终端发送

与大多数媒体的新闻分发改革一样，BBC 也同样重视社交媒体以及客户端建设。在 BBC 所开发的新平台当中，BBC iPlayer 是成功的典范之一。该应用是一个互动播放软件，可以在电脑、手机等不同媒介上使用，用于选择、播放、下载 BBC 所提供的优质广播、电视内容。由于其多终端、全时段、个性化的节目观看模式，越来越多的年轻人开始追捧它，使得 BBC iPlayer 成为 BBC 旗下最热门的产品之一。除了客户端的开发，BBC 同样重视社交网络的应用，更多的新闻内容被优先放到社交媒体平台上，记者也被要求将所得的信息不论质量首发在脸书、推特上，先发布后纠错，追求时效性。

总的来说，纽约时报的融合新闻探索为传统媒体的转型提供了众多可供参考的思路。面对数字化的浪潮，报业改革不是简单地将传统报业的产品进行数字化再造，而是要在技术、内容、组织和经营的多个层面进行探索。卫报的创新就在于把握住了数字时代的命脉，把“数字化”作为推行新闻改革的第一要义，并且看到了用户再生产的巨大效益，将“开放式新闻”以及“众包新闻”落到实处。BBC 则是把媒介融合的时代特色整合到了新闻组织的架构、新闻的采编以及分发当中，重新赢回了受众。

虽然传统媒体融合新闻的实践探索成果丰硕，但其转型依然面临许多阻碍。例如卫报作为纸媒，仍面临着报业萧条的严峻形势：首先，卫报在数字化方面得到了长足的发展，但是报纸才是传统媒体的本体且有着数字技术无法取代的优势，因而报纸成了一个甩不开的“包袱”；其次，卫报之类的媒体在网络报道中过度依赖社交媒体与受众，限制了自身通过内容盈利的能力，而且其新闻专业主义与大众所偏好的刺激性内容有所出入，是一个较难调和的问题；最后，所有传统媒体在转型中都必然面临着内部的观念冲突问题，技术还是内容？狂欢还是理性？碎片还是深度？这些都是亟待解决的问题。BBC 也与卫报相似，作为一家历史悠久的电视台，新媒体技术以及新生力量的大量涌入，一定程度上会侵蚀其企业文化，导致老员工的动摇，而新员工忠诚度又尚未建立，无疑会引发其雇员的认同危机，这也是一个值得思考的问题。

第三章

数据新闻的内容呈现与表达创新

- 数据新闻的内涵与变革
- 数据新闻的内容与可视化呈现
- 数据新闻的现有挑战与价值反思

数据新闻是利用计算机和互联网技术挖掘数据，并对所抓取数据进行过滤、统计、分析的新闻报道形式。 数据新闻的基础和核心内容是数据，有高质量的数据才能够生产出具有影响力的数据新闻报道，其内容呈现和表现形式不同于传统的新闻。

第一节　数据新闻的内涵与变革

随着互联网深入到人类生活的方方面面，人们在网络上的踪迹转化为二进制的 0 和 1 符串，以数字的形式存储于云端。数据新闻是大数据时代的必然产物，人类生活的数字化转变，使得数据驱动的新闻业转变顺理成章。数据新闻的发展，正是以计算机和互联网技术为核心的新闻传播革命的又一重要表现。

一、什么是数据新闻

（一）数据新闻的概念与特征

数据新闻，也称数据驱动新闻，是一种基于数据挖掘与分析技术，具有独特可视化呈现和叙述方式的新型新闻形态。在数据新闻的众多概念定义中，最普遍使用的是《数据新闻手册》中的定义——“用数据处理的新闻”。不同的学者也从不同角度给数据新闻下过定义，主要有以下几种观点：一种认为数据新闻是一种新兴“新闻生产方式”，借助互联网技术工具深入挖掘事件背后的新闻价值和意义；另一种认为数据新闻是一种新型新闻报道形式，通过数据分析以及可视化技术工具进行呈现的内容形式；还有一种认为数据新闻为新闻界开创了一种跨学科、交叉应用的新型业务领域，是未来新闻界的一大发展方向①。前二者焦点集中于数据新闻所采用的技术工具以及内容呈现形态，后者则强调数据新闻作为新闻产业发展方向的潜在行业性质。

数据新闻区别于其他类型的新闻，具有数据化、技术化、可视化、故事化四大特征：

1. 数据化特征。数据新闻制作者通过公开采集数据（如问卷调查、众包、网

---

① 王勇、王冠男、戴爱红：《国内数据新闻本体发生发展研究述评》，《昆明理工大学学报（社会科学版）》2015 年第 6 期。

页抓取、传感器等)、获取开放数据源、合作获得用户数据和自建数据库等方法来获取数据[①]。虽然数据新闻具有数据化的特点，但数据新闻业也应当警惕业内“数据新闻热”现象[②]，新闻传播者在未经核实数据源、未对数据结构进行系统分析的情况下容易出现新闻谬误或偏差报道，许多数据看似客观却未必能够代表全体的情况。同时，大众也应当警惕盲目相信数据导致的非理性决策以及相应的思维窄化问题。

2. 技术化特征。《数据新闻手册》将数据新闻的生产环节归结为：获取数据、理解数据和传达数据[③]。相较于一般的新闻报道，数据新闻对新闻从业者的专业技术能力提出了更高的要求。数据新闻想要充分挖掘数据背后的新闻价值，不能简单陈述数据而是要通过可视化技巧以及叙述方式来报道新闻，其中涉及对数据属性特征、结构、关系、趋势、意义的整体把握，在此基础上进行图形转换和互动设计。从业者必须熟练掌握数据挖掘分析、可视化的技术工具，同时也要兼备信息敏感、数据分析逻辑及编辑美感等能力。在新媒体时代，虽然人人都能成为内容生产者，但数据新闻由于组织专业能力要求高、技术入门门槛高，仍然属于具有丰富资源的传统媒体及商业媒体的垄断领域，拥有高流量的互联网巨头由于掌握数据要素和技术资源，逐渐成为数据新闻业中不可小觑的一股生产力量。

3. 可视化特征。新媒体环境下的新闻生产中，“流量逻辑”及其背后的“消费逻辑”“在场逻辑”“体验逻辑”逐渐主导了传统新闻生产的“信息逻辑”[④]。数据新闻可视化作为数据与读者之间的译者，需要保证受众阅读过程中的在场感和体验感。可视化新闻依托于数据分析、图片制作、微视频等技术，实现由信息向图文的转化。可视化呈现并不是简单将数据拼凑成文，而是要掌握化繁为简的技巧，实现表现性、交互性和逻辑性结合的深入报道。整个可视化的技术运作过程应当围绕以受众为本位的思维进行，而非一味追求复杂的视觉效果。

4. 故事化特征。数据新闻的前身——精确新闻和计算机辅助报道，强调的是新闻生产的准确性和技术性，然而在碎片化阅读模式流行的新媒体时代，一本正经地展示数据已经难以获得受众的注意。数据是数据新闻叙事的核心环节，一方面作者通过对数据的再结构化和逻辑排列，打破了传统新闻以时间顺序或者倒金字塔顺序等为主的线性叙事模式，一切设计以用户理解信息、对信息进行记忆为前提；另

---

① 方诚：《中英媒体数据新闻发展路径对比研究》，《中国报业》2020 年第 1 期。
② 彭晓蔚：《从“知识沟假说”重新思考“数据新闻热”》，《新闻研究导刊》2019 年第 22 期。
③ 《数据新闻手册》，http：//datajournalismhandbook. org/chinese/preface_4. html。
④ 刘涛：《融合新闻选题：“信息逻辑”与“流量逻辑”的对接》，《教育传媒研究》2020 年第 1 期。

一方面，数据新闻叙事是基于大样本或全样本的数据采集来选取具有代表性和典型性的样本案例的，这在一定程度上弥补了传统新闻报道在宏观叙事上的欠缺[①]，通过可视化的故事呈现，读者可以更加直观地了解信息情况。此外，数据新闻除了要求数据样本具有普遍性和广泛性外，也要求挖掘数据故事中的典型细节，以期达到“以小见大”“见微知著”的新闻效果。

（二）数据新闻概念的发展

关于数据新闻的发展，学界主要有三种看法——“等同论”“发展论”和“差异论”，其中以“发展论”最为盛行。“等同论”认为，精确新闻、计算机辅助报道和数据新闻同为新闻报道中的等级门类，相互之间并无差异，而“差异论”强调数据新闻是与精确新闻及计算机辅助报道全然不同的新型报道形式[②]。“发展论”认为数据新闻的概念与精确新闻和计算机辅助报道概念一脉相承，精确新闻注重新闻客观性和准确性导向，计算机辅助报道重视对数据本身内容以及新闻价值的挖掘和新技术手段的应用，这些都成为后来数据新闻应用的重要核心[③]。本书主要就“发展论”的相关观点，梳理数据新闻概念的发展脉络。

1932 年，乔治·盖洛普通过科学抽样的方法预测出了美国选举结果，此后，民调数据统计所带来的预测性效果开始引起社会各界的关注[④]。许多报纸介入民意测验报道，这也是当时计算机辅助报道的雏形。1952 年美国大选中，哥伦比亚广播公司成功预测出了艾森豪威尔的选举胜利结果，计算机辅助报道至此正式诞生，其在公共事件预测方面的价值受到认可。大型计算机在新闻生产中的应用，与 1960 年间美国民意调查业兴起有密切关系。20 世纪 50 年代，随着计算机技术的迅猛发展，美国新闻业开始将计算机辅助报道投入新闻生产实践，但此时计算机只是传统新闻素材加工的辅助工具，尚未对新闻生产流程、新闻业态和从业者理念产生根本影响。“从 19 世纪末到 20 世纪 70 年代，美国的新闻报道经历了客观性新闻报道、解释性新闻报道、调查性新闻报道和精确新闻报道的发展过程。每一种新闻报道形式的变化实质上都在追求摆脱新闻来源的控制，强调记者报道的独立性和系统性。”[⑤]

精确新闻学首先由美国学者菲利普·迈耶在 20 世纪 60 年代提出。精确新闻将

① 许向东：《转向、解构与重构：数据新闻可视化叙事研究》，《国际新闻界》2019 年第 11 期。
② 刘丹凌：《数据新闻业：新理念、新实践、新传播》，《中国出版》2017 年第 10 期。
③ 吴小坤：《数据新闻：理论承递、概念适用与界定维度》，《新闻与传播研究》2017 年第 10 期。
④ 苏宏元、陈娟：《从计算到数据新闻：计算机辅助报道的起源、发展、现状》，《新闻与传播研究》2014 年第 10 期。
⑤ 卜卫：《计算机辅助新闻报道——信息时代记者培训的重要课程》，《新闻与传播研究》1998 年第 1 期。

社会调查研究方法及工具应用到新闻实践中，使用科学的事实查证和资料搜集方法，强调用数据来提高新闻报道的准确度和客观性①。精确新闻学对美国传媒业界和学界都产生了深远影响，从 20 世纪 70 年代开始，“精确新闻”应用到美国报业的新闻实践领域当中，数字化的新闻叙事方式在美国传媒业界受到普遍重视。此外，美国多数新闻院系将“精确新闻学”列入专业课程。

关于计算机辅助报道、精确新闻以及数据新闻三者的概念关系素有争议。站在“发展论”视角，部分学者认为数据新闻由计算机辅助报道发展而来，从技术层面推进了数据新闻报道方法的科学性和准确性，而数据新闻与精确新闻则同为计算机辅助报道发展出来的两种不同时期的报道形式②。但也有学者认为，精确新闻是数据新闻的前身③。还有一种观点认为，数据新闻经历了从计算机辅助报道到精确新闻再到数据新闻的理论发展④。该争议的焦点在于数据新闻与传统新闻之间关系的存在与否，这一争议的内涵将影响数据新闻的定义以及发展思路。综合学界的认识，数据新闻代表一种新闻形态，其内涵和外延比计算机辅助报道更加广阔。计算机辅助报道与精确新闻密不可分，计算机辅助为精确新闻报道提供了科学的数据挖掘和分析的技术手段，有效提升了数据新闻的准确性。本书认为，不论计算机辅助报道与精确新闻概念逻辑关系如何，数据新闻体现出了精确新闻的准确性以及计算机辅助报道的科学性和技术性的特点，在此基础之上数据新闻的发展实践须围绕其准确、科学的基础内核，不断探索数据与人文科学之美的深入融合，深入扩展数据新闻的内涵和外延。

（三）国内外数据新闻发展实践

早在 20 世纪五六十年代，国外媒体就有使用数据信息来源作为新闻报道材料的零星实践，以数据表格式的报道为主。但此时的西方新闻界还停留于对数据的直接使用，并未去挖掘原始数据背后的新闻价值故事。进入 21 世纪之后，国外媒体在数据新闻上有了较为系统规范的业态实践。2007 年，美国纽约时报组建了一支数据新闻队伍——互动新闻技术部，该部门以后来获得普利策新闻特稿奖的著名互动新闻作品《雪崩》而闻名。2009 年，英国卫报网站也开始推出“数据博客”以及“数据商店”，其在 2010 年公布了维基解密网站上美军对于阿富汗战争真相的

---

① 方洁、颜冬：《全球视野下的“数据新闻”：理念与实践》，《国际新闻界》2013 年第 6 期。

② 苏宏元、陈娟：《从计算到数据新闻：计算机辅助报道的起源、发展、现状》，《新闻与传播研究》2014 年第 10 期。

③ 申玲玲：《数据新闻生产的难点与创新研究》，《江淮论坛》2015 年第 4 期。

④ 徐锐、万宏蕾：《数据新闻：大数据时代新闻生产的核心竞争力》，《编辑之友》2013 年第 12 期。

92 000 多份军事机密文件。2011 年，在欧洲新闻学中心（European Journalism Centre）和开放知识基金会（Open Knowledge Foundation）的倡导下，卫报、纽约时报、华盛顿邮报、金融时报、BBC、ProPublica、Zeit Online 以及澳大利亚、芬兰、阿根廷等国的资深记者协作撰写了《数据新闻手册》（*The Data Journalism Handbook*）。该书对全球读者免费开放，旨在推动全球数据新闻事业的发展①。

国外数据新闻发展很快，社会影响力逐渐扩大。从 2016 年至 2019 年，英国几乎每年都举办数据新闻大会（Data Journalism UK Conference），为业界提出数据新闻发展议题。三年间该数据新闻大会分别提出了“数据新闻如何吸引读者”“数据新闻选题本地化”“人工智能与数据新闻发展”等重要议题②。

国内媒体的数据新闻实践，起步则较晚。20 世纪 90 年代初，我国部分中央级媒体开始在数据新闻领域进行探索，带有经济数据的图表报道新闻开始为《光明日报》《经济日报》所使用。此后，财经类图表、科技类图开始成为我国传统媒体进行数据新闻生产的重要因素，准确、严谨、科学的报道形式开始在业界受到认可和青睐。从 2000 年开始，国内四大门户网站网易、搜狐、腾讯、新浪均推出了数据新闻栏目。《网易数读》和搜狐《数字之道》等门户网站栏目，报道多集中于对国内热点事件的阐释解析。总体来看，国内数据新闻尚处在发展初级阶段，即只显示出了对新闻技术手段以及新闻产品形态上的数据化发展，新闻内容尚未触及核心的信息源和生产环节；技术使用和可视化、叙事方法的交叉使用流于形式，尚未能形成具有全球影响力的数据新闻作品生产模式；从业者在数据新闻理念上尚未完全转到大数据的发展模式，缺乏对大体量数据的深入体察分析。

二、数据新闻与融合新闻生产变革

（一）对新闻传播业的冲击

1. 对传统传媒行业的冲击

数据新闻生产加速了新媒体时代新闻生产的外部化。数据新闻内容的关键，既包括数据源的获取，也包含了数据挖掘分析工具的技术性使用。数据新闻成为掌握大量用户数据和行为信息的互联网企业突破传统媒体专业话语壁垒的一颗试金石。

---

① 郎劲松、杨海：《数据新闻：大数据时代新闻可视化传播的创新路径》，《现代传播》2014 年第 3 期。

② 方诚：《数据新闻发展新趋势：实用化、本地化、智能化和实体化》，《新闻爱好者》2019 年第 12 期。

与强调实地采访和采编技巧的传统报道模式相比，数据新闻更强调对数据的整体把握和分析、呈现手段的专业性。一方面，伴随着全员媒体的演进，数据新闻为多元的新闻报道角度以及更广泛的报道议题提供了基础，对传统媒体的议题设置模式提出了挑战。另一方面，数据新闻本身所具有的知识性在促使新闻传播向知识传播进行转化。以商业媒体为主导的知识付费内容发展如火如荼，商业媒体所具备的运作模式加快了数据新闻深入报道的发展，这对传统媒体的经营运作模式是另一种层面的冲击。

2. 数据新闻对新闻生产流程的冲击

数字时代信息来源丰富，数据在新闻报道中的广泛采用很大程度上改变了新闻生产流程，使得对报道事件进行清晰阐释和深入分析的新闻报道模式得到专业传媒领域的重视。技术要求高、叙事技巧性强的数据新闻，也为传媒机构组织的资源调动和团队协作能力提出了更高的要求。只有建设分工明确的优秀数据团队，才能对数据新闻作品进行深入细致的打磨。大数据技术的推广，对数据新闻生产团队成员的技术熟练度、分析深入度以及对社会信息来源的涉猎广度是一种挑战。数据团队必须通过持续的新闻报道，在不同团队成员角色之间形成配合默契度，不断生产具有社会影响力的新闻报道内容。只有在对作品全面反思以及对团队合作深入理解之后，才能形成真正高效、综合素质强的数据新闻团队。

（二）对新闻内容生产的影响

数据新闻在新闻业务上的变革，主要体现在四个维度：

1. 向公共诉求转变

全员媒体带来的不仅是新闻生产主体的大众化，其生产主体的变迁也意味着新闻生产内容从专业主义导向逐渐迈向大众诉求导向。生产资料不再单一地集中在传统媒体组织手中，新闻生产场域向无数内容生产者所代表的公众利益倾斜，更为广泛的公众诉求内容进入大众传播领域。

中国社会治理体制不断完善，公众对政府数据开放的关注度显著提升，越来越多的政府数据开放，社会文明程度显著提升。我国在《促进大数据发展行动纲要》中明确提出“推动政府数据开放共享”，政务信息应“以共享为原则，不共享为例外”，“形成公共数据资源合理适度开放共享的法规制度和政策体系”①。而数据驱动的新闻以新型叙事方式和交互模式，拓宽了公共领域，进一步推进社会民主

① 《国务院印发〈促进大数据发展行动纲要〉》，《人民日报》2015年9月6日第1版。

进程[①]。

2. 对实用性的追求

英国数据新闻大会在 2016 年就提出要加强数据新闻实用性、回归受众本身，这种模式也逐渐影响了我国数据新闻的评判标准。业内人士提出，可视化只是结果，炫酷的技术并不是要把问题复杂化，而是为了用最简单的技术去把故事讲好[②]。

纽约时报曾获得普利策新闻特稿奖的作品《雪崩》，就是数据新闻向用户思维转变的绝佳例证。《雪崩》通过对事件细节、罹难者叙述以及相关科学原理等元素的结合，实现了读者的沉浸式临场体验，3D 全景的呈现形式、交互图片以及视频和音频的交叉融合，实现了视觉与听觉、体验与知识的完美结合。更加令人拍案叫绝的是，作品网页还会根据阅读者鼠标浏览速度对作品内容播放速度进行调整，真正实现了实时互动[③]。在《雪崩》大获成功之后，国内外涌现出一批类似的融合新闻报道作品，比如中国日报推出了《继续活着：中国失独者调查》，英国卫报推出了《解密国安局档案》[④]。当然，《雪崩》推出之后，也有部分舆论认为，该作品在选题策划报道、数据收集整理、数据化页面设计、交互流程等方面都投入了大量的资源，人力消耗大，作品时间跨度长，并不适合商业化的数据新闻产品生产。

3. 内容生产再定位

现阶段我国数据新闻仍然停留于对热门事件的分析诠释，缺乏对自主议题的发掘探讨能力。数据新闻生产想要提升数据对新闻生产和国民生活的影响力，需要对数据新闻的内容主题定位有一个新的认识。数据新闻业应当积极发掘突发事件报道、灾难报道、体育报道、财经报道、社区新闻报道等方面的生产应用形式，丰富数据新闻的报道广度和深度。

卫报及中国日报的数据新闻实践表明，《雪崩》的传奇并非不可复制，业界大可不必拘泥于高生产成本一说，制作方法另辟蹊径的数据新闻产品，也能够获得广大受众的认可。现阶段融合媒体内容产品向细分市场和下沉市场延伸，数据新闻从业者也应当转变思维，为特定的受众群体提供直观实用的数据新闻，以不断增长的

---

① 刘丹凌：《数据新闻业：新理念、新实践、新传播》，《中国出版》2017 年第 10 期。

② 《财新黄晨：Step by Step 教你如何提升数据素养丨媒体人说》，https：//www. sohu. com/a/226857853_649502，访问日期：2018 年 3 月 31 日。

③ 陈力丹、向笑楚、穆雨薇：《普利策奖获奖作品〈雪崩〉为什么引起新闻界震动》，《新闻爱好者》2014 年第 6 期。

④ 韩士皓、彭兰：《融合新闻里程碑之作——普利策新闻奖作品〈雪崩〉解析》，《新闻界》2014 年第 3 期。

数量和稳定的品质赢得用户群体的心。

4. 新闻叙事层次化

数据新闻将技术与新闻叙事融合，丰富新闻报道的层次和内涵，这决定了数据新闻生于技术而高于技术。原始数据的自身逻辑需要数据，新闻制作者对其进行挖掘、梳理进而转换为图文形式，以便受众更好地理解。如何对数据分析结论观点进行打磨，形成图文交互叙事的排序布局，是推进数据新闻叙事层次化需要重点关注的内容。

经过业界近年的发展实践，数据新闻的实际应用已经趋于成熟。从早期追求复杂的可视化形式和交互流程，转而回归到用户阅读本质以及实用性的操作，从选题新闻价值、呈现形式丰富度、呈现形式表现力、交互体验等多个维度打磨数据新闻产品，通过交叉使用多种呈现手法不断丰富数据新闻产品的内容层次感，加深读者对新闻作品的沉浸与卷入程度①。

第二节　数据新闻的内容与可视化呈现

20 世纪 60 年代，美国新闻界在调查性报道中逐渐采用量化的方法，用精确的数据分析新闻，“数据”进入到新闻叙事之中。今天的大数据新闻不仅仅强调数字的重要性，更将数据化和可视化作为新闻叙事的关键环节，改变了传统新闻的叙事模式。

一、数据新闻的叙事模式

新闻叙事主要研究新闻是如何通过叙述方式来表现内容的，新闻的本质决定着新闻叙事的基本原理，其核心是客观真实与目的性的高度统一②。对于数据新闻来说，数据既是信息的表现形式和内容主体，也是新闻叙事的主体与形式。

① 方诚：《数据新闻发展新趋势：实用化、本地化、智能化和实体化》，《新闻爱好者》2019 年第 12 期。

② 童兵、陈绚：《新闻传播学大辞典》，中国大百科全书出版社，2014，第 142 页。

（一）数据新闻叙事的改变

传统的新闻叙事以文字信息为主，通过5W（何时、何地、何事、何人、何因）模式尽可能全面地将新闻要素展示在受众面前。大数据技术为数据新闻叙事的新模式提供可能，数据新闻叙事以数据为核心，强调数据之间的相关性和逻辑性，力求挖掘抽象数字背后隐含的深刻含义。另外，数据新闻也在宏观角度对传统新闻叙事模式进行补充。传统新闻强调从细节入手，用典型的事件或稀缺的个案完成新闻故事创作，这种叙事具有吸引力和感染力，但容易陷入片面叙事的逻辑。从统计学的角度来说，数据新闻收集的样本数据越多，统计规律越接近实际情况。

同时，可视化成为数据新闻必备的组成部分。有学者认为，可视化是信息传播的一种方式或手段，是把数据分析的结果、价值和意义以一种视觉的方式呈现出来。数据新闻可视化分为三种方向：一是数据信息的量与关系等转变为直观的图形；二是看图说话，将文字信息变为形象符号；三是以图整合，在图表中集成多元信息①。以往的可视化方式只作为文字的配角出现，但在数据新闻中，可视化依托其表达清晰、整合高效、传播美观等优势，成为核心叙事模式。

（二）数据新闻的叙事分析

1. 叙事者分析

叙事者在叙事过程中的角色非常重要，“谁在说话”“说什么”“怎么说”，都取决于叙事人的身份——“谁是叙事人”②。根据是否参与其所讲述的故事并是否成为该故事中的人物，叙事者分为非人物叙事者与人物叙事者③。记者和编辑等作为数据新闻的非人物叙事者在制作中起到统筹作用，通常在作品里表明自己的媒体身份，以旁观者的形象出现。

为了增强新闻的现场感，媒体会减弱自己的存在感，由新闻中的当事人或见证者负责叙事。甚至记者会参与其中，作为事件的亲历者进行叙述。例如，2019年财新网推出的关爱女性健康的数据新闻《直面乳腺癌　在致命之前》，摘录其中一段报道文字：

> “妈妈在2017年4月确诊了乳腺癌。”来自医生的电话彻底改变了薛锐和母亲原本平静的生活。手术、化疗、放疗的治疗周期持续了近一整年。“化疗

① 彭兰：《“信息是美的”：大数据时代信息图表的价值及运用》，《新闻记者》2013年第6期。
② 何纯：《新闻叙事学》，岳麓书社，2006，第22页。
③ 谭君强：《叙事学导论——从经典叙事学到后经典叙事学》，高等教育出版社，2008，第58页。

的过程很痛苦。”薛锐介绍，每三周一次的药物注射带来很多负作用，薛锐的母亲经历了脱发、恶心、呕吐及食欲减弱，而这一切仅仅是一个开始。[①]

这篇数据新闻让被访者薛锐成为叙事者，用亲历者的经历让更多人关注女性面临的真实的身体问题。

2. 叙事逻辑分析

无论新闻叙事的样式如何变化，讲好新闻故事始终是传媒安身立命的根本。数据新闻可视化作为一种叙事方式，它同样像文字叙事那样拥有反映自身特质的内在逻辑[②]。常见的数据新闻叙事逻辑有相关叙事、对比叙事和时空叙事等。

在大数据背景下，分析数据之间是否具有相关性能够更清晰地透过现象看到事物的本质。例如，美国“马歇尔计划”非营利新闻机构发布的数据新闻《罪犯移民的神话》（*The Myth of the Criminal Immigrant*）[③]，证明了特朗普“美国社会许多犯罪是移民导致”这一观点是错误的。通过四所大学的合作，这个项目研究了美国 200 个城市 40 年的统计数据，证实了移民人口与犯罪率之间没有相关性。美国移民增加最多的前十名地区在 2016 年的犯罪率低于 1980 年。这种分析数据间相关性的逻辑，能够让读者在可视化的方式中看到数据，做出自己的判断。

对比是通过比较分析各种维度数据，加深读者的理解。例如，财新网在对印度进行报道时，为了让读者对印度的发展状况有更深入的了解，从经济、资本市场、人口、商业环境、军事五大维度与中国对比，直观形象，方便读者理解判断[④]。

时空叙事就是按照时间、空间的变化对事物的发展变化用可视化的方式进行梳理，能够从横向和纵向两个维度理解事物。财新网曾制作过《变胖的地球人》[⑤]，采用动画的形式分析了 1975—2014 年这 40 年间全球肥胖人口的变化情况，借助时间线展示事物的变化。

---

① http：//datanews. caixin. com/mobile/interactive/2019/breast-cancer/.

② 许向东：《转向、解构与重构：数据新闻可视化叙事研究》，《国际新闻界》2019 年第 11 期。

③ https：//www. themarshallproject. org/2018/03/30/the-myth-of-the-criminal-immigrant.

④ http：//datanews. caixin. com/mobile/india/.

⑤ http：//datanews. caixin. com/mobile/obesity/.

二、数据新闻的内容分析

（一）数据新闻的选题

全球数据新闻奖（The Data Journalism Awards）由谷歌赞助，全球编辑网络和欧洲新闻中心联合创办，是目前最早设立、在全球范围内影响最大的数据新闻奖项[①]。有研究对其2012年至2017年6届比赛的提名作品和获奖作品进行编码分析，报道主题位居前三位的是政治、社会/公共服务和战争/犯罪，占比分别为17.9%、15.6%和12.2%[②]。这表明在数据新闻时代，传统的新闻价值并没有消散，反而得到强化，严肃的"硬新闻"仍然受到专业奖项的青睐。除了上述主题之外，数据新闻还会涉及自然环境、医疗卫生、经济、教育、文艺/体育等。在数据新闻时代，使用数据的叙事模式不意味着改变新闻叙事的核心价值——挖掘事件的真相。数据是帮助新闻叙事更具有说服力的工具，而非新闻到达的目的。

（二）数据新闻的数据使用情况

衡量数据在数据新闻中的使用情况包括三个维度：开放度、透明度和开发程度。

一是数据开放度。近些年来，开放的新闻理念逐渐深化，出现了众包新闻、众筹新闻等新形态，数据新闻也出现了开放数据源的趋势。2015年全球数据新闻奖设置了"开放数据奖（Open Data Award）"来表彰在数据公开方面表现突出的作品、媒体和机构，表明了专业奖项对于开放数据的认可。获得2019年开放数据奖的是来自波黑的OCCRP（有组织犯罪和腐败报告项目）数据。

为了调查欺诈、贿赂、跨国抓捕和洗钱等案件，OCCRP及其成员中心需要将泄露的文件集、公共记录和收集的数据整合起来，使资金流向得以追踪。OCCRP数据不是一次性的技术解决方案，而是为项目提供长期操作支持，同时还建立了泄露的文件集、公共记录和其他数据的长期存储。OCCRP的数据规模庞大，仅在三年里就积累了2800万份文件，5.5亿份有关公司、个人、国家采购、制裁、土地、船舶和飞机登记的数据记录。21TB的文档和1180个数据库表（总大小为1.2 TB）整合在一个平台，这个平台支持多种语言和字母、光学字符识别和命名实体提取。

---

① 刘建坤、方洁：《数据新闻领域专业规范的确立与变化——基于全球数据新闻奖历届作品的内容分析》，《新闻与写作》2017年第12期。

② 同上。

以这种规模和多样性进行数据收集和分析，在调查性新闻界是前所未有的，为新闻界和公众提供了独特的见解来源。OCCRP 数据也为个人和公司提供背景调查信息。OCCRP 项目是开放新闻理念的具体实践，有重要意义①。

二是数据透明度。数据来源的透明度高，能够在一定程度上提高新闻的可信度。大多数数据新闻不仅会对数据的来源进行说明和标注，甚至还会附上原始数据链接供用户核查使用。

2019 年美联社、Quartz 联合制作的《谁死于飓风“玛丽亚”》（*Hurricane Maria's Dead*）获得了全球数据新闻奖的年度调查报告奖。该项目涉及一项大型调查、电话采访、政府诉讼，对飓风“玛丽亚”造成的死亡人数的范围和性质进行了深入分析。该项目在新闻的首页就公开了涉及的数据，这些公开的数据提高了新闻的可信度，数据分析表明了及时准确地统计死亡人数的重要性，将报道中使用的原始数据、分析方法等过程完全透明地展示给读者，公众还获得了数以千计的政府记录和流行病记录②。

三是数据开发程度。数据作为数据新闻的重要资源，最大程度的开发能够得到最高利用率。数据新闻可以对统计数据进行多样化描述，还可以在数据统计分析的基础上做出推断和预测。

2018 年 12 月 21 日财新网的《数字说》栏目推出了艾滋病日特别策划，这篇数字新闻分析了全球新发 HIV 感染和死亡人数等情况，并对国内艾滋病的传染途径，感染的高发人群属性、性观念、性教育等数据进行综合分析，让读者更了解艾滋、正视艾滋、重视性教育③。

三、可视化传播的新方式

（一）信息图表

信息图表通过颜色、形状、曲线、表格等视觉元素的多元运用，将传统新闻报道中难以传达的信息转换成为更加直观清晰的信息；结合页面设计，借助时间轴、指示符等工具，扩大和深化信息的呈现；通过合理的动画和交互设计引导，让读者自主阅读，让数据增加趣味和可读性。

The Pudding 网站致力于对具有信息量和娱乐性的话题进行视觉化处理，在其

---

① https：//aleph. occrp. org/.

② https：//hurricanemariasdead. com/database. html.

③ http：//datanews. caixin. com/interactive/2018/aids/.

作品“Best Year in Music”中，作者收集了自1960年以来音乐榜单Billboard历年榜单的前五名，颜色区分了不同排名，右侧的数轴方便读者定位其感兴趣的年代，右上角的按钮可以随时暂停或播放，增强了读者阅读的互动性和主动性。整个页面随着音乐变化不断波动，让人在聆听音乐的同时回顾音乐变迁史，复杂的信息更加灵活地呈现①。

（二）互动游戏

如果说传统的文字新闻要求读者跟随作者的逻辑阅读，那么数据新闻则让读者有了更多的选择权和主动性。互动游戏式的数据新闻能够让读者和作者更平等地交流，同时趣味性的设计能带来较高浏览量。

2018年财新网制作了《博物馆里的国家宝藏》，根据中国文物局的信息，按朝代、收藏场所、质地、颜色、纹理图案对我国2113家国有博物馆235.43万件文物进行了数据分析，描摹出一幅中国文物画像。用户可以点击时间长轴的白色圆点查看当时知名的馆藏；若干大小不一的圆圈代表不同的博物馆，面积越大，馆藏越丰富，点击小圆圈聚集成的大圆，会迅速分散成全国地图；可动的花纹颜色让读者领略文物的配色和纹络；最后的地图设计可以让读者快速找到离自己最近的博物馆；新闻的整体设计就像游戏一样，需要人们点击鼠标进行互动，这种有选择有互动的点击比单纯划动地浏览，更贴合读者阅读新闻要求趣味、新鲜的心理②。

（三）数据地图

数据地图是将数据和地图信息相结合，展现数据基于地理或空间分布的一种呈现方式，可以带给读者直观的感受，在数据新闻中得到广泛使用。2018年财新数据可视化实验室出品的《高铁六小时能到的地方，你想去哪个》③，利用可视化的形式在中国地图上绘制了以中国任一城市为中心的3、4、5、6小时车程的高铁交通圈，非常直观地描绘了中国高铁的速度和分布范围。

当然，信息图表、互动游戏与数据地图并不是数据可视化的全部，数据新闻还有不少表现形式，如动画、视频等也是数据新闻中重要的表现手段。它们呈现的形式多样，但核心都是强调设计的交互性，让读者获得数据带来的更多信息。

数据新闻为新闻的呈现和叙事方式提供了一个崭新的渠道，它让受众能在某些

---

① https://pudding.cool/projects/music-history/.

② http://datanews.caixin.com/interactive/2018/antiques/.

③ http://datanews.caixin.com/mobile/gaotie/.

宏大的事件背后发现与自身息息相关的关联[1]。可视化展现形式让数据不再枯燥乏味，可读性大大增强，同时交互设计的理念丰富了读者阅读新闻的体验。越来越多的媒体在数据可视化的道路上提出了新颖的理念，创新了产品的实践。但数据新闻也存在一些问题，如对数据的依赖性大，容易舍本逐末，追求形式而丢弃内容。所以我们要始终铭记，一切技术的进步都以服务人为理念，新闻作品更要坚持以人为本的初心，这样数据新闻才能发挥真正的价值。

第三节 数据新闻的现有挑战与价值反思

数据新闻的生产分为数据、过滤、视觉化、故事这几个部分，经由这些生产过程，数据新闻的价值能够得到提升[2]。但在具体的操作实践中，这四个环节又对数据新闻提出了挑战。本节将从数据采集、数据应用、新闻价值等三个方面来对此进行具体分析。

一、数据收集困难

（一）开放度较低

海量的数据是制作数据新闻的基础。目前我国数据新闻采编所用数据主要来自四种渠道：一是社交媒体等新媒体，二是政府部门、企业组织、科研机构等，三是各类传感器采集，四是媒体自行调查[3]。其中，前三种是数据新闻生产中数据的主要来源。但很多时候对新媒体上所收集的数据进行运用，容易侵犯他人的隐私。此外，运营商、服务商以及权威机构基于各方面的考虑，一般也不愿意将数据进行共享[4]，这就给数据新闻生产中的数据收集带来一定的挑战。

---

① 郎劲松、杨海：《数据新闻：大数据时代新闻可视化传播的创新路径》，《现代传播》2014 年第 3 期。

② Lorenz Mirko, "Data driven journalism: What is there to learn?," *IJ-7 Innovation Journalism Conference*, Vol. 6, 2010.

③ 许向东：《数据新闻中传感器的应用》，《新闻与写作》2015 年第 12 期。

④ 凌霞：《数据新闻生产价值困境》，《中国出版》2015 年第 6 期。

随着全球开放数据运动的不断发展，中国国家统计局建立了“国家数据”网站，一些地方政府建立了政务数据资源网、政府数据服务网等。但总体而言，我国数据开放工程目前还不成熟，媒体机构无法及时获取政府海量的公共数据①。由万维网基金会（World Wide Web Foundation）和开放数据研究所（Open Data Institute）联合开发的开放数据晴雨表通过分析全球趋势，提供国家及地区的比对数据，旨在揭示世界各国开放数据计划的真正趋势和影响，是国际政府数据开放评估体系之一②。有研究通过对开放数据晴雨表中评估结果的分析，发现我国在数据开放的执行度和影响力方面还相对落后，多项开放要求尚不满足，数据集开放程度低，不利于公众利用③。因此，数据获取渠道和开放程度的限制，增加了数据新闻生产的难度。

（二）真实性考量

“大数据不等于真数据、全数据”④，新闻记者在得到数据之后还应谨慎判断数据的真实性与准确性。据人民日报客户端报道，辽宁省政府工作报告曾对外确认，辽宁所辖市、县，在 2011 年至 2014 年存在财政数据造假的问题，导致经济数据被注入水分⑤。由此看来，数据新闻记者费尽心力所搜集的数据并不一定符合客观实际，所以数据使用者在进行数据分析之前需要加以甄别和处理。

在数据统计的过程中，除了主观上对数据进行“造假”外，统计方式是否科学、统计行为是否及时等因素也会对统计结果的真实性产生影响，决定最后的数据是否“失真”。例如 2016 年美国总统大选中，一些权威媒体的民意调查之所以会出现较大偏差，是因为他们的调查对象多为媒体的受众，而受众群体又都为社会精英，因此，支持特朗普的声音容易被过滤掉，导致最后的统计结果与真实数据之间存在一定差距⑥。

要实现数据真实的目标，对数据进行核查也是一个重要的方面。但我国缺乏针对数据开放的监管机制，也缺乏对行业自律及数据核查的第三方机构，这就对数据真实性提出了挑战。在数据新闻生产中，数据是基础的资源，新闻媒体在使用数据前应当首先对其进行核查，将数据审核作为新闻生产过程中不可缺失的一部分，通

---

① 禹卫华、吴湛微：《数据新闻生产规范化的关键问题与进路》，《编辑之友》2017 年第 8 期。

② http：//opendatabarometer. org/barameter/，访问日期：2020 年 2 月 10 日。

③ 张晓娟、孙成、向锦鹏：《基于开放数据晴雨表的我国政府数据开放提升路径分析》，《图书情报知识》2017 年第 6 期。

④ 陈力丹、李熠祺、娜佳：《大数据与新闻报道》，《新闻记者》2015 年第 2 期。

⑤ 朱鸿军：《警惕数据新闻中的新闻伦理问题》，《传媒》2017 年第 3 期。

⑥ 罗婕、邓绍根：《数据新闻生产传播中的问题及应对》，《中国广播》2017 年第 10 期。

过多方验证来核实数据的真实性。数据新闻的时效性不应在牺牲数据真实性的基础上获得，对数据进行审查仍是数据分析前的重要步骤与关键环节。

（三）合法性制约

新闻媒体除了从有关机构、部门获取数据，网络媒体、传感器、自行收集也是其数据获得的渠道来源，而对这些数据进行收集和运用的行为，稍有不慎就会造成对他人隐私权的侵犯，成为非法收集。“非法收集”是指在被收集人未被告知的情况下，被强制收集或暗中收集了属于公民个人的信息①。基于网络的数据收集，其广度已经远远超出了传统方式所能及的范围。我们日常在网络上进行的消费、娱乐、学习、社交等行为，都会被网络公司所记录。或许我们孤立地看一组数据没有意义，但是将用户各个方面的数据联系起来分析其相关性，就会打开更大的隐私空间。因此，运营商可能会通过使用者的行为轨迹和偏好习惯来对用户进行画像，瞄准用户需求点，甚至有的还会售卖用户数据，从中攫取商业利益。

公民个人拥有信息自决权，即公民个人依据法律，控制自己的个人信息并决定是否被他人收集和利用的权利②。也就是说，公民有权了解数据收集者的身份、数据收集的范围、数据内容的真实性及数据的用途等多方面的信息，有权决定是否将自己的数据授权给他人使用。这就提醒新闻媒体在获取数据进行新闻生产时，首先应当具备数据收集的资质，并且采集的行为要符合法律的规定和要求，主动告知被收集者自己的身份及数据用途。同样，当媒体从商业机构或是政府各级行政部门获取数据时，也需要得到法律的认可和授权，并注意其数据是否为依法获得的。必要时，媒体需要就数据使用的具体问题如获取范围、去向用途等方面与数据提供者签订合同，以保障数据的使用符合法律的规定。

二、数据应用挑战

（一）客观性

受众在阅读数据新闻时，理性主义可能会成为其思考的主要逻辑，即数据能够客观地对世界进行表征，反映真实世界。其实并非完全如此，可视化是数据新闻生产中一个重要的环节，新闻记者在利用数据进行图像化叙事时，难免会掺杂个人主观判断。因此，即使新闻中所涉及的数据是客观的，其可视化呈现也会受到意识形

① 许向东：《数据新闻实践中的法律问题分析》，《新闻爱好者》2017年第4期。

② 同上。

态的影响。“尽管每个数据都有相对清晰的指涉对象和表征内容，然而可视化实践却建构了一个关于新闻的意义世界。换言之，经由可视化实践，数据新闻不仅在视觉意义上还原现实，还可以重构现实。”①

可视化的初衷是为受众减负，让新闻的阅读者在短时间内获取关键信息。但在具体的操作实践中，它为受众铺设了一个价值判断的陷阱，受众很容易根据新闻对数据解读的逻辑来对事件进行分析，因此，他们的思考模式便难以超越新闻所铺设的框架。“任何文本意义的生产都依赖特定的生成语境。语境强调意义发生的底层规则或外部环境，不仅确立了阐释的边界，还作为一种生产性的元素参与意义的直接建构。”② 在数据新闻中，数据“出场”的语境即是可视化后的图像呈现。由此看来，图像以更为直观的优越性吸引了受众的目光，引导受众以特定的方式认知事件。例如，“新媒体网站 Vox（Vox. com）关于慈善捐助金额和疾病致死人数之间关系的数据新闻报道，相关数值以圆形的直径而不是面积可视化呈现，导致视觉效果与真实数值不匹配，无形中夸大了慈善机构的捐款数额差异，以及每种疾病所造成的死亡人数”③。

（二）规范性

规范性所指的是数据新闻中数据清理分析及图像可视化等两个面向。数据处理分析的结果是驱动报道的核心，数据的处理和清洗需要专业的技术支撑，这一环节的难度较大，对数据新闻的生产实践提出挑战。目前我们所使用的数据处理工具和算法都比较传统，不适用大数据规模大、体量大的特点，处理数据的能力有限④。分析数据前先要把数据读到内存里，而现在功能比较强大的计算机内存也远远满足不了一个大型网站一天所产生的数据，由此，这个过程就会耗费大量的时间，影响数据处理速度⑤。技术的局限性增加了报道成本，从而“限制了数据新闻所能使用的数据类型，进一步限制了数据新闻的发展空间”⑥。

同时，为了使数据新闻更加接近于“客观”，对其可视化呈现也应当遵循规范。正如学者禹卫华提出，“规范数据表达有两层含义，一是满足受众对复杂数据

---

① 刘涛：《西方数据新闻中的中国：一个视觉修辞分析框架》，《新闻与传播研究》2016 年第 2 期。
② 刘涛：《语境论：释义规则与视觉修辞分析》，《西北师大学报（社会科学版）》2018 年第 1 期。
③ 申琦：《数据新闻报道的伦理困境与出路》，《青年记者》2018 年第 28 期。
④ 喻国明、刘界儒、李阳：《数据新闻现存的问题与解决之道——兼论人工智能的应用价值》，《新闻爱好者》2017 年第 6 期。
⑤ 祝建华：《从大数据到数据新闻》，《新媒体与社会》2014 年第 11 期。
⑥ 陆新蕾：《数据新闻热中的冷思考》，《当代传播》2016 年第 5 期。

来源的知情权，二是避免不科学的表述”①。受众对新闻的理解很大程度上取决于对数据新闻中可视化图形的理解，记者在进行数据新闻生产时，应当将有价值的信息尽可能多地融入可视化中，增加报道的深度与厚度。除此之外，还应该注意数据应用的真实性和有效性。获得 2012 年度“数据新闻奖”（Data Journalism Awards）的数据新闻《解读骚乱》（*Reading the Riots*）即是一个较好运用数据分析与呈现的例子。2011 年，伦敦发生了大骚乱。卫报收集了 257 万条关于骚乱的推特言论，并对其数据进行清理分析，最后用交互的方式呈现出骚乱中谣言的传播路径与机制。卫报发现社交媒体在这次事件中更多地被用于跟随或者避免骚乱，而非煽动骚乱。数据新闻在清理数据和使用技术时尽量摆脱了个人的价值观偏向，因此针对复杂社会问题的报道更加透明②。

（三）依赖性

依赖性根源于数据新闻的生产者与受众对数据的价值定位不清晰。数据应当成为新闻报道的手段，而非成为数据新闻的最终目的，然而在数据新闻的具体操作实践中存在着大量对数据滥用的行为。有学者提到，在一些新闻网站关于“数据新闻”的栏目中，图像化的报道看似阐释了新闻所需要的数据，并运用图像、图表等符号来实现新闻内容“可视化”，但其本质不过是将文字报道拆分重组后挪用于一张长图之中，对数据的分析更是“隔靴搔痒”，有的数据仅是转引原新闻中涉及的数字，既无分析，更无挖掘③。如何让数据更好地辅助新闻报道，或许是数据新闻生产者应当思考的问题。媒体报道的目的是为公众贡献更多有价值的知识话语，因此数据新闻的最终目标是报道能为受众打开更多的意义空间，启发受众对新闻议题进行深度思考，而非通过简单的数据堆积来达到形式上的“成功”。

自威廉·米歇尔（William J. T. Mitchell）提出当代文化的“图像转向”（pictorial turn）以来，视觉文化的一个重要特征就是“视觉性”（visuality）在文化领域的系统扩张与渗透，甚至主导了当代文化的“文化逻辑”④。受众在阅读数据新闻时，很容易对其图像产生依赖性，相信数据的权威性，从而失去对数字及新闻文本真实

① 禹卫华、吴湛微：《数据新闻生产规范化的关键问题与进路》，《编辑之友》2017 年第 8 期。

② 杨翔宇：《数据新闻的透明性——以英国〈卫报〉2011 年伦敦骚乱之数据新闻报道为例》，《中外交流》2016 年第 24 期。

③ 付砾乐：《数据新闻可视化存在的问题分析——以新华网“数据新闻”栏目为例》，《青年记者》2016 年第 24 期。

④ 刘涛：《视觉修辞的学术起源与意义机制：一个学术史的考察》，《暨南学报（哲学社会科学版）》2017 年第 9 期。

性的判断能力。这与传统的新闻失实不同，数据新闻可能借助看似专业的数据分析，为新闻呈现披上了一件迷惑性的“外衣”，用具有较强逼真感的视觉呈现等形式，让受众对数据新闻产生科学、专业和真实的信任感。同时，受到碎片化阅读的影响及专业门槛受限，受众也很难有能力提出有力的证据去对数据新闻进行反思①。

搜狐新闻中的数据新闻栏目《数字之道》曾刊登过题为《中药的真相》的报道，讲述了传统中医存在某些争议的原因。在新闻的最后一部分介绍中医疗效时②，该报道模糊的数据比例，可能并不会带给受众知识上的增加，反而会增强受众情绪化的反应。在观看报道前就怀疑中医的受众，可能会更加固化自身的认识，同时会激化与本来就赞成中医的受众的矛盾。报道应该采用更为严谨、科学的数据，同时要注意数据来源的可信性、权威性，将具体的数据、事实与观点相结合，才能增强报道的说服力。

三、忽视新闻价值

（一）个体与群像的抉择

数据新闻的形式决定了其只能展现群体的概貌，而难以书写个体鲜活的故事。在数据新闻生产中，我们不能唯数据论，过分夸大数据的作用，而是应当以工具性的视角来对其进行审视。“宏观数据呈现如何与个人生活相勾连”“如何用数据来表现人”“如何展现数据的温度”，这些都应该是数据新闻生产中记者应当思考的命题。

（二）相关与因果的偏差

“大数据不是建立在因果关系上的，因此不适用于从果到因的推定。”③ 近年来，学者们对数据新闻进行反思，普遍认为“数据只能呈现相关关系，而不能呈现因果关系”。事件发生背后的原因可能是复杂的、多样的，简单的数据呈现能够证明两种事物间存在一定的相关性，但无法系统性、结构性地说明其中一个是导致另一个发生的必然因素。同时，“利用相关关系分析问题时还需要避免虚假相关，有些看似的相关只是巧合，两变量之间的相关是表面的，不代表两变量间具有真的

---

① 朱鸿军：《警惕数据新闻中的新闻伦理问题》，《传媒》2017 年第 3 期。

② http://news.sohu.com/s2014/shuzi-298/，访问日期：2021 年 6 月 16 日。

③ 喻国明、李彪、杨雅、李慧娟：《新闻传播的大数据时代》，中国人民大学出版社，2014，第 14 页。

因果性。两个变量沿同一方向变动，可能是由于第三变量的变动引起的"[①]。如前文所分析，受众在阅读新闻时容易对图表和数据产生依赖，这种"虚假"的相关性和因果性容易发生在其解读数据的过程中，因此媒体在进行新闻生产时除了在数据分析时提高警惕，不落入因果性的陷阱之中，在数据的呈现上，也应当尽量优化可视表达与内容讲述，避免受众产生误解。

例如，卫报数据新闻《碳地图：哪个国家要对气候变化负责》，数据图中以颜色深浅来代表碳排放量的多少。而在1890年以来的100多年里，美国的碳排放量一直位居世界第一，仅仅根据近十年的数据就推演"中国为全球气候变化负责"是不科学的。该新闻即是利用受众大脑的认知惰性，将数据之间的"相关"偷换为"因果"，在数据关系的表征上显示出自身立场[②]。

（三）技术与价值的博弈

"数据是人们把握世界、认识世界的一种方式或途径，但数据不能代表世界；新闻是一种情怀和人文输出，无论数据新闻技术如何超前，它的主语仍然是'新闻'。"[③] 身处技术不断革新的时代，我们很容易产生"技术崇拜"，将一切交由技术解决，而在这个过程中失去原本对新闻价值的坚守和追寻真相的初衷。因为数据似乎在论证中具有天然的优势，有时候记者是有了假设才去找数据证明，在行文中缺乏严密性与逻辑性，更缺乏对人的关怀。我们应当警醒和明确："新闻学即人学，彻底的和终极的新闻精神即人本精神。只有当新闻学真正关注人的生存、人的价值、人的尊严时，它才能分析新闻、评判新闻、实现和发展新闻。"[④]

数据只是形式，如果没有丰富的内容承诺，再绚丽夺目的形式也会失去其意义。例如，2010年10月，卫报发布了《维基百科伊拉克战争日志：每一次死亡地图》的数据新闻。该新闻将伊拉克战争中所有伤亡情况都用红点标注在了地图上，鼠标点击红点，会出现伤亡人数、时间，造成伤亡具体原因的说明，有学者将其评价为"新闻从业者富于人性的思索，通过精准的数据和适当的技术被传达出来"，这则新闻一定程度上推动了英国最终做出从伊拉克撤军的决定[⑤]。由此可见，技术只是实现手段，对"人"的关注才是数据新闻要抵达的彼岸。

---

① 张超：《数据分析在数据新闻生产中的应用、误区与提升路径》，《编辑之友》2019年第6期。

② 刘涛：《西方数据新闻中的中国：一个视觉修辞分析框架》，《新闻与传播研究》2016年第2期。

③ 王芳、田龙过：《数据新闻的客观性反思》，《出版广角》2017年第16期。

④ 杜骏飞：《新闻是人，新闻学是人学》，《国际新闻界》2018年第2期。

⑤ 刘琼：《国外报纸如何做数据新闻》，《中国报业》2016年第9期。

第四章

H5新闻的内容呈现与表达创新

- H5 新闻的技术支撑
- H5 新闻的内容呈现
- H5 新闻的表达创新

智能移动设备应用已经渗透进人们的日常活动中，信息的获取变得越来越便利，人们逐渐对移动设备碎片化阅读产生依赖。各商家、媒体为了适应互联网技术和智能手机发展下的信息获取途径，不断地调整自身的宣传形式，将技术融入广告营销、新闻报道等领域，H5技术赋予的强大传播力被广泛应用于可视化和互动化场景。

第一节　H5 新闻的技术支撑

截至 2015 年，80% 的 App 开发全部或部分基于 HTML5 技术，数量达 100 万个；2016 年末浏览量前 100 的作品总量达 98 388 939 次；2018 年仅 H5 微信小游戏市场规模达 38 亿，用户数量 3.5 亿①，业界纷纷预测未来几年 H5 游戏将稳步发展。目前，H5 技术正处于探索发展的过程，相比前面更新迭代的 HTML 技术，它存在着发展的无限可能，是可视化领域中的一大重要技术；但同时它也存在着可继续完善的不足之处，需要开发者的修正和使用者的创新应用，才能更好地发挥 H5 技术的传播力量。

一、H5 技术的诞生及发展史

H5 技术是第 5 代 HTML（Hyper Text Markup Language），被译为“超文本标记语言”，它支持文字、图片、音乐、视频、链接等形式。H5 技术改变了开发商 Web 应用的方式，能够将桌面浏览器转移为移动应用，其语言和标准都影响着各种类型的操作平台②。人们广泛讨论的 HTML5，实际上是 HTML、CSS 和 JavaScript 三种技术的技术组合③。

在 Web1.0 向 Web2.0 进展中，许多新的动态功能是通过 Java 和 RealPlayer 等插件来扩展浏览器的功能。但运作插件不仅需要用户下载并定期更新，有时候插件还会相互影响导致浏览器故障，附带着加载速度缓慢、网页崩溃等缺陷。而 HTML 技术的出现，使用户可以无须使用太多浏览器插件，同样能够为设备提供视频播放和动画等功能。

---

① 龙情：《近 3 年 H5 传播形式在营销中的应用》，《新媒体研究》2018 年第 4 期。

② 李世满：《基于 HTML5 web 技术 APP 快速开发研究——以移动办公 APP 软件开发为蓝本》，《电脑知识与技术》2016 年第 12 期。

③ 中文维基百科 HTML5，载 https://baike.tw.wjbk.site/wiki/H5，访问日期：2020 年 3 月 8 日。

早在 1980 年，蒂姆·伯纳斯·李（Tim Berners - Lee）已经开发了供自己使用的第一个超文本传输系统。在进入欧洲粒子物理实验室（European Organization for Nuclear Research）工作后，1989 年他提出 HTML 这个概念。他希望通过使用屏幕上的按钮，即可使用全球计算机上以电子形式链接在一起的文档内容[①]。换言之，HTML的理念在于可以快速链接另一个形式的资料。蒂姆通过各种办法在网上公开讨论 HTML，更多的人了解并参与到开发当中。1991 年 9 月，他设置了一个电子邮件讨论组，让爱好者在上面交换想法。同年，狂热爱好者之一戴夫（Dave）构思了 HTML +，成为原始 HTML 的丰富版本。蒂姆以 CERN 非正式文档的方式列出了 18 个 HTML 标记，这是 HTML 首次面向大众[②]。1994 年 5 月，欧洲核子研究组织（CERN）在日内瓦举办了第一届万维网会议，并向来自各大不同机构的参与者展示了 HTML +。9 月，IETF（国际互联网工程）专门成立了任务组来处理 HTML，并向工程界的所有人开放：任何有兴趣的计算机科学家都可以成为任务组成员，参与电子邮件讨论。在 1993 年和 1994 年初，许多浏览器都在 HTML 中添加了自己的代码，语言变得更加混乱，Dan Connolly 及其同事收集了所有被广泛使用的 HTML 标记，编写了 HTML2 的文档类型，HTML2 规范于 1994 年 7 月发布。1996 年 1 月，万维网联盟正式批准 HTML3. 2 作为 HTML 跨行业规范。1999 年，万维网联盟发布了 HTML4，在使用浏览器看新闻发邮件的时代，HTML4 完全满足了网民的需求。但随着电脑性能和网络的升级，网民甚至在网页上玩游戏、看视频，HTML4 功能不足的弊端逐渐被人们所诟病。

2007 年，万维网联盟接纳了由互联网超文本应用技术工作组提出的 Web applications1. 0，双方合作成立了 HTML 工作团[③]。2012 年万维网联盟宣布 H5 的规范正式定稿，标志着 H5 的正式诞生。在往后阶段，H5 仍处在不断改进中，直至 2014 年 10 月才发布最终 H5 的标准规范[④]。

二、H5 技术的新特性及其优点

H5 技术被应用在各种小游戏和热点事件中，因此人们对它已经有所了解，并

---

① Longman，“A History of html”，http：//www. w3. org/People/Raggett/book4/ch02. html，访问日期：2020 年 2 月 21 日。

② 刘贤刚等：《HTML5 标准发展现状及我国标准化策略分析》，《信息技术与标准化》2012 年第 5 期。

③ Bengtson J. ，“What Is HTML5 and What Do You Need To Know About It？，” *Journal of Hospital Librarianship*，No. 4（2013）：392 - 398.

④ 周游：《H5 技术支持下的人民日报“两会”报道研究》，硕士学位论文，新疆大学，2019。

尝试主动去使用该技术。一些企业甚至已经免费提供H5模版，使用H5技术的门槛越来越低，其部分简单的页面制作操作也能被大家普遍使用。实质上H5并不是新技术，只是相比先前发布的HTML4，在功能上有了极大的丰富，因此得到更广泛的应用。相比HTML4，H5增加了很多新特性，这些优点让H5技术得到更广泛的应用。

（一）新特性分类

为了弥补旧版HTML技术的不足，解决部分Web浏览器之间兼容性、结构方面的问题，H5技术有了不少新特性，如本地存储、地理信息、音频和视频、新的表单功能等，成为适用于移动终端平台使用Web应用的关键技术。

1. 本地存储特性

相比桌面应用，移动设备的网络信号会相对不稳定，在某些情况下也会出现无网络，处于离线状态无法打开网页，增加用户的烦恼。而H5技术的本地存储功能在重启浏览器后也能够完整地阅读上一次保存的数据，并且它可以在不需要使用插件的条件下，使打开网页更快速和方便。一方面，使用者可以储存本地数据；另一方面，开发者可以对数据进行查询和插入等操作①。它的存在能够减少手机自身的空间内存，减轻移动设备的负担。

2. 网页多媒体特性

H5技术支持网页端的音频、视频等媒体功能，用户不需要任何第三方插件（如Flash）的支持也可以在自己的设备上享受多媒体结合的内容，避免了原生开发方式多媒体内容拆分处理的问题②。H5技术给站点提供了多元化的多媒体元素，目前可支持四种音频和视频格式，分别是Ogg Vorbis、MP3、AAC、WebM和Ogg Theora、MPEG4、H.264、WebM。

3. 语义特性

H5技术具有其自身的结构化语义标签，如section（网页中的一节）、article（独立的文章内容）、footer（页面的尾部）、navigation（导航）等，这些新的标签赋予网页更好的结构，使得文档结构更加清晰和易读，有助于开发商人员使用，定义重要的内容。其智能表单功能使得Web的操作和使用也更加方便，如增加了内容提示、自动获取焦点以及数据验证等功能。

4. 移动Web应用功能

通过Web应用功能，用户可以及时获取地理位置，不仅可以定位自身的位置，

---

① 丁玲：《Web标准与Html5重点技术探讨》，《科技与创新》2019年第24期。

② 李慧云、何震苇、李丽：《HTML5技术与应用模式研究》，《电信科学》2012年第28期。

还可以获取他人向你开放的定位信息①。H5 技术各种新功能发展，是 Web 开发标准的一大进步，能够被大量应用于移动应用程序和游戏，让视频、音频、动画以及设备的交互都更加规范。

（二）优点

H5 技术提供的是一个开放的平台，任何人都能成为开发者和发布者，成本较低。H5 技术是具有革命性的互联网编程语言，其低成本、多平台兼容、高互动性且无须安装的特性深得人心，不仅可以逐渐应用在各个领域，更可进一步推进互联网的发展。

1. 成本低，开发简单

H5 技术删除了一些不必要的复杂设计，如改进了过于冗长的 DOCTYPE，除开简化字符集声明，H5 制作还有明确的规范说明，避免了歧义和模糊操作②。目前一些网页或者 App 提供了 H5 设计页面的模板，如“易企秀”“秀米”等平台，只须选择合适自己需要的模板，更换图片和文字即可。H5 的开发成本很低，仅为 App 开发成本的约 1/5，H5 凭着低成本、跨平台的优势最先得到了广告营销者的青睐③。这一点对于需要考虑盈利和成本的企业来说，是为何选择使用 H5 技术进行宣传的关键点。

2. 允许跨平台

H5 技术是一个能够适用于 Windows、Mac、iPad、iPhone、Android 等多种主流平台的语言，不依赖插件，支持自身页面切换屏幕、下拉刷新和侧滑菜单等功能，具有很强的兼容能力④。多平台的兼容性，迎合了当代社会人们的需求，提高了用户的体验感，随时随地随设备使用。

3. 交互方向设计

H5 技术十分重视用户的交互体验，强调通过技术提高用户的参与感。H5 技术增加了 Web 应用用户的交互能力，具备拖拽、撤销历史操作、文本选择等交互动作接口⑤。这些新的技术内容为广告营销、媒体报道提供了许多不同类型与形式的载体，产生了互动小游戏、互动类动画。

---

① 刘华星、杨庚：《HTML5——下一代 Web 开发标准研究》，《计算机技术与发展》2011 年第 21 期。
② 郗霞：《H5 页面设计的新媒体创新发展应用》，《青年记者》2017 年第 20 期。
③ 于海娟：《论 H5 在新媒体中的应用》，《新闻论坛》2016 年第 4 期。
④ 《HTML5 的发展历程》，https：//www. jianshu. com/p/ac884b823e1b，访问日期：2020 年 2 月 21 日。
⑤ 李慧云、杨新章、胡文胜：《基于 HTML5 的移动互联网应用转换技术》，《电信科学》2013 年第 29 期。

三、H5 技术的应用

与其他原生应用相比，H5 技术符合媒体应用在新闻生产中对时效性和标新立异的要求：一是编辑操作性强且相对简单，二是能够融合多种类型的媒体元素。因此，H5 在新媒体领域中的应用十分广泛，能够用于视觉图文的宣传与节目类的介绍内容。

（一）广告营销

“相比 HTML 的早期版本，H5 很大程度上是为了适应移动端的变化推出的，它很好地支持了手机上的各种新的媒体内容形式和交互方式。”[①] H5 技术能够跨操作系统，适用于各种社交媒体界面和浏览器，兼容不同的屏幕尺寸。通过指纹互动、单指滑动、多指滑屏等形式，H5 技术多方位调动了用户的感官，以各种互动的形式面向网民，其应用也越来越广。

早期的 H5 通常被理解为网页版的酷炫 PPT，2014 年最早出现在微信朋友圈的一些 H5 产品，如特斯拉的广告，便是图片加简单的翻页效果[②]。在微信用户被大量静态图片和文字淹没时，这个“动”起来的内容攻克了微信朋友圈的同质信息。逐渐，H5 作品使用摇一摇、点一点、擦一擦等给予用户操作的动作效果，用户在 H5 作品上有了更深度的参与。此后，H5 技术应用领域中表现形式逐渐多样化，包括图文类、贺卡请柬类、测试问答类、小游戏类等。如今微信平台的 H5 产品广泛用于主题传播、品牌推广、活动营销等方面。

（二）新闻报道

H5 技术因为其使用门槛低、融合性强、互动性强等优势，可以运用于新闻报道中，H5 新闻指的是应用了 H5 技术的新闻报道。现今融合新闻的互动性尝试领域做得最多的方式是基于 HTML5 技术，用户可以在欣赏 H5 作品的过程中获取信息。相对于严肃刻板的新闻，读者更愿意阅读趣味性强、贴近生活的内容，H5 新闻应时而生，并且受到人们的热捧。中央广播电视总台发布的 H5 新闻产品“央广主播的朋友圈”系列 H5 报道，24 小时内点击量便超过了 100 万。在中国新闻奖

---

① 王志：《基于 H5 技术的移动融媒新闻创新》，《新闻记者》2019 年第 3 期。

② 《微信 H5 营销 4 年进化史》，https：//www. digitaling. com/articles/46701. html，访问日期：2020 年 3 月 8 日。

“创意互动”“融合创新”类获奖作品中，不少作品是 H5 新闻①。

1．应用场景类型

新闻表现形式需要根据新闻题材来进行策划，并不是所有的新闻题材都适合采用 H5 技术来表现，H5 技术在新闻领域中常常被应用在现实感强、情节复杂和有着明确事实的新闻中②。根据作品形式可以将 H5 新闻划分为五种类型：幻灯片类的报道、视频类报道、信息长图类新闻、专题页新闻、创意类新闻。H5 在新闻报道中的应用类型，则主要有三个方面：

第一，应用于新闻可视化。新闻可视化最先开始于卫报、纽约时报等媒体，指的是以可视化载体的跨媒体新闻报道形式。H5 技术可以让图片、视频、动漫等多种视觉元素运用于新闻，丰富了传统新闻的呈现形式，同时使新闻变得更加直观③。

第二，应用于新闻解读。信息的繁杂与同质化让受众更加注重体验感与参与感，H5 技术新特性的支持，增强了新闻的互动性。新闻传播领域中，各大媒体百花齐放，创造出各种形式的互动 H5 新闻作品。H5 技术在整合信息方面起到重要作用，H5 新闻可以融视频、音频、动画等多素材于一身，不仅拓展新闻报道内容的深度和广度，而且让受众更容易抓住新闻的重点。

第三，应用于新闻专题。媒体需要进行系列报道，但是移动互联网常常将专题报道的内容切割，而 H5 技术则能为专题报道提供一个好的途径。在新中国成立 70 周年的庆典之际，人民日报利用 H5 新闻进行了一系列的节日报道，发布了多个关于喜迎国庆的 H5 新闻作品，如 2019 年 9 月 26 日发布的《H5 | 56 个民族服装任你选！快秀出你的爱国 style》、9 月 30 日发布的《70 年我是主角！首部全民定制电影等您试镜》、10 月 1 日发布的《H5 | 今天，我们都是升旗手》。国庆专题报道运用多个 H5 新闻作品，取得了良好的舆论效果。

2．H5 新闻的特点

H5 技术的传播便利、适配性强等特点，使得新闻“活”起来了，增加了用户黏性。主流媒体 H5 新闻作品的涌现，启发了人们对传统媒体的新认知，组到活动的前期宣传，大到专题策划报道，H5 技术为新闻舆论工作提供了一种新颖的形式，成为互联网时代媒体内容创新的重要技术引擎。2017 年，中国超过 70% 的省级媒

---

① 韩姝：《融合新闻的形态及发展趋势——基于中国新闻奖媒体融合奖获奖作品的分析》，《传媒》2020 年第 1 期。

② 崔丽、何俊涛：《融媒时代 H5 在新闻报道中的作用与应用》，《传媒》2018 年第 2 期。

③ 王丹：《H5 技术支持下新闻产品的视觉传播研究》，硕士学位论文，郑州大学，2018。

体利用 H5 技术发布了可视化新闻（即 H5 新闻），满足了读者个性化与多样化的阅读需要①。目前 H5 新闻产品体现的主要特点有：场景性、互动性、整合性和趣味性。

（1）场景性

H5 新闻的定位常常突出了“场景”要素，将传播的核心内容与场景的关键特点相结合，呈现出亲民性和生活化的特点。如人民日报关于新中国成立 70 周年系列报道中的《一笔画出 70 年》，勾勒新中国成立 70 周年来的历史发展进程，涉及大家熟知的许多历史事件，熟悉的场景被应用在 H5 新闻中，唤起受众的集体记忆认知。

（2）互动性

H5 技术移动 Web 功能的增加，增加了新闻的互动性，能让读者随时随地使用智能电子设备阅读互动性新闻，使得读者在新闻事件中更有参与感，并在互动阅读中获取传播信息。比如，H5 新闻需要读者在阅读过程中点击、下滑、转屏、摇一摇等以持续获取信息，取代了传统形式的信息浏览，调动了读者的多感官参与阅读，使得新闻阅读更加具有吸引力。

（3）整合性

H5 技术的多媒体特性，让 H5 新闻的内容充实多样变成了可能，以往需要多个网页展示的内容，可以直接汇集在一个 H5 新闻作品中。媒体在进行专题报道甚至深度报道时，可以通过 H5 新闻循序渐进地呈现一个事件的全貌。如网易的 H5 新闻《一分钟漫游港珠澳大桥》通过对报道信息的整合，还原了港珠澳大桥的全貌和细节，让读者明白海底隧道的修建难度②。人民日报的《记载了 70 年美好的抖音号》即是穿插着各种抖音界面的视频，汇集了视频、音频在同一个 H5 新闻页面，同时糅合了多个信息点。

（4）趣味性

与传统的新闻报道单一形式相比，H5 新闻具有较强的趣味性，能够促使用户深度参与新闻报道其中。如人民日报关于新中国成立 70 周年系列报道，不少作品是通过让用户上传个人照，再结合人脸识别技术来生成专属作品。如人民日报的《H5 ｜ 56 个民族服装任你选！快秀出你的爱国 style 》得到了用户的喜爱，用户可以有新的拍照方式，也可以了解中国多民族的特点。此 H5 新闻产品在微信朋友圈

① 李戈、钟樾：《主流媒体 H5 产品及其设计趋势》，《中国出版》2018 年第 12 期。
② 张群、邓小院：《如何打造现象级 H5 新闻报道——以网易〈一分钟漫游港珠澳大桥〉为例》，《新闻与写作》2019 年第 2 期。

得到了广泛传播。

H5 技术的应用，影响了新闻报道的叙事场景、叙事方式和叙事视角，增强了新闻的感染力，提高了新闻的可读性。作为一种新的信息传播方式，H5 新闻容易出现娱乐化倾向，在新闻报道主题的选择上存在一定的局限，需要进一步研究如何避免 H5 新闻碎片化、娱乐化倾向①。目前 H5 新闻存在着产品生命周期短、传播渠道单一等问题，要想让 H5 新闻产品发展成为重要的新闻报道一极，需要形成 H5 新闻的传播报道框架②。

第二节　H5 新闻的内容呈现

新技术重塑了当前媒介生态格局，H5 新闻以其低廉的制作成本和良好的传播效果备受媒体人青睐，成为融合新闻策划的重要手段，尤其是在每年的全国“两会”等重大新闻事件报道中。掌握 H5 新闻的内容呈现技巧，应当成为媒体人的必修课之一。

一、H5 新闻的基本理念

H5 新闻是建立在 HTML5 技术上的一种新闻呈现形式，内容可以包含文字、图片、音视频、动画等交互设计，新闻在客户端呈现类似 PPT 的效果，能使消费者获得极佳的视听体验。2014 年开始，H5 的页面形态在微信与新闻客户端的联合扶植下慢慢变得常见，H5 动态新闻也变得不再陌生。H5 之所以能够引发广泛效应，根本就在于它不再只是一种标记语言，它提供了全新的框架和平台，可以提供免插件的音视频、图像动画、本地存储以及更酷炫而且重要的功能。目前我们经常在微信里面看到的那些“卡片式”翻页的邀请函、新闻小游戏等都是 H5 的页面。实际上，H5 新闻包含着更为丰富的内涵，融合新闻观念是其精神内核，体现在新闻报道的策划、制作、发布与运营的整个生产过程之中。具体而言，H5 新闻既是一种新兴的新闻形态，也意味着一种全新的新闻观念。

---

① 张小波：《新闻 H5 产品：移动阅读场景的新贵》，《传媒》2018 年第 13 期。
② 胡丹、张绪鸿：《基于 HTML5 技术的十九大微传播产品》，《青年记者》2018 年第 9 期。

（一）H5 新闻意味着一种新的新闻形态

不同于传统的新闻样式，H5 新闻意味着一种新的新闻形态，即一种多媒融合的新闻形态。它可以集合音乐、图片、动画与链接等多种元素，一改传统设置专题页与文字并列，加诸图片、特效的报道方式，通过大量地运用具有视觉冲击力的图片、音乐以及动画等形式，打破了纯文字对受众视觉的掌控，通过创新新闻页面的内容引发新闻可视化的变革。

这一变革首先体现在 H5 新闻的呈现方式上。一个优秀的 H5 新闻产品一定是博采众长，不仅仅是运用单一的技术。新闻内容呈现形态通常包括图文、漫画、视频、H5 等，这四种形态呈阶梯状且制作难度和信息承载的量也是依次递增的。图文运用视觉元素吸引用户注意，直观地向用户传递信息；漫画是一种艺术形式，用简单夸张的手法描绘生活当中的人和事；视频是用连续的画面去传递信息，是视听元素的双重运用；而 H5 可以把前三种内容形态都囊括在内。相比于单一的视觉元素，H5 包含了文字、图表图片、音视频、动效、交互、程序等多种元素，集视觉设计、影像制作、剧情互动和游戏体验于一身。因此，H5 是图文、漫画、视频的延伸和优化，适合在移动设备上传播且用户拥有较强的互动操控性，H5 新闻的呈现方式多元，视听感染力极强。

其次，H5 新闻具有较强的用户代入感和沉浸体验感。H5 最大的特点是交互，表现在组合各种素材的链接可以进一步实现新闻的非线性叙事，使它成为用户参与内容的重要途径，并通过动画去加强用户体验感。不同的动画可以引导用户阅读顺序，吸引用户关注重点，并且提升内容的视觉效果，新闻呈现效果也就更加直观。在庆祝新中国成立 70 周年期间，新华社和腾讯联合出品了一台名为《No. 70 时光机》的 H5 新闻作品，用长图和相关背景音乐的形式回顾了新中国从 1949 年到 2019 年的重大历史事件，包括新中国成立、我国第一颗原子弹爆炸成功、恢复高考、1992 年邓小平南方谈话、北京奥运会、“一带一路”等，用户在滑动的过程中随时可以暂停进行拍照留念，H5 会自动生成相关历史事件的海报，同时该 H5 作品还设置了寻找 8 面国旗的小游戏，用户在感动回忆中完成小任务，增加了参与乐趣。

最后，相较于传统新闻，H5 新闻具备了跨平台传播这一特性。H5 页面具有依附于社交平台，用户制作、使用成本与分享成本低等优势，无须考虑平台的跨越障碍，方便移动互联网时代用户的碎片化时间浏览。H5 通过一个二维码关联产品与用户，可以兼容 PC 端与移动端，可以轻易地植入各种不同的开放平台、应用平台。

（二）H5 新闻意味着一种新的新闻观念

在传统新闻观念当中，受众处于新闻生产、制作、发布的边缘位置，是信息的被动接收者，而内容才是各个媒体竞争的核心焦点。随着互联网的发展，用户至上的思维逐渐成为融合新闻策划报道的主导观念，用户参与成为新闻生产的重要构成。作为融合新闻的重要组成部分，相应地，H5 新闻逐渐形成了用户主导的互动叙事特征，强调新闻产品从市场定位出发，满足用户的多方面需求。

这一观念特别体现在新闻内容的策划创意上。为了满足用户获取信息的需求，获得受众高度的注意力，增强新闻的可读性，H5 新闻的内容策划创意就需要契合受众的好奇点。比如 H5 新闻《深圳人，书记市长给你拜年啦》就采用了画中画的模式倒置悬念：一个手机出现在画面中慢慢放大，发现是一个小女孩拿着手机在拍照，再慢慢放大呈现这个拍照的小女孩，是在欣赏深圳人过年最爱的迎春花市，而这幅拍摄花市的画面在深圳城市建筑图的一角，慢慢放大之后才知道，这只是一个 iPad 上面的画面。从创意构思上看，这是大悬念套小悬念，带动用户的求知欲。一封神秘来信呼之欲出，调用微信昵称和头像更让人有参与感，采用图片慢慢放大的模式又有画中画的效果，通过用户长按的方式，将画面播放的节奏控制权放在了用户手中，最后到贺信内容让用户感受到，这些看到的内容就是我们身边的事情，融入感非常强。配上了两个悬念，用户就对贺信的内容非常好奇，可读性也就增强了。

H5 新闻在吸引用户的基础上，再用情感带动用户参与甚至分享也很重要。移动互联网时代，用户的话语地位得到强化，行为表征日益被重视，这些被激活的社会个体正逐渐成为传播中的主体并正在积极主动地发挥效用。因此，H5 新闻要拉近与受众的关系，使得受众在接收信息的过程中感受到超越信息本身的情感互动。通过这样的情感共鸣，满足受众多方面的需求，同时提升受众二次传播的欲望。在建军 90 周年纪念日当天，由人民日报客户端策划出品、腾讯“天天 P 图”提供图像处理技术的 H5“军装照”火爆了微信朋友圈、新浪微博等社交平台，H5 页面浏览次数累计达到 8. 2 亿次，堪称史上最火爆的 H5 新闻作品。用户扫描二维码进入 H5 页面之后，可以选择自己感兴趣的年代上传自己的正面头像照，选择性别之后点击“穿上军装”，就可以生成属于自己的年代军装照。由于契合建军节纪念日，同时也满足了普通人想要穿上军装的愿望，加上部分微博大 V 与明星的助推，该 H5 迅速占领各个话题榜，获得了良好的传播效果。

二、H5 新闻的场景运用

H5 新闻是建立在 HTML5 技术规范基础之上，综合了特定的网页效果、视听效果（包括音效和动效）、感官效果（包括 3D、全景等）和交互性等因素，以“超媒体”[1] 的技术形式呈现的报道样态[2]。2018 年中国新闻奖的评选将基于 H5 的融媒互动新闻单列为一类参评作品，《基于 HTML5 的融媒体新闻技术规范》也由全国中文新闻信息标准化技术委员会正式推出，这一系列举措都在预示着基于 H5 技术的交互融媒体类内容不容小觑，并将逐渐成为像文字新闻、图片新闻和视频新闻一样的常规新闻形式[3]。

目前来看，H5 新闻融合了多种表达方式，除了传统媒体常用的图文与音视频外，还能支持动画、VR（虚拟现实）、AI（人工智能）、网页、直播、多种交互方式（比如摇一摇、滑动、拍照、短信、点击、GPS 定位、语音、电话等）。随着 HTML 技术的不断升级，未来可能会带给用户更多新奇的交互体验。

（一）技术驱动下的“新闻游戏”

依托 VR、模拟 AR（增强现实）、视频、图片合成、图像识别、语音识别、网页实时生成图像、交互手势等先进的技术手段，H5 新闻作品实现了文字、摄影等平面作品所不能达到的场景搭建功能，充分唤起用户的好奇心和自我想象。虚拟现实技术的嵌入将观众带入一个“超真实”的拟态环境，达到“身临其境”的效果。人脸识别等技术依托年轻用户的审美时尚和自我表达需求，帮助用户在浏览新闻的同时完成自身的角色扮演，印证着“传播即游戏”的断言。

（二）多元融合下的“悦读悦听”

融媒时代，信息爆炸导致的信息过载将受众的注意力切割成块、高度分散，长篇大论式的阅读伴随着移动手机终端的大量使用而渐渐被“快餐式阅读”所取代。H5 新闻融合了丰富多彩的图像、视频、音频和动画等多种元素，相对于传统的新闻页面来说，其可视化程度、立体化程度和趣味性程度都大大增强。其页面文字部分较为简短，并常常伴有贴合意境的背景音乐，一定程度上减轻了受众在阅读中的压力，呈现出一种“悦读悦听”的效果。

（三）社交分享下的“交互传播”

“HTML5 并非仅仅用来表示 Web 内容，它的使命是将 Web 带入一个成熟的应

---

① 超媒体方式是一种非线性的信息组织方式，它将文字、表格、声音、图像、视频等多种信息媒体以超文本方式组织起来，形成 Web 页面，使人们通过浏览器可以访问各种不同结构的信息仓库，找到所需要的任何媒体的信息。见 https://wiki.mbalib.com/wiki/超媒体方式。

② 苏涛：《H5 新闻的概念起源与技术逻辑——基于技术视角的考察》，《新媒体研究》2019 年第 20 期。

③ 王志：《基于 H5 技术的移动融媒新闻创新》，《新闻记者》2019 年第 3 期。

用平台，在这个平台上，视频、音频、图像、动画以及同电脑的交互都被标准化。”① 交互性可以说是 HTML5 技术升级的终极指向。H5 新闻与报纸新闻、电视新闻等传统新闻相比，更具有新媒体的互动特性，常常模拟一个真实的生活场景，邀请用户在页面端点击参与一系列体验活动，收获代入感、参与感和在场感。同时，用户在浏览新闻之余亦可对新闻内容做出反馈和互动，形成新闻内容的再生产，满足用户多元视听体验。曾获得中国新闻奖的人民日报“军装照”、央视财经“幸福照相馆”，均是鼓励用户用最简单的方式参与 H5 内容的创作并进行分享，为用户提供了展示自我、塑造形象的“社交货币”。

（四）平台兼容下的“全媒传播”

“我们即将面临的未来将是‘万物皆媒，人机共生’的时代”②，用户获取新闻的平台边界将不断突破。H5 新闻产品具有跨平台特性，可以兼容 PC 端（台式机、笔记本）、手机端（包括 iOS 系统、Android 系统等）、平板电脑（iPad 等）各种电子终端进行多平台、全媒体传播，页面不会因平台类型的不同而出现卡顿或者缩放等问题，动态效果和交互设计也不会因端口的转换而受到影响。H5 作品借助微信、QQ 等社交媒体扩散和分享，多家平台可同时播放，从而实现裂变式传播。

（五）逻辑上的“非线性叙事”

传统的新闻作品，不管是文字类、图片类、音视频类还是网页动画，其被访问的顺序在编辑编写页面时就决定了，用户在观看或收听时常处于被动状态。此时若新闻的开头未能激发观众的兴趣，观众极有可能退出界面，有效的信息抵达不了目标受众。而 H5 作品有赖于制作者与用户之间形成意义互构，或者意义共建的互动过程。制作者提供一个新闻页面，将故事情节、隐含脉络以及不同场景集中在首页供用户点击阅读，最终呈现的新闻取决于读者随兴趣点击的顺序，文本的含义和理解变得不再固定，可谓“千人千面”的“独家定制”。

---

① 刘斌：《HTML5－未来网络应用的核心技术研究》，《自动化与仪器仪表》2010 年第 4 期。

② 彭兰：《我们即将面临“万物皆媒、人机共生”的智媒时代》，http：//sike. news. cn/statics/sike/posts/2016/11/219509602. html，访问日期：2020 年 3 月 9 日。

第三节 H5 新闻的表达创新

与传统媒体的新闻生产模式完全不同，H5 新闻更多强调的是一种基于新媒体语言的制作实践。既然选择了 H5 作为新闻内容的表达形式，就意味着我们放弃了传统的直线新闻叙事模式，按照市场定位、用户思维和产品创新的路径发展。纵观当下，虽然 H5 新闻产品丰富多彩，令人惊艳的作品一个接一个，但不可否认的是，随着新闻传播门槛的降低，目前市面上发布的 H5 新闻产品质量参差不齐且出现了许多问题。

一、H5 新闻的问题瓶颈

（一）泛同质化：内容创意抄袭

互联网内容产业井喷的同时，也陷入了内容泛滥、“多而不精”的境地。H5 新闻作品也是如此。由于低成本、创作门槛较低，多数时候可以套用模板，不少 H5 新闻作品存在着重复、同质化倾向。具体体现在标题、风格、创新点上的同质化。

1. 标题类似：自从人民日报“军装照”H5 引发全民传播之后，每逢特殊节日，都会有各种类似的蹭热点作品出炉，标题莫过于“快看，这是我的 × ×照!”“来看我的 × ×照!”各种《 × ×邀请你加入群聊》《全景看 × ×》的标题更是泛滥。

2. 风格类似：穿越到过去某一个年份，然后回顾那一年发生的故事，这种怀旧风格的 H5 在国家大型纪念日时往往扎堆出现。

3. 创新点类似：大多数地方媒体会向中央主流媒体看齐，有好的创意点也会不假思索地直接套用，甚至央媒也会出现套用之前创意的行为。2019 年国庆大阅兵期间，人民日报推出《今天，我们都是升旗手》后，就有许多高校机构效仿了升旗的创意，在自己的官网上推出类似的 H5 作品。

（二）泛视觉化：内容小于形式

对于 H5 新闻来说，良好的创意和优质的内容需要表现出来，让新闻获得展现力，提高新闻的可读性。但是部分 H5 新闻产品过于注重形式从而忽略了对于内容的重视，用户看到形式新颖的 H5，点进去却被乏味的内容“劝退”，这种过于注重形式的行为无异于舍本逐末，背离了新闻本身的价值观。

当下生活节奏迅速，人们习惯于用最短的时间获取最多的新闻信息，大众的注意力和兴趣成为重要的稀缺资源。在眼球经济时代，内容作品视觉形式的新颖独特性成为吸引用户的重要标准，加之碎片化阅读习惯的助推，使得一些 H5 新闻不得不迎合这一趋势，制作出的作品往往形式精美，内容碎片化、表面化，无法挖掘更深层次的新闻价值。用户在浏览了该 H5 新闻作品之后，记住的往往是其炫酷的形式、新颖的玩法、猎奇的快感，至于 H5 想要传达的新闻信息便觉得无关紧要，“阅后即焚”的既视感导致该 H5 新闻作品丧失了其原本的初衷，成为市场上流通的视觉快餐。

（三）泛娱乐化：消解严肃内容

在全民娱乐时代，新闻作品往往不能固守清高，在某些方面不得不放下身段走亲民路线。适度的娱乐可以拉近与读者的心理距离，产生良好的口碑效应，比如新华社的“刚刚体”。但是如果不把握好娱乐的度，一心只想吸引流量，忽略新闻内容本身的严肃性与新闻价值，那么终有一天也会被其流量所反噬。每年全国“两会”期间硬新闻、严肃性新闻居多，这时在 H5 新闻作品中适当增加一些娱乐性的动画漫画、互动小游戏等，帮助读者对“两会”内容进行理解非常有必要，但是一味注重趣味性消解了本该是硬新闻的严肃性，就是主次颠倒、没有拿捏好度的表现。受众不需要经过大脑思考，也没有从 H5 作品中得到想要获取的信息内容，这不仅浪费了受众的时间，还导致其对新闻认知的肤浅化。

（四）信息量繁重添“累赘”

部分 H5 新闻作品的设计上依然保留着传统新闻的思维方式，过于保守，恨不得将所有的新闻内容都写进去。殊不知，新闻产品如果囊括了所有的信息，必定会导致文字过多而影响用户的视觉体验。另外，用户也极有可能因为翻页时间过长而放弃观看。造成这种现象的原因，一方面在于因循守旧的传统思维，未掌握基本的融合新闻创作原理，另一方面与 H5 新闻创作者选取的角度不适配有关，H5 页面追求简洁清晰，再用传统的线性罗列方式呈现新闻显然是南辕北辙①。

（五）热度“昙花一现”

H5 新闻的传播周期太短，一篇通过用户进行社交分享、二次转发的 H5，其访

---

① 何蓉：《H5 交互动画在新闻报道中的应用和趋势——以党的十九大会议和 2018 年全国两会报道为例》，《新闻研究导刊》2018 年第 17 期。

问量的爆发也基本集中在一两天之内，此后热度便悄然消减。人民日报“军装照”H5一经推出，四天时间浏览量便突破8亿，一分钟访客人数峰值达到41万。为此，央视还申请了单支H5作品最高访问量的吉尼斯世界纪录。但观察其访问量曲线，明显集中在H5作品推出后的四五天内，随后便销声匿迹。央媒爆款尚且如此，普通媒体推出的H5访问量可想而知。

二、H5新闻的表达创新

（一）因事因媒因用户制宜

一是要坚持用户思维。随着智能终端设备的普及，新闻信息迎来了碎片化阅读的时代，大多数情况下，用户以极快的速度在不同App之间切换，浮光掠影，不求深耕。这种情况下，以用户的视角设计新闻产品、抓住用户的注意力就尤为重要。一方面，要根据新闻的类型、性质、影响，受众的接受程度等因素来“差别对待”，选用合适的渠道、平台、手段加以传播，切忌大事小情都要“H5”；另一方面，要抓住新闻故事的主要细节进行网页设计，去繁就简，有重点、有策略地向受众传播，切忌“眉毛胡子一把抓”。

二是要利用大数据实现精准化推送。如今，媒体以大数据技术为基础，可以借助算法勾勒并解读用户画像，根据用户画像来推送用户感兴趣的新闻信息，增强用户的媒体使用黏度。

三是要借助社交媒体实现链式传播。当前，移动社交传播信息的趋势越来越强，如果新闻报道能够做到内容、价值和关系的契合，将有利于实现新闻的链式传播。其中“关系”是新闻报道中“核心—边缘”扩散模式的重要部分。用户不仅可以通过阅读、讨论新闻实现社会交往，而且还在分享中实现强弱关系的互动。因此，借助社交媒体进行推送，引发用户在其关系链中讨论，激发读者产生情感共鸣，强化用户的代入感，不失为打造爆款的上乘传播渠道①。网易新闻瞄准了“85后”至“00后”这些群体，将设计的H5放在微信平台上进行推广，广受年轻人的青睐，制造了诸多爆款。

（二）表现形式守正创新

媒介的形态决定了新闻报道的方式。同样的新闻内容用不同的表现形式会得到不同的呈现效果，每种媒介形态都有自己独特的叙事风格与传播特色，比如文字图

---

① 杨民仆：《浅谈H5在新闻报道中的运用》，《新闻研究导刊》2017年第6期。

片适合发布简讯、短视频易形成视觉冲击、H5 新闻易于交互、VR 新闻给人以沉浸感、数据新闻可视化呈现数据世界、动画新闻能够再现新闻场景等。表现形式的创新能够让已有的“陈旧内容”焕发生机，让“新鲜内容”光彩夺目。

澎湃新闻的 H5 新闻作品《天渠：遵义老村支书黄大发 36 年引水修渠记》获得了第二十八届中国新闻奖一等奖，该 H5 通过长图互动的形式还原了村支书黄大发带领村民修通万米水渠脱贫致富的故事。该作品以竖向滑动为主，用户通过二维码进入 H5 封面，伴随着气势磅礴的背景音乐，首先映入眼帘的便是村民带着劳动工具行走于悬崖之上水渠的画面，水渠旁边就是千米绝壁，既展现了黄大发及村民修建水渠的艰辛不易，又给读者造成了强烈的视觉冲击。随着用户在手机上向下滑动，白色的水便在水渠里缓缓流淌，契合了“渠水”的故事核心，给人一种如水般自上而下流淌式的阅读体验。从开始的渠水出现，到裂纹、树枝、马路以及开渠炸石的爆炸声、鸟鸣等，每处细节都非常逼真且用心。此外，整个 H5 采用交互式插画的方式，采用了渐进式动画、视频、音频、360°全景照片等多种报道形式，加上黑白色调和紧张的叙事节奏，再现了黄大发修渠之时的矛盾冲突和心理感受，用充满人文情怀的故事细节打动读者，兼具故事性、艺术性和思想性。

（三）内容生产创新为源头

全媒体时代，无论传播手段和传播策略多么夺人眼球，终究是新闻内容的“花边”和“助推器”，如果没有优质的内容，新闻就如同无源之水、无本之木。对于新闻报道来说，内容的可读性才是决定新闻价值最重要的因素。坚持“内容为王”，无论对于哪一个时期的媒体工作者都同样适用。内容上的创新，要求 H5 新闻的制作者和传播者充分发挥“把关人”“守门人”的作用，对新闻内容进行深度挖掘，特别是对于严肃的时政新闻，传播者要尽量将所要传达的时政信息转换为公众易于理解的符号。

同时，H5 新闻要避免内容的同质化，推陈出新，讲好中国故事，不断给产品注入新的活力。在制作 H5 作品时，要根据融媒体的内容和素材，选定与之相匹配的交互路径和交互元素，确保内容、互动和风格设计相一致①。在交互路径和页面设计方面，还要保证叙事的线索与页面逻辑匹配，尽量避免形式僵化、固化。

（四）媒体矩阵打好组合拳

媒体深度融合要注重打组合拳，推“套餐产品”，多渠道全方位传播。例如，在推出一个新的 H5 新闻产品时，要提前将创意策划、全媒体传播、网络引爆、效

① 贾皓：《从中国新闻奖获奖作品看 H5 制作趋势与技巧》，《中国传媒科技》2019 年第 12 期。

果评估与线下场景打造等一系列环节设计好，而不是“为 H5 而 H5”，为了追热点、引流量、造爆款。

第二十八届中国新闻奖融媒互动类的三等奖作品《听，长江说!》，在宣传推广上便采用了多级矩阵传播模式。推广前期，“长江云”App 依托自身平台优势，覆盖了湖北全省市州县区的 117 个云上系列客户端，打造起全省媒体传播矩阵，并在首页突出位置推送该作品，形成全省同频共振。推广中后期，“长江云”联合重庆、江苏、上海等 10 家长江沿线省级媒体共同发布该作品，构建长江流域的媒体矩阵。同时与央媒及重量级商业媒体矩阵进行联合发布，并在 YouTube、Twitter、Facebook 等海外媒体、社交平台及湖北网台国际频道上分享，通过多语种网页端及客户端构建立体化、互动式融合传播格局。除此之外，还将原版 H5 素材制作成音视频节目播出，与新媒体平台强互动，形成一张巨大的融媒体传播网①。作品一经推出便引发现象级传播，在社会各界引起了广泛响应，不失为一篇优秀的融媒体创意互动作品。

在移动互联网时代，手机作为一种融媒体的介质为新闻报道增加了更多的特性，比如可视化数据图表、全景、动画以及交互等。H5 技术支持我们目前所能够接触到的所有媒体形式，能将多种信息呈现技术整合在一起，并且能够带来很多不一样的交互方式，比如支持陀螺仪、定位、拍照、录音、电话通信、发短信等。精心设计的 H5 互动式新闻，它呈现的页面作为传统新闻形式的重要补充，不是文字与图片的简单组合，而是融媒体环境中多媒体技术相互碰撞的创新结晶。在 H5 技术支持下，趣图、漫画、视频以及精简的文字、动态呈现的方式等诸多元素，让新闻得以改头换面，完成平面新闻向动态可视化新闻的转变，以一种全新的面貌呈现在读者面前。越来越多的新媒体平台将 H5 应用在新闻报道当中，激发传播的新活力，增加新闻传播视听的感染力。

---

① 新华网:《听，长江说!》，http://www.xinhuanet.com/zgjx/2018-07/20/c_137335279.htm，访问日期：2020 年 3 月 9 日。

第五章

短视频新闻的内容呈现与表达创新

- 短视频新闻发展历程梳理
- 不同类型媒体的短视频新闻特征
- 短视频发展存在的问题
- 短视频新闻发展的建设路径

碎片化是互联网时代给信息消费者留下的深刻烙印，这种文本阅读方式也催生了短视频行业和短视频新闻的不断发展，网络视频逐渐成为人们消费信息和文化娱乐的重要方式之一，“无视频，不传播”的模式悄然开启。

第一节 短视频新闻发展历程梳理

短视频凭借时长短、多媒体、移动性等特点，在数字时代迅速崛起，成功进入人们日常娱乐和信息消费活动当中，成为当今融合新闻生产中广泛流行的一种文本形态。

一、短视频新闻的历史发展

（一）短视频的定义

“短视频”是一个相对概念，往往用来指播放时间较短的视频。传统电视媒体和视频网站所播放的视频类型，主要分为新闻、电视剧、电影、综艺节目这四大类，播放时间常常在 30 分钟以上，持续时间较长。

短视频虽说播放时间短，但其具体时长并未确定。知名互联网数据挖掘与营销整合机构艾媒咨询（iiMedia Research）曾经尝试为短视频下定义，该机构认为：短视频是视频长度不超过 20 分钟，通过移动智能终端实现播放、拍摄、编辑，可在社交媒体平台上实时分享和互动的新型视频形式，其视频形态包含纪录短片、微电影、视频剪辑等①。随着短视频的不断发展，越来越多的学者对相关话题进行深入研究，并得出一个相对而言认同度较高的结论，即短视频是时长在 15 秒—5 分钟，集声音、图像、文字等多种符号于一体的视频形式。

（二）短视频行业发展历程

1. 准备阶段：视频网站的繁荣

2004 年，乐视网成立，这是我国第一个专业做视频的网站。随后土豆网、优酷网、PPS 等视频网站相继出现。视频网站凭借点播视频、互动分享等优势牢牢吸

---

① 艾媒咨询：《2017 年上半年中国短视频市场研究报告》，https：//www. iimedia. cn/c400/56105. html，访问日期：2017 年 9 月 12 日。

引了大众的目光。观看在线视频时，观众可以按照自己的喜好挑选想看的剧集、片段、情节，并能打破时间的限制，随机暂停或快进。在网络视频中，观看的主导权掌握在观众手中。这种随意性和定制感成为视频网站繁荣的重要因素。传统四大门户网站搜狐、网易、腾讯、新浪也纷纷进驻视频网站领域。然而，这一时期的视频网站尚不具备版权意识，不少影视资源存在侵权现象。

2010 年，百度旗下视频网站爱奇艺（www. iqiyi. com）正式上线，并声明，其将专注提供免费正版高清视频内容，承诺绝对不会做用户分享，也杜绝任何盗版模式。版权意识由此进入大众视野，各视频网站不得不与各大电视台进行商业交流，以获得经过授权的影视版权。“先台后网”的播放模式逐渐确立起来。

视频网站的繁荣为观众打开文化娱乐消费的新世界。在这个世界中，观众拥有选择的自由，拥有和其他影视爱好者交流的机会，同时也拥有分享原创作品的可能性。可以说，视频网站的繁荣为后来短视频平台的盛行打下了坚实的受众基础，厘清了行业规则，培养了消费习惯。

2. 探索期：短视频平台纷纷出现

2012 年，一款用来制作、分享 GIF 图片，名为“GIF 快手”的手机应用更名为“快手”，并对业务进行调整，开始尝试搭建短视频社区[①]。自此，我国第一个短视频平台正式上线。2014 年，“美拍”“秒拍”等娱乐性短视频平台陆续上线。

随着智能手机的进一步普及，4G 网络的出现，在移动端观看视频成为越来越多人的选择，短视频平台迎来自己的市场。面对复杂的市场环境和激烈的竞争，找准定位，差异化运营才是企业的生存之道。2012—2016 年为各大短视频平台的探索期，在平台运营过程中，结合后台数据和自身技术特色，确定目标用户，找准市场空白，树立品牌标识和风格是短视频平台努力的方向。

3. 爆发期：互联网巨头进驻短视频行业

2016 年，短视频行业进入爆发期。一方面，早期行业的领头羊在平台运营过程中找准定位，制定独特的运营策略，形成鲜明的品牌形象，如“快手”便与草根文化牢牢绑定，“秒拍”则是明星秀场，“美拍”成为爱美女性必备的视频应用[②]；另一方面，越来越多的组织和机构进入短视频行业，找准市场空白，深耕某一垂直领域，如“二更视频”主打情怀，“梨视频”主打资讯，“抖音”主打音乐

---

① 百度百科：快手，https：//baike. baidu. com/item/% E5% BF% AB% E6% 89% 8B/19678032#reference – [3] –20313788 – wrap。

② 艾媒咨询：《2017 年上半年中国短视频市场研究报告》，https：//www. iimedia. cn/c400/56105. html，访问日期：2017 年 9 月 12 日。

和创意。垂直化、社交化是这一时期短视频平台运营的核心策略。

除却数量上的增长，短视频平台背后的资金流动更能说明行业的欣欣向荣。2017 年 2 月，“今日头条”收购北美知名短视频社区 Flipagram，进军国际市场；3 月，腾讯领投“快手”D 轮融资；12 月，阿里文娱推动土豆转型短视频，并大力扶植淘宝优秀短视频；百度投资人人视频同时上线好看视频①。国内三大互联网巨头以投资、扶持、创建平台等形式纷纷入驻短视频行业，大量资金涌入推动短视频行业迈向新的高峰。

需要注意的是，短视频平台由于发展速度快、时间短，特别是“流量为王”理念的盛行和监管的缺失也产生了一系列问题，如侵权、色情、假货等问题甚嚣尘上。

4. 成熟期：网络监管下的他律与自律

由于前期短视频乱象十分严重，“少女孕妇”等现象引起网络热议，反映出监管不到位的问题。2018 年 4 月，国家展开“净网行动”，相关管理部门对违规短视频平台进行整治，以约谈、整改、下架、永久关闭问题产品等措施，带动网站自查自纠②。各大短视频平台积极响应号召，完善平台监督管理体系，及时发现、整改违规问题。与此同时，青少年防沉迷系统实行全面推广，贯彻落实企业的社会责任，从他律走向自律。

互联网平台成熟的另一重要标志是商业模式的完善。短视频成立之初，依靠广告投放和案例营销实现盈利，流量变现能力相对有限；2017—2018 年，开拓短视频知识付费领域，丰富盈利手段；2018 年至今，短视频逐渐摸索出一套“电商 +”“旅游 +”的盈利模式，商业模式也在不断地完善之中。

截至 2020 年 12 月，我国网络视频用户规模达 9.27 亿，占网民整体的 93.7%。其中短视频用户规模为 8.73 亿，占网民整体的 88.3%③。

（三）短视频新闻的发展历程

随着短视频行业的成熟壮大，资讯类短视频平台迅速填补市场空缺，短视频新闻逐渐成为社会大众了解新闻的重要形式。在媒介融合与市场竞争的双重压力下，短视频新闻这种集多种媒介于一体的富媒体形式，成为媒介融合的重要方向。

---

① 艾媒咨询：《2017—2018 中国短视频市场研究报告》，https://www.iimedia.cn/c400/60925.html，访问日期：2018 年 3 月 3 日。

② 中国互联网络信息中心：《第 42 次中国互联网络发展状况统计报告》，http://www.cnnic.net.cn/hlwfzyj/hlwxzbg/hlwtjbg/201808/t20180820_70488.htm，访问日期：2018 年 8 月 20 日。

③ 中国互联网络信息中心：《第 47 次中国互联网络发展状况统计报告》，http://cnnic.cn/gywm/xwzx/rdxw/20172017_7084/202102/t20210203_71364.htm，访问日期：2021 年 2 月 3 日。

1. 萌芽期（2012—2016 年）：搬运原有资讯内容，电视端内容的再分发

短视频新闻最早可追溯至 2012 年，国外一家主打短视频的移动新闻服务 App——Now This News 开短视频的先河，其创始人正是赫芬顿邮报联合创始人肯·莱勒（Ken Lerer）。赫芬顿邮报作为互联网时代的产物，其联合创始人自然拥有丰富的互联网新闻工作经验。因此，Now This News 将短视频、社交性、新闻、共享等多种元素杂糅起来，创造出全新的新闻阅读方式——短视频新闻。

相较于国外成熟、完善的运营模式，国内短视频新闻起步较晚。2014 年新华社推出国内首个新闻资讯类短视频平台“新华 15 秒”，短视频新闻正式进入中国媒体和大众视线中。然而，并非所有的视频新闻都适合 15 秒的时长播放，刻意求“短”反而忽视了视频新闻本身的发展逻辑，不久产品便消失在应用商城中。2015 年，新华社全新客户端上线。客户端中的资源大多来源于原有网站和纸质稿件，所谓的融合与创新仅仅是完成一次线下资源的线上搬运，并未针对平台和资源做出相应修改。无独有偶，央视新闻客户端也按照这一模式运营。

尽管搬运省时省力，还能创造更多的阅读量，然而忽视了平台特性和受众特点，这种“照抄照搬”难免显得僵硬，传播效果较为有限。

2. 成长期（2016—2018 年）：各大媒体布局短视频领域，探索更多可能

2016 年 11 月，澎湃新闻原 CEO 邱兵成为“梨视频”的创始人，开启了短视频新闻生产的新模式。“梨视频”通过“自发投稿”“有偿招募”等形式组建了一批网民记录者，称他们为“拍客”。“拍客”可以随时记录身边发生的大小事，然后将这些视频上传至“梨视频”平台，由专人审核后发布。最后，根据视频播放量给予相应报酬。在这种模式运作下，越来越多的人加入“拍客”团队，为“梨视频”平台贡献优质内容。这种集 UGC 与 PGC 模式于一体的生产机制，引发业界和学界的热烈讨论。

虽然如同邱兵一样“独立门户”的人少之又少，但各大主流媒体进军短视频新闻的步伐并未停止。一方面对现有团队进行重组，改变生产模式和分工；另一方面，在现有资源基础上构建短视频新闻品牌，搭建短视频新闻平台。新京报是其中的佼佼者，2016 年 9 月，新京报旗下的“我们视频”上线，主打社会新闻，随后“动新闻”“局面”等视频节目上线，分别以漫画新闻、人物访谈等体裁在短视频新闻领域取得一席之地。新京报通过发展子品牌的方式，形成短视频新闻矩阵，强化母品牌力量。

经过部分主流媒体的实验探索之后，越来越多的官方媒体、主流媒体涉足短视频新闻领域。2017 年，浙江日报报业集团上线“浙视频”；2018 年全国“两会”

期间，新华社“媒体大脑”引发行业热议；人民网、中青网也纷纷开始培养短视频人才，致力于打造知名的、优质的短视频新闻品牌。

不同的商业模式，不同的生产方式，都为短视频新闻发展提供了充足养分和无限可能。在迈向短视频新闻这一领域时，媒体内部也释放出新的活力和创造力。

3. 成熟期（2018 年至今）：入驻短视频、社交平台，量体裁衣

短视频新闻行业逐渐发展壮大后，平稳迈入成熟期。这一阶段，各大短视频新闻媒体已经对互联网的传播规律和各平台的特色有所了解，能够根据当下的用户使用习惯，“量体裁衣”，发布用户喜闻乐见的短视频新闻。

短视频行业的不断壮大，意味着短视频用户的不断积累。一时间，各大新闻媒体纷纷入驻短视频平台、社交媒体平台，借以完成内容的多次分发。不少媒体还根据平台特色对发布内容进行调整。《主播说联播》是中央广播电视总台新闻新媒体中心于 2019 年 7 月推出的短视频节目，该节目邀请《新闻联播》主持人出镜，并针对当天的新闻事件发表评论，语言通俗易懂，画风干净利落。值得注意的是，《主播说联播》整段视频采用竖屏的方式录制，而非传统电视的横屏拍摄。该档视频节目并不在传统电视媒体上播放，只在新媒体平台上播放。这种针对移动端平台做出的细微调整，足以看出运营团队对互联网传播规律和用户阅读习惯的深入把握。竖屏便于用户观看，有利于提升用户体验。

（四）短视频新闻发展中的变化

1. 生产方式变革：从 PGC 到 PUGC

传统媒体时代，采编人员在新闻生产中充当着把关人的角色。出于新闻舆论工作要求、组织性质、职业原则等因素，采编人员对于新闻有着一系列严格的筛选程序和标准，因此是一种专业化生产模式（PGC 模式，Professional Generated Content），这体现了新闻从业者的职业价值和职业素养。互联网时代的分享精神对这一模式造成了冲击，短视频大行其道的重要原因之一便是用户能够上传原创内容（UGC 模式，User Generated Content），并将其分享给其他用户。在这一过程中，对信息的筛选仅凭个人好恶，缺乏理性客观、系统全面的评价体系。即便是在短视频平台建立起完善的监督管理机制之后，这种来自平台的把关，仍然是后置的、不及时的，容易出现网络乱象。

短视频新闻的出现为互联网时代的把关提供了新的方式——PGC + UGC，即 PUGC（Professional User Generated Content）模式。PUGC 模式一方面保证了用户分享的自由度，有利于用户资源的合理利用和平台优质内容的积累；另一方面，用户分享至后台，先由专业的从业人员按照平台管理规则进行审核，能够有效避免色

情、谣言等诸多不良信息的发布。PUGC 模式仍然是一种前置的、有效的、及时的把关方式，值得其他性质的短视频平台借鉴、学习。

2. 表达方式变革：从单一走向多元

短视频新闻一路高歌前进的过程，也是其表达方式变革的过程。越来越多的垂直型媒体出现，短视频新闻体裁不断丰富，表达方式也越来越多元。

传统的视频新闻往往通过镜头语言潜藏无尽的深意，再配以主播字正腔圆的旁白，突出新闻的严肃性与客观性。短视频新闻敢于打破这种刻板单一的表达方式，积极活用互联网文化资源，将其纳入新闻的叙事框架之中，网络金句、段子、表情包成为短视频新闻中的“常客”，VLOG 新闻、动画新闻也逐渐成为媒体报道的主要方式。这些话语表达在一定程度上消解了新闻的严肃性，强化了新闻的趣味性。

3. 媒体身份变革：从媒体到平台

媒体平台化、平台媒体化是短视频新闻在发展过程中呈现出的重要特点。为了提升资源的有效利用率，大多数媒体通常采用“搭建平台－入驻平台”的模式完成新闻的多渠道分发，短视频新闻机构既承担着发布消息的媒体角色，也承担着内容聚合的平台特色。

传统媒体时代，大多数媒体机构只需要承担起记录、发布新闻的责任，极少会出现大规模征集内容的场景。短视频新闻机构一方面在更大的社交媒体平台担任着信息发布者的重要角色，另一方面在自己搭建的平台体系内担任着内容聚合、分发的角色。一旦出现投稿内容在社交媒体平台上传播的情况，短视频新闻机构则需要在媒体和平台这两个身份中随时切换，以便于信息的顺利交换。

二、短视频新闻的意义

短视频新闻的出现，不仅意味着新闻业务的一次全新调整，也显示了新闻内部生产结构和传播格局的变化；对于传统意义上的“受众”而言，短视频新闻的出现极大程度上优化了观看体验，也在无形之中改善了受众的被动地位；从更加广泛的角度来看，优化新闻呈现方式有利于提升媒体的引导力和影响力，特别是对于主流媒体而言，对社会主流价值观和舆论的引导具有积极意义。

（一）对新闻传播领域的影响

1. “去组织化”生产模式释放更多活力

传统媒体时代，新闻生产牢牢掌握在专业的新闻机构手中，并在内部形成了记者—编辑—主编这样的金字塔式管理体制。每一条新闻都需要经过层层审核，才能最终呈现在大众面前。互联网技术的出现改变了新闻生产的方式，普通大众成为新闻素材的重要来源，是当代新闻业生产中的重要一环，新闻生产的实践模式开始转变为协作性新闻策展①。“去组织化”成为新闻生产模式的重要特征。

传统媒体虽然有一套严格的操作规范和选择标准，但是规范化也意味着新闻从业者不得不小心谨慎地生产、发布、传播新闻，在“贴近实际、贴近生活、贴近群众”方面往往有所欠缺。短视频时代积累出的“分享”经验，有效嫁接至新闻领域，用户积极为平台方贡献内容，人人都是社会的记录者。一些具有社会性、趣味性，符合平台风格的视频内容往往会被平台方采纳，进而编辑成短视频新闻在平台上发布。部分平台甚至开始尝试建立专业的拍客团队，提升 UGC 内容的质量。不论是物质报酬还是自我满足，可以确定的是，当代新闻业正在努力构建一个对用户友好的环境，鼓励大众参与到新闻生产活动中来。“去组织化”的新闻生产模式，扩大了新闻生产的队伍，释放出更多的创作力和活力。

2. “去中心化”传播格局贴近新闻真相

传统媒体时代“一对多”的传播模式，在互联网技术的冲击下逐渐瓦解，每一个新媒体使用者不仅是新闻的提供者，也可以成为新闻的发布者和传播者。“一对多”的单向线性传播模式转换成“多对多”的网络传播模式，媒体的权力被分散，“去中心化”成为当代新闻传播的重要特征。

互联网时代下，传统媒体“议程设置”的功能有所减弱，在议题设置和舆论引导等方面的优势受到冲击，新媒体每一次的转发评论都可能引发不同的声音，每一个传播节点都意味着一次潜在的文本修改。由于短视频播放时长有限，信息容量相对较小，再加上多数内容为用户提供，因此在传播过程中难免会出现细节缺失、信息错漏等情况。短视频新闻的社交化为用户和媒体的沟通提供了可能，用户可以及时有效地对媒体进行质疑和追问，甚至可以凭借自身拥有的社会资源对视频内容进行补充或纠错，成为推动新闻发展的重要力量。“去中心化”的传播模式让新闻在传播过程中得以不断被质疑、纠正、补充，有利于社会大众了解事件的真实全貌，一步步走向真相。

3. 新闻理念不断重塑

短视频新闻和传统的文字新闻使用的语言不同，二者所面临的传播环境也不尽相同，因此，传统的新闻从业者需要转变思维、提升技能才能适应现代新闻传播事业的发展规律。在这个过程中，围绕新闻和新闻从业者的相关理念也处在变化和流

① 陆晔、周睿鸣：《“液态”的新闻业：新传播形态与新闻专业主义再思考——以澎湃新闻“东方之星”长江沉船事故报道为个案》，《新闻与传播研究》2016 年第 7 期。

动之中，一些要素被遗忘在媒体的黄金年代，一些要素获得空前的重视，一些新要素也成为评估新闻好坏的重要标准。

从新闻的专业性来看，越来越多的普通民众参与到新闻生产的各个环节之中，新闻工作者难免会对所学的专业知识、所遵循的专业准则产生怀疑，行业准入门槛降低的同时也会带来职业认同感的降低。用户生产的粗糙内容，只要标题足够炫目也能够吸引大众观看，这对专业的新闻媒体造成冲击。

另外，新闻中强调的要素有所变动。短视频新闻主要依靠镜头语言，将充分还原新闻现场原貌作为其主要目标①，大大提升了突发事件的时效性，“无图无真相”的时代悄然变成“无视频无真相”的时代。与此同时，画面的美感、清晰度、完整性、冲击力等诸多元素成为大众衡量新闻好坏的新标准。短视频新闻不仅仅是业务的革新与升级，也是新闻理念和职业素养得以重新被审视的重要契机。

（二）对用户的影响

1. 满足用户的信息需求

短视频新闻的出现有利于优化观看体验，提升了新闻阅读的质量。一方面，各大媒体在短视频领域开疆拓土，发掘空白市场，进行差异化竞争。有些主打国际新闻，有些主打国内新闻；一些专注社会趣闻，一些深耕政治要闻，在新闻类型和体裁上满足用户需求。另一方面，短视频本身就是集图片、文字、音乐等多种语言于一体的富媒体表达手段，再加上技术手段的支持，如 AR、VR、人工智能等，它能够迅速为用户提供新闻阅读的情景，增强新闻的临场感和真实性，加强和用户之间的情感共鸣，提升新闻素材的感染力。

短视频新闻的种种优势，为其打开市场提供了便利条件，用户对短视频新闻的数量需求越来越庞大。在发展的早期，由于技术不够成熟、团队人手不足、运营经验欠缺等因素，短视频新闻一度成为稀缺资源。随着互联网技术和社交媒体平台的不断发展，资讯类短视频平台如雨后春笋一般涌现，短视频新闻生产流程的逐渐优化，再加上 PUGC 模式的广泛应用，短视频新闻被大量投放至新闻市场，数量不足的问题得以解决。

2. 为用户赋权

短视频新闻的出现改变了媒体和用户之间的权力关系。在“一对多”的传播模式下，媒体掌握着大量的信息资源，受众仅仅是被动的信息接收者，缺少信息的反馈和交流机制。新媒体平台的不断发展，降低了信息获取的难度，“用户思维”

---

① 桑志民：《关于融合·场景·社交——短视频新闻报道的功能性探微》，《科技传播》2019 年第 9 期。

成为互联网时代中产品运营的核心理念。对于短视频新闻这一行业而言，更是如此。

短视频新闻强调还原现场，这就要求新闻记者必须保持时刻“在场”的状态。显然，由于时间和距离等客观因素，这一要求不可能永远满足。因此，处于新闻现场的普通民众便成为消息的重要来源，他们手中掌握着新鲜、贴近的视频资料。

同时，短视频新闻有效地提升用户的社会参与度。短视频新闻由于时间短、信息容量小，因此得以用更加直接、简单的方式揭示新闻事件的重点，有效提升用户对新闻事件的深度理解。当遇到严肃的新闻事件时，借助社交平台提供的话语空间，形成自由的意见交换市场，更容易引发用户们的大规模讨论，甚至演变成舆情事件。

（三）对社会的影响

新闻资讯向来是主流媒体的优势所在，发展短视频新闻业务是提升媒体传播力、引导力、影响力、公信力的必然之路。人民日报、央视新闻、中国青年报等主流媒体都投入到短视频新闻生产之中，并取得了优异成绩。例如，人民日报从 2018 年 9 月入驻抖音平台，至 2020 年 8 月在抖音的粉丝数便已突破 1 亿，成为抖音首个粉丝破亿大号。短视频新闻整合主流媒体的资源优势、技术优势、平台优势等，展现出全新的活力和创造力，为讲好中国故事提供了更多渠道和方式。

第二节　不同类型媒体的短视频新闻特征

从传统的新闻到短视频新闻，是新闻形式的变化，实际上也意味着新闻思维的改变。媒体必须找准自身的定位和着力点，才能使短视频新闻发挥其传播效能。

一、短视频新闻的崛起

一般而言，短视频新闻时长在 5 分钟以内，主要通过网络播放和传播①，可在多个社交平台上实时分享②。腾讯新闻 ConTech 数据实验室发布的 2019 短视频 Z 世

① 梁湘毅：《短视频新闻语言的嬗变及其传播效能》，《学习与实践》2019 年第 11 期。
② 常江、徐帅：《短视频新闻：从事实导向到体验导向》，《青年记者》2017 年第 21 期。

代用户研究报告指出："只要手机还攥在年轻人的手里，短视频的热度就会继续升温，新闻短视频的用户规模就会继续攀升。"① 这形象地说明了当下的移动化背景对短视频新闻发展的促进作用。"新闻已进入了读秒时代"②，在当前移动化、碎片化、社交化的背景下，短视频的发展也迅速波及新闻行业，新闻短视频化成为新闻业发展的趋势之一。

不同类型的媒体纷纷进入短视频新闻生产行列。我国主流媒体人民日报、浙江日报、新京报、南方都市报等，各自开设了较有影响力的短视频新闻平台"人民视频""辣焦视频""我们视频""南都 N 视频"等，涌现一系列优秀作品，如人民日报社的《"中国一分钟"系列微视频》荣获第二十九届中国新闻奖媒体融合奖特等奖，中央广播电视总台的《鼓岭！鼓岭！》和天津"津云新媒体"的《臊子书记》获得第二十九届中国新闻奖媒体融合奖一等奖③。

二、不同类型媒体的短视频新闻实践

近年，媒体纷纷在短视频新闻领域布局，下面主要介绍四种类型媒体的短视频新闻实践，包括：传统媒体央视的"小央视频"、传统媒体新京报和新闻门户腾讯新闻合作的"我们视频"、商业媒体"梨视频"和美国赫芬顿邮报的"Now This News"。这几种类型的短视频新闻实践具有一定的代表性。

（一）传统媒体央视："小央视频"

"小央视频"是央视网的原创资讯短视频品牌，于 2017 年 8 月上线，涵盖时政、资讯、军事、热评、纪实、教育、科普等栏目，具体包括"习式妙语""现场""前线""青年说""快看""两会追追追""谁是王牌""我的军旅梦""威虎堂""比划""实励派""正是读书时""萌历史""机智过人"等板块（板块会因时而调整）。"小央视频"的一个优势在于，央视丰富的新闻资源能为"小央视频"提供充足的素材。"小央视频"常常会对原始新闻素材进行再加工。

（二）新京报和腾讯新闻："我们视频"

"我们视频"成立于 2016 年 9 月，是新京报和腾讯新闻合作推出的视频新闻项

① 《腾讯新闻 ConTech 数据实验室发布 2019 短视频 Z 世代用户研究报告》，https：//cloud. tencent. com/developer/news/490841，访问日期：2021 年 7 月 13 日。

② 王昕璨、高永利：《"读秒时代"下电视民生新闻的应对策略》，《当代电视》2018 年第 12 期。

③ 《短视频新闻如何打造爆款？这里有"风口"》，https：//baijiahao. baidu. com/s？id = 1651580610995922289&wfr = spider&for = pc，访问日期：2020 年 1 月 14 日。

目，主张“新闻视频看我们”，是国内较早的短视频新闻尝试。据报道，截至2019年上半年，“我们视频”日均生产原创新闻视频100条。2019年1月至10月，全网流量超过500亿，提前突破2018年整个年度流量记录，并开始进行商业化探索，推动新京报成为视频和文图报道齐头并进的内容生产平台。“我们视频”总经理王爱军在2019中国新闻视频高峰论坛上介绍，“我们视频”MCN矩阵总粉丝数超过1300万，日均阅读超过5000万，月均热搜话题上百个，常年稳居机构视频榜头部①。

（三）商业媒体：“梨视频”

“梨视频”是由澎湃新闻创始人邱兵于2016年7月开始创办，当年11月正式上线，定位为“资讯短视频”平台。“梨视频”创办初期定位为“独家时政类视听新闻”，一开始便从众多短视频平台中脱颖而出②；2017年起，其内容转向民生化和娱乐化；2018年起，其打造社区化“3公里资讯圈”和“中国60秒”项目，将众包机制与短视频新闻生产相结合。“梨视频”生产短视频采用PUGC模式，生产流程类似于传统媒体的“三审”流程，即“梨视频”中的“拍客”上传视频素材，平台进行筛选和后期编辑。拍客网络建设是“梨视频”的一个重要部分③。“梨视频”官方网站设置有新知、社会、世界、旅行、体育、生活、科技、娱乐、财富、汽车、美食、音乐、旗帜、拍客、万象等栏目。

（四）外国媒体：“Now This News”

“Now This News”是主打短视频的移动新闻服务App，由赫芬顿邮报的联合创始人肯·莱勒与前任CEO埃里克·海皮奥联合创办于2012年，是目前追溯到的最早的短视频新闻实践。它以时政新闻的短视频报道为主，同时提供财经、科技、娱乐等多个频道板块的新闻资讯④。“Now This News”目前的视频包含“Who Is”“Report”“Opinion”“Russia Desk”“Virgrinia 12th”“Global”等栏目，在中国也有“Now This News”官方新浪微博。

---

① 倪兆中、刘名洋、徐茂祝：《新京报社将把新闻视频化推向全领域》，《新京报》2019年10月26日第A10版。

② 王楠：《资讯类短视频内容运营策略——以“梨视频”为例》，《青年记者》2019年第2期。

③ 姚心璐：《独家对话丨梨视频CEO邱兵：初试电商，不怕拥抱新事物》，https://baijiahao.baidu.com/s?id=1631127695660698766&wfr=spider&for=pc，访问日期：2020年1月14日。

④ 张晗：《探析短视频在新闻资讯表达上的应用前景——以“梨视频”为例》，《新闻爱好者》2018第7期。

三、短视频新闻的特征

媒介技术变迁催生了短视频新闻，短视频新闻作为一种新的新闻形式，也有其独特的新闻语言。“媒介技术变迁对新闻生产的变革是系统性的，短视频新闻的语言、文本结构已经与传统电视的新闻语言和体裁有着很大的区别”。短视频新闻具有“语言要素极简化、语言叙事场景化、语言形式视觉化”等特点[①]。本书结合已有的相关研究成果，以及短视频新闻实践的具体案例，从生产特征、形态特征、叙事特征、传播特征四个方面进行分析。

（一）生产特征：生产门槛较低，PUGC 生产模式逐渐流行

不同的新闻形式有着不同的生产逻辑。在互联网环境下，短视频逐渐成为主流的信息表达方式，这也引发了人们对视频生产流程再造的思考[②]。与传统新闻相比，媒体生产短视频新闻时有不同的生产逻辑，这使得短视频新闻有其独特的生产特征。

伴随智能手机的快速发展，人们不再需要依靠传统的、笨重的视频拍摄设备，只需一部手机就能完成拍摄。短视频新闻制作的门槛降低，这也使得普通用户可以成为新闻生产的重要参与者。“梨视频”就有庞大的拍客网络，这些拍客是其外部拍摄人员，全球拍客网络、专业团队和编辑团队三者结合是“梨视频”的核心生产模式。为了保证拍客网络的运行和拍客拍摄视频的可信性，“梨视频”可以获取拍客可信的个人信息，和拍客保持日常联系，并要求拍客每个人向“梨视频”上传 10 条以上的素材[③]。如“梨视频”2017 年的互联网爆款视频——探访“冰花男孩”视频，就有拍客参与生产[④]。

PUGC 模式能使新闻兼具个性与专业性，用户可以根据自己感兴趣的话题拍摄相关视频并上传，收集丰富的内容，然后由专业媒体对视频素材进行核实、处理再发布。PUGC 模式也能更好地契合融媒时代新闻生产的用户思维，满足用户的媒介内容消费需求，而用户思维是媒介融合的关键[⑤]。此外，PUGC 模式通过调动遍布全球的用户，也能提高素材收集速度和内容生产效率。

---

① 梁湘毅：《短视频新闻语言的嬗变及其传播效能》，《学习与实践》2019 年第 11 期。
② 宋菁菁：《互联网视频新闻的运营法则》，《新闻与写作》2019 年第 1 期。
③ 孙翔：《梨视频拍客体系如何运作》，《新闻与写作》2018 年第 2 期。
④ 同上。
⑤ 伍盈：《从 2019 两会报道看媒介融合中的用户思维》，《出版广角》2019 年第 20 期。

当然，媒体的短视频新闻实践中依然存在 PGC 生产模式，比较明显的就是"小央视频"，因为"小央视频"主要依托于央视丰富的视频素材。同样，"我们视频"强调专业性，视频的制作主要依赖于新京报专业团队，"追求新闻和视频的专业质量，其新闻主要集中在突发、社会、时政领域"①。不同于一般的短视频，新闻短视频的生产无论是 PUGC 模式还是 PGC 模式，均强调专业性。

（二）形态特征

1. 时长短，适合碎片化消费场景

顾名思义，"短"是短视频新闻的基本特征。短视频新闻是在碎片化的背景下产生，因而媒体在生产短视频新闻时，也会把是否适合碎片化消费作为重要的考虑因素。例如，"小央视频"的素材大多来源于央视新闻丰富的资源，但是"小央视频"绝非仅为央视播出内容多提供一个播放平台，而是会对央视的视频进行选择以及再加工。"小央视频"上的视频时长大多是几十秒到几分钟，很少超过 5 分钟。2020 年 1 月 14 日"小央视频"发布的《考拉闯入民宅蹭水喝，狗狗举动超暖心》仅 20 秒，展现了考拉和狗狗在一起的温情时刻。

"我们视频"的视频大多也较短，如 2020 年 1 月 7 日的视频《男子"洗劫"一整车快递结果包裹越拆越傻眼》，仅用 45 秒就把男子"洗劫"快递的情况及结果说清楚了。

无论"小央视频""我们视频"还是"梨视频""Now This News"，其短视频新闻大多不超过 5 分钟，这种短小精悍的视频非常适合人们在休息间隙、候车期间等碎片化场景消费。但是，短视频新闻生产平台也并非一味追求视频的短。"我们视频"中也有一些相对比较长的视频，如 2020 年北京"两会"期间"我们视频"发布的《访谈丨北京市人大代表："反校园欺凌"应纳入中小学教育》，用 26 分钟 47 秒呈现了完整的访谈。这契合了"我们视频"运营者对新闻短视频的观点："对于视频新闻而言，长短从来不是问题，重要的是内容。"不过，"我们视频"同时也就上述访谈提供了几个 2 分钟以内的片段视频，以满足用户的碎片化消费需求。当然，短视频新闻并不是只要时间短就够了，"短视频新闻时长虽短，但并不意味着可以粗制滥造"②。

2. 横屏、竖屏视频兼有，竖屏视频逐渐流行

横屏视频和竖屏视频均有其呈现内容的优越性，带来不同的观看体验。研究者

---

① 汪文斌：《以短见长——国内短视频发展现状及趋势分析》，《电视研究》2017 年第 5 期。
② 何卓谦：《短视频不是只要时间短就够了》，《青年记者》2018 年第 10 期。

通过眼动实验发现，在人物访谈报道中，横视频能够更好地呈现主持人与受访者的对谈画面，使受众能更好地了解场景信息；而竖视频有助于将受众注意力聚焦到受访者的姿态表情上，使他们感知受访者情感，有更强的感染力。而在事件报道中，竖视频由于水平视域窄化而在传递信息时存在局限性，但也可以通过画面重构的方式来丰富信息表达，并且竖视频更适合呈现时间信息①。从短视频新闻实践的总体情况来看，横屏视频依然是主要的视频形态，但在以手机为代表的移动设备迅速发展的情况下，竖屏视频也逐渐成为一种重要的呈现方式。

以“小央视频”2020 年 1 月 14 日发布的竖屏视频《男博士被美发店请去吃饭，结果花了 119800 元做眉毛》为例，视频开始，男博士就以特写出现，这能使受众更加聚焦于这位新闻当事人男博士。当男博士提到其眉毛“像蜡笔小新一样被涂了一层黑”时，镜头给其眉毛一个大特写，极具视觉效果，也带有一些戏剧性，这是竖屏视频呈现新闻的优势。而从该视频对“银色美之家”美发店的呈现，我们也可以看出竖屏视频在呈现画面时的一些缺陷——仅呈现美发店店名中的“银色”二字，受众难以看到这家店的整体情况，难以了解新闻事件的部分细节。

3. 大多设置字幕，并用显著的方式呈现

在短视频新闻中，字幕是不可或缺的一个因素。目前移动视频新闻的字幕主要分为两种：一种是同期声字幕，即以文字形式呈现视频中的解说、采访等声音语言；另一种是补充说明型字幕，包含标题、背景、数据等，可以丰富视频的信息量②。除了这两种类型的字幕，也出现了表情包字幕以及类似弹幕形式的评论字幕。

“梨视频”会用特定的、显著的方式标注人物信息、地址信息，用字幕呈现受访者的话语并置于视频下方，也会用字幕呈现新闻内容，并用黄色标注关键内容，一般置于视频左下角。如 2020 年 1 月 15 日“梨视频”在其官方微博发布的《爱狗人士为流浪狗买年货被骗 3000 元》的视频，当受访者声音出现时，视频左下角标注“刘女士重庆爱狗人士”，并在视频下方用字幕呈现采访内容；视频左下角呈现的新闻内容，关键内容“为救助的 400 条流浪狗网购过年粮食”被标注为明亮的黄色。

与“梨视频”一样，“Now This News”的视频也会把新闻相关的信息用字幕形式呈现在左下角，并用黄色标注关键内容。“小央视频”和“我们视频”则会把一

---

① 闫玉荣、陈梓鑫、刘柯瑾：《用竖视频讲好新闻故事：基于眼动实验的新闻报道呈现方式研究》，《新闻爱好者》2019 年第 5 期。

② 常江、王晓培：《移动互联网生态下的视频新闻编排革新》，《编辑之友》2017 年第 9 期。

些日期、地点信息用特定的方式标注，并用相对更大的字体来标注新闻内容，但不会用鲜明的颜色来标注关键内容。

值得一提的是，“我们视频”的一些视频还会增加一些表情包字幕或者如弹幕形式的动态的点评字幕，极具娱乐性。

4. 除了事件原声，增加背景音乐或音效

和传统的电视新闻相比，短视频新闻更加生动，除了会加入新闻事件发生的环境音以及受访者的声音外，还会增加背景音乐或者音效，能给受众提供更好的观看体验，但是这也会导致新闻“去客观化”。如“小央视频”2020 年 1 月 14 日发布的视频《春运高铁版野狼 Disco 来啦　回家路上必备的 BGM!》，其中的音乐为一男一女演唱的结合高铁场景重新填词的《野狼 Disco》，介绍高铁特点以及注意事项，视频画面则展现了高铁站以及高铁环境、高铁乘务员细心服务场景、乘客乘坐高铁场景等，还有农民工、乘务员跳舞场景，具有较强的趣味性。

“我们视频”2020 年 1 月 15 日发布的视频《男子为泄私愤谎报警情　被教育还放狠话结局令人舒适》中，男子打电话报警以及警察被骗去救火的这个过程配了较为轻松的音效。救火本应紧张，这个较为轻松的音效给新闻增加了一些戏谑感，也为男子被惩罚的结局埋下伏笔。而当男子被判行政拘留，拍摄照片时则配了相机的拍摄音效，这些音效增加了新闻的趣味性。

5. 用移动、放大等效果给画面增加动感

用移动、放大等效果给短视频画面增加动感，常见于新闻素材是静态图片的情况。这种方式既可以使图片和视频的其他内容协调统一，也可以凸显一些内容。如“梨视频”2020 年 1 月 15 日发布的视频《首位女拖拉机手梁军去世，享年 90 岁》中，采用镜头逐步推进、放大的方式来展现梁军的一些老照片。

（三）叙事特征

短视频新闻不同于一般的短视频之处，就在于其具有较强的新闻属性。人们对新闻的看法一般包括时间性、重要性和趣味性（Immediacy，Importance，Interest）①。短视频新闻通常具备其中的一个或多个特征。在叙事方式上，短视频新闻与传统新闻亦有所不同。

1. 标题简洁直白，更具趣味性

短视频新闻的标题和封面是吸引受众点击的直接要素，具有极其重要的作用，因此如何设计标题也就成为短视频新闻生产者需要细细琢磨的问题。短视频新闻的

---

① 苏钥机：《什么是新闻》，《传播研究与实践》2011 年第 1 期。

标题往往比较简洁，直接呈现新闻的亮点，整体而言更加具有趣味性，语言风格较为诙谐。如“小央视频”一些视频的标题：《河南村霸成立“十八兄弟会”当上村干部，靠山称：霸道能镇住村民》用“村霸”“兄弟会”“靠山”“霸道”这些词，把河南董寺村党支部原书记狄治民的恶行直接呈现出来；《学校里“目之所及”她都下手 这个女校长太贪了》也是如此，“目之所及”“太贪了”直白地刻画了这个女校长的贪污行为；《江苏渔民捞获7个境外水下窃密装置 11人获奖励》则用数字来吸引受众。在国际报道中，如涉及外国领导人的讲话，“小央视频”则用一种非常接地气的方式来翻译其中的关键句子，如《土耳其总统：如果哈夫塔尔敢不停火就好好给他上一课》《演讲再遭抗议者“砸场” 特朗普：我打包票，她妈妈支持我》。

相对而言，“我们视频”的民生新闻短视频标题更具趣味性，例如：《小孩功课出错被打报警 民警“判案”神补刀：奖你本作业》。另外，“梨视频”的短视频新闻标题更简洁，均为“一行”标题。“Now This News”短视频新闻的标题也较为简洁。

2. 内容碎片化，单角度呈现核心内容

短视频新闻的基本特征就是短，视频时长短也就意味着能够容纳的信息量较少，这也导致很多短视频新闻是碎片化内容，只从单一角度呈现核心内容，较为完整地叙述整个新闻事件往往需要多个视频来呈现。比如“小央视频”2020年1月15日发布的视频《演讲再遭抗议者“砸场” 特朗普：我打包票，她妈妈支持我》，这个视频只呈现了特朗普在1月14日集会演讲时遭到一名女性抗议者打断，然后特朗普戏谑性地回应：“明天那些新闻的头条将这样写：‘抗议者们扰乱集会，一位抗议者，多么微不足道的声音啊’……她现在会回家找妈妈，但不会有好果子吃，因为我敢打包票，她妈妈肯定是特朗普的支持者……”但该视频没有告诉受众，特朗普在演讲中究竟说了什么、女性抗议者为什么会打断他的演讲等内容。

“梨视频”2020年1月15日发布的视频《突发！重庆汇北临街小吃店起火，现场浓烟滚滚》，仅仅呈现了火灾的现场情况，视频末尾注明“火灾原因调查中”，也没有说明火灾造成的具体后果。

大多短视频新闻没能呈现新闻事件的详细情况，但短视频新闻也有其优势，特别是在突发事件报道中。短视频新闻一般发布快，易于传播，能够让受众尽快了解事件的基本情况。

3. 选题多元，侧重软新闻

短视频新闻选题涵盖的领域非常广泛，从政治时事到民生小事，从严肃新闻到娱乐新闻。相对而言，短视频新闻更侧重软新闻。硬新闻指的是“题材较为严肃，着重于思想性、指导性和知识性的政治、经济、科技新闻”①；软新闻更加关注与众人利益相关的公共事务，侧重展现新闻中具有戏剧性的、轰动效应的、人情味的和人物性格特征方面的因素②。基于自身平台的属性，“梨视频”软新闻的比例更高，从它设置的栏目可以发现，其一般只有《世界》《科技》《财富》等少数栏目会涉及硬新闻短视频，更多的是和社会、生活、娱乐等方面相关的软新闻。

此外，短视频新闻叙事倾向于使用软性方式呈现，即便是硬新闻也会进行“软处理”。前述短视频新闻的一些标题，就是对硬新闻进行“软处理”的一种体现。“梨视频”2020 年 1 月 14 日发布的视频《如何用微信新表情评价评价这些车?》，仅用最新发布的微信表情来对一些车进行评价，严谨性降低，但是可以给受众一个直观、直接的初步评价，颇具娱乐性。

4. 叙述有温度接地气，重人文重情怀

视频可以呈现多感官维度的信息，更容易调动受众情绪，因此也更适合传递一些和人文情怀相关的新闻，短视频新闻通过有温度、接地气的叙述，能够达到更好的传播效果。

“小央视频”围绕春节返家这一主题所做的一系列视频就是典型例子，画面温馨，叙述平实，真实又接地气，容易突破受众内心柔软的防线而打动他们。如 2020 年 1 月 15 日发布的《他们在回家的列车上笑着笑着眼眶湿润了……》，一个个归家的人，讲述自己归家后要做的事、最惦记的人、为惦记的人带的东西、想对惦记的人说的话等等，平实的新闻语言道出的是很多受众的心声，也因此能很容易地感染受众。

“人文情怀”，即把人的价值放在最高位，尊重生命，是“我们视频”的关键词之一。“梨视频”创办人邱兵在接受访谈时提到，希望通过讲述比较温情的故事，做一个能传递正能量、价值观的平台。“梨视频”有两个原则：一是真实性；二是以“讲述国家的细节”为核心③。

（四）传播特征：多渠道分发，传播社交化

在社交媒体时代，短视频新闻的分发渠道更加多元，传播渠道趋向社交化。

---

① 甘惜分主编：《新闻学大词典》，河南人民出版社，1993，第 11 页。

② Matthew A. B. , “Soft news and political knowledge: evidence of absence or absence of evidence?,” *Political Communication*, 2003, pp. 173 – 190.

③ 姚心璐：《独家对话丨梨视频 CEO 邱兵：初试电商，不怕拥抱新事物》，https://baijiahao.baidu.com/s? id = 1631127695660698766&wfr = spider&for = pc，访问日期：2020 年 1 月 14 日。

"小央视频"除了有其官方网站外，还有官方新浪微博、微信公众号、抖音号；"我们视频"除了在新京报官方网站、App上有其专栏外，也有官方新浪微博、微信公众号、快手号；"梨视频"有App、官方网站、官方新浪微博、微信公众号。短视频新闻可以通过多个渠道进行分发，而微博、微信、抖音、快手等平台使短视频传播可以变得社交化，更好地发挥传播效能。

第三节　短视频发展存在的问题

短视频在网络社交中的风行，进一步凸显了图像观看的碎片化特征。与以往的影视作品相比，短视频不仅在时长上表现出短小精悍的特征，在结构与意义上也大多不够完整深刻。时长之短使得这一类图像内容无法获得足够的叙述空间，却正好适应了移动互联网的碎片化传播需求，其发展不可避免地存在一些问题。

一、作为技术的短视频

技术进化源于对自然的征服，即应用于自然、改造自然。技术与自然的力量斗争由来已久，在我们这个时代更加激烈。当前，短视频平台的火热已经使得短视频技术的发展不断细化，也在潜移默化中推动技术的进化、权力的重新分配和社会的剧变。

（一）技术进化与媒体权力

身体来源于自然，技术从增强身体（提高生产效率，缩短地理距离）到模仿身体（人工智能，基因工程，人造器官）。我们了解技术的细节，却无法把握技术的历史、整体和一般性法则，及其如何形塑社会。正如美国著名经济学家内森·罗森伯格（Nathan Rosenberg）用"黑箱"概括技术，我们试图从技术的外部理解技术。短视频技术的发展是技术进化的一部分。类似于达尔文的生物进化论"优胜劣汰，适者生存"，短视频技术的混乱时期已经过去。改变混乱、重建规则、重新兼并整合是当前短视频发展面临的主要问题与变革机遇。

从政治经济学角度来看，媒体权力（media power）使媒体拥有了当今世界的一种特殊地位。媒体权力体现在经济、政治、技术和文化等多个维度，对象征性资源的分配起着组织作用。布迪厄认为象征性权力"通过话语来构造现实"，是最好的“社会整合”工具。短视频平台的火爆使得媒体权力被进一步分散，精英的权威性被淹没在视听碎片之中。报纸、电视的传统媒体逻辑面临短视频革命时，其盈利模式、生产模式和生态链开始瓦解。受众不再是按部就班地接收报纸的读者和准时收看电视节目的观众，而是变成算法推荐机制下从各种网络渠道获取新闻的用户。当前，各大媒体积极布局短视频新闻，促使短视频成为重要的新闻资讯发布方式。

（二）短视频的技术性影响

短视频平台赋予用户进行生活化呈现的可能性和自由度。网络时代，用户将自行制作的图像内容发布于网络平台，这使得“影像表达从高高在上的专业殿堂走入寻常百姓中，从代言‘日常化’生活的工具，变成了人们直接沟通的日常话语本身”①。这些出自非专业制作者之手，以社交为目的的网络影像，往往取材于日常生活，其中大部分并不经过专业编排，没有多机位的镜头切换和专业的剪辑，而是以最为原始和真实的方式进行现实生活的影像呈现，故表现出典型的生活化特征。同时，生活化的题材更容易与观者形成互融共通的理解语境，更可能引起情感共振和情绪共鸣，从而激发互动行为。

具体而言，碎片化的观看特点体现为“短、浅、快”。首先，视频时长往往短小。时长之短使之更能适应移动互联网时代用户的碎片化时间，无论是制作还是观看短视频，都无须耗费过多精力，可随时随地完成。其次，内容浅显，无须深度思考。一方面是因为短视频难以表达深刻的含义，另一方面因为观看时间碎片化，用户无法将整段时间投入思考而只能流于表面。最后，观看速度快。大多短视频应用将短视频间的切换设置得十分便利，仅须上下滑动屏幕即可切换视频内容，而内容的浅显使得用户偏向于捕捉即时的意义，进行浏览式的快速观看。这样的观看特点决定了短视频的题材内容偏向生活化、人性化和社交化。受技术特性和传播机制的影响，短视频也更易产生“上瘾效应”和“模仿效应”。

二、短视频发展的问题与反思

（一）传媒公共性与短视频平台价值观

“传媒公共性”理论在西方语境中有其发展脉络，该理论在国内的挪用与改造过程中，成为我国传媒改革的理论资源。一方面，在经过报纸、电视等媒体的舆论

① 王晓红：《论网络视频话语的日常化》，《现代传播》2013 年第 2 期。

监督实践以及其话语体系的构筑后，传媒的公共性更进一步体现为坚持新闻专业主义，保持采、写、编、评的客观和中立。另一方面，在国家的历史背景下，传媒的公共性并不是不受国家干预、自由讨论的公共领域，也不是受资本和商业操控的绝对空间。当前我国的传媒公共性的重构要以实现人民当家作主为目标，将国家所面临的形势与挑战融入和传达到日常生活中，形成国家建设和个人发展相关联的社会责任感，培养主人翁精神①。

然而，当前新媒体传播渠道的出现，尤其是流量规则模糊了文化批判和文化消费之间的界限。正如马克·波斯特所言，新技术条件下产生的新传播模式，将"是对交往传播关系的一种全新构型，其中制作者、销售者和消费者这三个概念之间的界限将不再泾渭分明"②。海量的娱乐性内容使人沉浸在碎片化娱乐中，而忘记了反思的重要性、参与公共事务的责任感和国家情怀。短视频是公民线上参与的重要途径之一，人民日报、中央广播电视总台等主流媒体入驻抖音、快手等短视频平台，以及播放量、点赞数的逐步上升，体现了我国媒体融合、舆论引导效果增强的巨大成果。有许多短视频引发的公共辩论带来了可见的政策性变化，一部分是国家规范行业发展政策，另一部分是有利于社会发展的政策。短视频作为公共联系方式的一种，将数字用户的日常媒介实践也带入了大众文化生产③。其中，事实性的内容、偏颇或公正的意见以及有益的对话往往交织在一起，普通用户尤其是青少年用户在进行日常数字消费时难以区分，眼前的东西究竟是流行文化还是公共议题？究竟是恶搞潮流还是新生事物？这一传媒公共性的难题还需要回归日常媒介生活，去检验短视频与其他的社会实践是如何发生冲突、互动以及相互适应的。

（二）UGC 偏向的不足

UGC 是一种泛在的用户参与模式，不仅满足了用户的表达需求，也给平台带来了一定的内容价值。这种生产模式偏向决定了短视频生产的本质，它突破了团队按周期制作的框架或者长视频截取的模式，转而向一种情感体验、声音强化和氛围营造的用户连接和用户对话方式变化。这样的眼球吸引式媒体逻辑会带来一个严重的问题，那就是"黄钟毁弃，瓦釜雷鸣"，意指有才能的人被弃之一旁，而哗众取宠之辈却走向了舞台中央。虽然人的喜恶是主体原因，但这也是短视频平台的短时间视觉接触机制和算法推荐机制所促成的。轻松的"切换"代价使得视频的内容

① 黄艾、张晓星：《传媒公共性：西方理论与中国经验》，《现代传播》2018 年第 4 期。

② ［美］马克·波斯特：《第二媒介时代》，范静哗译，南京大学出版社，2005，第 173 页。

③ Manovich and Lev, "The Practice of Everyday (Media) Life: From Mass Consumption to Mass Cultural Production?," *Critical Inquiry*. 35 (2): 319 -331.

以及其中的社会价值难以分辨，有热度的内容往往不一定有价值，恶搞的用户反而更容易成为“网红”。

基于用户兴趣推荐的算法机制，极易使普通用户的无价值信息泛滥，有价值信息匮乏，从而形成“信息茧房”，并可能在不同的社群中形成“知识壁垒”，在客观上扩大知识鸿沟，对不同信息的分辨能力不同，将更进一步加大不同群体之间的分层。简而言之，容易接受刺激性、有偏见信息的用户，则会更多地接收到平台推送的此类短视频，其思维容易固化。而有独立思考能力、有信息辨别能力的用户，则会有差别地看待推送的内容，合理运用“举报”“不感兴趣”等算法反馈机制，不断修正自己所接触到的信息，避免陷入“信息茧房”。

在这一背景机制下，平台的价值观导向就显得尤为重要。如果平台任由其用户上传短视频，甚至鼓励某一类容易吸引流量的短视频发布，那么这个平台就直接影响了用户所观看的内容，每个平台所呈现的短视频景观自然就不同。当然，也有用户媒介素养等很多其他方面的因素影响平台的自净能力。那么，如何在这一系统中统筹短视频生产、分发、评价体系、流量变现的各个环节，使之作为互联网生态环境大循环中的一个小循环正常运转并发挥自净能力，就成为一个问题。这也是UGC偏向的所有应用平台都需要解决的问题，而在这之中起到关键作用的就是平台自身的价值观。

（三）消费时代短视频内容

当前短视频内容已经由最初的野蛮生长转向了垂直领域发展，题材与内容多样，有场景剧、情感、理财、学习、时尚、美食、舞蹈、唱歌等多种类型。在原生和自制内容以外，数字复制与意义重构也成为短视频内容生产的典型方式。复制并非网络时代的新特征，早在计算机诞生之前，摄影术、电影等被本雅明称为“机械复制”的媒介技术和形式就已经成熟。本雅明认为，艺术品具有即时即地性，即它在问世地点的独一无二性①，而这一成分即便在最完美的艺术复制品中也难觅其踪。“机械复制”打破了传统艺术品生产与观赏的即时即地性，及其本身的独一无二性，在抹去传统图像作品“光韵”的同时，也催生了新的短视频形式。

短视频平台不仅是内容的生产空间，更多的是用户的消费空间。这里的消费一是用户观看视频打发时间的内容消费，二是用户通过链接直接跳转到网络销售渠道的商品消费。在这个消费的网络场所里，个体不再反思自己，而是沉浸到更为轻松的对人、物和符号的凝视中，沉浸到社会地位秩序中。正如波德里亚所说，“消费

① ［德］本雅明：《机械复制时代的艺术作品》，王才勇译，浙江摄影出版社，1993，第95页。

的主体，是符号的秩序”①。市场的需求推动了短视频内容生产的海量化，但其多样性及优质内容增长仍有不足。除了用户生产的内容，平台应更多在优秀生产团队方面加以扶持，从而挖掘、提升内容价值，加大对创作者的扶持力度。优质的内容是平台的生命，在充满符号和物欲的消费时代应保证有可持续发展性的优质内容来源。

（四）短视频舆情监测

短视频本身的画面感、临场感更强，感染力也更强。由于技术的局限性，短视频内容的监测不容易实现，因而其价值观导向更加隐蔽，监测难度更大，给舆论治理也带来了新的挑战。因此，短视频平台自身的内容审核机制很重要。

在技术与商业逻辑的主导下，网络短视频在跨平台、短时传播中扩大了社交影响力，已经不再是单个平台内的传播。以抖音视频为例，其内容可直接缓存至用户手机，并在微博、微信、QQ 等其他社交平台上进行分享传播。因此，其议程设置能力不容小觑，并且补偿了动态影像的缺位。网络世界瞬息万变，舆情议题转变快，在短视频这种信息传播渠道中，收集和反馈信息会受到诸多因素制约。

2018 年 10 月 28 日的重庆公交车坠河事件，从实施救援到真相公布仅历时五天。公交车内部的黑匣子所记录的视频内容，对整个事件的舆论风向起了关键性的引导作用。11 月 2 日，从黑匣子中提取的视频片段，还原了事发缘由，及时扭转了舆论局面。同时，这一事件也使公共安全、社会公德和职业道德等议题再次被提上公众议程。在短视频所构造的消费景观社会，公众往往依靠短视频获知热门事件的相关信息。短视频拍摄者或编辑者对某一事件进行框架建构的角度，会影响人们对问题的界定、对原因的判断、对道德的评估等。一旦短视频议程设置中的某一环节出现问题，社会功能结构中负面、敏感的现象必然会在社会舆论场域激起涟漪，舆论引导的难度也将越来越大。

（五）新闻伦理边界模糊

网络新闻伦理是人们通过网络媒体进行新闻交流时所表现出来的各种道德关系，包括人与人、人与社会、人与媒体对象等之间的关系②。在网络短视频传播过程中同样也存在着伦理关系，同时短视频新闻的边界也逐渐被模糊化。

网络传播中的主要问题是虚假性信息多、侵权现象严重、网络新闻低俗化取向

① ［法］让·波德里亚：《消费社会》，刘成富、全志钢译，南京大学出版社，2006，第 162 页。
② 钟瑛：《论网络新闻的伦理与法制建设》，《新闻与传播研究》2000 年第 4 期。

严重①。短视频新闻的虚假视频、侵权视频和低俗视频仍然存在，且数量庞大，治理这些短视频需要用技术和人工相结合的方式。在技术发展和娱乐化的环境中，用户隐私泄露问题不得不令人深思。娱乐化的自我表露，已经成为现代公民隐私泄露的新特点。

短视频新闻一方面在即时性方面有要求，另一方面又要保证准确性，这样就造成了流量与道德的冲突、伦理边界的模糊。尤其是短视频生产、上传的低门槛性，使得缺乏价值观引领作用的视频新闻被拍摄、传播到短视频平台、微信、微博等应用。除了个体用户偶然上传的突发事件视频以外，还有许多专业的拍客群体，甚至有些用户为了博眼球有目的地制造或者剪辑视频。例如，2019 年在网络上广为流传的一条短视频中，一个大爷在 4S 店中要求以广告上 12.98 元的价格购买一辆汽车，引发网友的讨论，最终这次事件被证实是 4S 店为了营销专门策划的短视频。还有许多短视频中使用了 AI 换脸的技术，这对被使用面孔的明星或者其他普通人来说很可能构成侵权。此外，许多断章取义、张冠李戴的短视频案例，都带来了伦理问题。

三、建设性的短视频新闻与社会交往

在技术的推动下，感官的融合与短视频新闻的趋向不谋而合，但短视频新闻不能单单走向感性，具有建设性的短视频新闻才应当是媒体的目标。多感官融合体现着人类对媒介感官平衡的追求。在美国学者莱文森看来，“原始延伸通过延伸一种或两种而非全部的知觉器官从而改变知觉平衡，此外，之后出现的技术倾向于把知觉范围延伸得更广泛，以此来修复丢失的平衡”②。

社交作为人类的天性，自人类诞生之初便伴随着人类历史发展。传统的社交由于生产力水平的限制，往往是基于真实物理空间的即时的交往，个体之间在一定空间中进行物质、精神的交流往往需要多种感官的共同参与。而随着媒介技术的发展，人类开始逐渐突破时间和空间的束缚，进行远距离即时或非即时的交流，但限于技术手段，其对时空的突破伴随着相应的损耗。这些损耗不仅表现为信息层面，同时也表现为感官参与层面。

短视频传播在追求突破时空障碍进行信息传递的同时，希望传递的信息能够保

---

① 何芝莹：《网络新闻道德失范问题研究》，《现代交际》2010 年第 9 期。

② 陈功：《保罗·莱文森的人性化趋势媒介进化理论》，《湖南科技大学学报（社会科学版）》2016 年第 1 期。

持原汁原味，即像真正社交现实环境中的那样。对这一目标的实现不仅包括传播的信息，也应包括信息传递的整体环境，而对这一环境的感知则需要多种感官的共同参与，以对真实社交环境中感官平衡的追求尽可能创造“真实”。5G时代的到来，高带宽、低延时的技术特点，将为短视频新闻带来前所未有的发展可能，我们要在内容和技术层面意识到现有的问题并及时改进，推动短视频新闻向真实、可信的方向发展。

第四节　短视频新闻发展的建设路径

短视频新闻在数字时代逐渐成为信息的主流表达方式，也符合受众碎片化阅读的方式。随着技术演进与媒体市场变化，未来短视频新闻的发展机遇与挑战并存。面对破与立的局面，短视频新闻的发展在遵循新闻规律的基础上，还应做到以人为本，做人民喜闻乐见的短视频新闻。

一、找准定位，内容创新：“内容为王”

（一）坚持优质内容生产，探索内容创新

目前，短视频内容池中同质化现象严重，一方面UGC为博取用户注意力可能会模仿爆款内容，另一方面视频分发的渠道集中在互联网机构。内容生产是媒体的看家本领，无论媒体形态怎么变革、传播形式怎么变化，媒体都要不断巩固和提升内容生产这一核心竞争力①。只有专注于新闻短视频垂直领域，生产更多优秀产品才能够打造良好的内容生态。

1.“硬”新闻——专注传统新闻报道

在短视频领域中，主流媒体要对内容、产品进行深耕，加强核心竞争力，获得用户注意力。传统媒体可以在短视频调查新闻和深度报道方面进行深耕，稳定发挥专业媒体的优势和专业素养，借力打造优质短视频新闻，以保障短视频新闻发展的专业性。

---

① 新华通讯社课题组：《习近平新闻舆论思想要论》，新华出版社，2017，第100—101页。

短视频调查新闻。短视频的调查新闻不同于文字类调查新闻，在时间上，文字类调查报道阅读时间通常会超过 10 分钟，甚至长篇调查报道可以达到 30 分钟，而短视频调查新闻仅仅在 5 分钟内要完成对于事件的深入剖析；在叙事方式上，文字类调查新闻需要大量篇幅回顾事件脉络，而短视频调查新闻则借助更直观的叙述方式。短视频调查新闻的呈现，应该以深度的传播角度、多元素的叙事方式、全方位的解释、有效的逻辑演进或相关关系进行阐释，结合音频、视频等方式增强受众的接受度。

短视频深度报道。以往短视频新闻常被人诟病内容没有深度，难以进行深度报道，但以系列化短视频矩阵进行报道，能够形成深度报道的效果。短视频矩阵报道能够提供事件的全面信息，较以往单一视频内容丰富、视角多元，更能够满足用户对于信息的需求，促进用户分享行为，增强短视频新闻的传播效果和影响力。

2. “软”新闻——基于用户需求

与受众生活接近的新闻，才能够引发受众更多关注。依托短视频发展的新闻，需要在新闻的“硬”与短视频的“软”之间找到平衡与兼容，即使有坚硬的内核，也要尽可能在短视频中给予其相对柔软的外壳①。“软”新闻可以从生活化、人情味需求出发，着眼于与民生相关的新闻，并提供给用户实际的信息指导。

具有生活化气息的新闻，与人们的日常生活密切相关，很容易引起受众的关注。短视频新闻能快速报道事实，更好地展示日常生活，推出具有人情味特色的鲜活内容。短视频新闻要在内容选择、表现形式等多个维度，直击人心，用人情味打动用户。

此外，短视频新闻的发展还可以着眼于信息服务。新闻的属性是要能够满足人们的信息需求，如主流媒体打造智慧信息服务平台，并将短视频新闻内嵌其中，这将拓展短视频新闻的发展空间。

（二）内容引导

为了迎合受众的喜好，近年来短视频新闻在各个平台逐渐呈现出娱乐化倾向，在一定程度上背离了新闻的严肃性。在未来发展中，主流媒体需要主动承担起价值引导的作用，扮演好社会守望者的角色，彰显媒体的责任和社会担当。为了顺应短视频新闻迅速发展的形势，中国新闻奖自 2018 年起首次将短视频新闻作品纳入评选范围。

2019 年第二十九届中国新闻奖短视频新闻获奖作品中，涉及的题材包括时政、

---

① 彭兰：《短视频：视频生产力的“转基因”与再培育》，《新闻界》2019 年第 1 期。

社会新闻、人物专题、纪实事件等，多来自传统媒体的客户端或网站。这些作品坚持人民至上的立场，从现实出发，题材多样，主题突出，叙事接地气，突出了积极的舆论导向，让正能量内容成为引领社会价值观的先锋，为其他商业媒体或网站树立了良好示范，也有助于引导其他商业媒体或网站制作出以人民为中心的好作品。新京报社社长宋甘澍曾透露，新京报作为内容生产平台，要加大力度支持短视频、新闻视频，“我们视频”的内容也要向财经、娱乐、文化、体育、民生等各领域推进。短视频新闻内容题材上全面开花，价值观上也需要正向引导。

（三）与用户协同生产

目前，众多媒体的短视频新闻生产已采用开放与协作模式，打破采编部门封闭的系统，开始吸纳更多用户协同生产内容。GSMA（全球移动通信协会）发布的《2019年中国移动经济发展报告》显示，截至2018年底，中国是全球最大的移动市场，独立移动用户数量接近12亿。到2025年，预计中国的5G连接数量将超过北美和欧洲的总和，位列全球第一。在某种意义上说，独立移动用户都有可能成为拍客。这些拍客既是信息消费者也是内容生产者，互联网上的众多平台为拍客们提供了广泛的表达平台，由拍客构建起的社交传播网络既能够进行快速传播，也能对整个舆论生态产生巨大影响。因此，对拍客群体进行引导规范显得格外重要。

“梨视频”和“澎湃视频”的“七环视频”等，采用“拍客+专业编辑”的方式，拍客提供信息素材，专业编辑进行审核判断，剪辑后再发布。一方面，拍客供应素材的有效利用率提高；另一方面，记者还可以通过拍客持续跟踪热点新闻事件。此外，在日常拍客运营中，“梨视频”通过对拍客的专业指导，建立拍客认证管理、分级管理、信誉体系，帮助拍客提升资讯敏感性、应急反应速度和视频拍摄质量，以提高有效素材回传的效率①。

二、合理利用，传播创新：“技术辅助”

对于传统媒体而言，技术的发展会带来生产方式的转变、传统业务的转型，用新技术带动内容生产力升级、带动生产关系变革是一项亟须攻克的工作任务。基于技术的发展，短视频新闻将迎来新一轮的发展。

（一）借力直播

目前我国网络直播用户规模庞大，但是直播占用大量带宽，产出的内容繁杂，

---

① 黄秋霞：《专访梨视频总编辑李鑫：梨视频是唯一引入传统媒体三审机制的短视频平台》，《南方传媒研究》2018年第6期。

不能实现信息精细化，受众对直播中的信息仍然需要进行筛选。从未来的趋势看，短视频与直播两种形式会并存，要发挥“1+1>2”的作用须合理进行布局。

重大事件报道经常会采用直播形式，拉近与用户的距离，让用户切身感受新闻现场。但部分受众并不会看完整段直播，因此借力新闻直播的导流，把精彩内容制作成短视频新闻，一是便于新闻内容的二次传播，二是可以吸引粉丝和流量。最重要的是，短视频可以利用碎片化时间观看，并且留存时间长，便于受众转发。例如每年全国“两会”报道，直播在重量级嘉宾访谈、会议现场等方面发力，短视频与之伴随进行优选角度报道，拓展了全媒体新闻报道的优势。同时，短视频新闻在解读政府工作报告、政务活动报道、创意策划、专题矩阵报道方面可以发挥积极作用。

突发事件常常将直播作为首选的报道方式，实时直播现场事件进展情况，而短视频新闻则可以将现场收集到的素材进行重新编辑，按照一定的叙事技巧制作上传，再借助媒体平台和社交媒体的分发和多级传播，将视频新闻扩散出去，增加视频报道的传播效力。

但“短视频+直播”并非简单相加，而是要深入研究两者的长处，探索出最佳配合方案，设计最有效的传播内容和最佳传播方式。短视频新闻需要把握好视频时长，在画面剪辑、叙事节奏等方面下功夫，增强新闻报道的趣味性、吸引力。

（二）新技术

2019年6月6日，国家工信部正式向中国电信、中国移动、中国联通、中国广电发放5G商用牌照，短视频行业必然会迎来新一轮的发展。5G网络能够提供更加高速的移动网络通信速率，新的媒体技术也提供了更兼容、更多元的内容传播模式，两者的结合将弥补短视频应用的短板，会强有力地促进短视频行业的发展①。随着5G的投入使用，VR、AR、MR（Mixed Reality，混合现实）也将快速发展，VR、AR、MR运用到短视频新闻中，可以刺激受众的感官，丰富受众沉浸式的视听体验。未来短视频新闻的在场感会显得格外重要，因为移动传播的本质是基于场景的服务，即对场景（情境）的感知及信息（服务）适配②，只有不断优化现场感体验，才能够激发受众的分享行为。

与此同时，人工智能、大数据、物联网等技术加速演进，智能编辑技术和机器能够处理海量的信息数据，例如新华社通过“媒体大脑·MAGIC短视频智能生产平

---

① 李继龙、施玉海、邹峰：《5G环境下的短视频发展分析》，《中国传媒科技》2019年第7期。

② 彭兰：《场景：移动时代媒体的新要素》，《新闻记者》2015年第3期。

台”进行智能剪辑编辑，素材进入“MAGIC”智能生产平台，经过人脸识别、语音识别、数据处理，自动或人机协作批量生产短视频内容，这样既提高了视频新闻的生产效能，也极大地增强了新闻线索、新闻素材、新闻资料的发现和处理能力[①]。除了“媒体大脑·MAGIC”外，“Wochit”“Videomizer”“Magisto”等自动剪辑技术也逐步拓展应用，短视频新闻的生产速率将在智能剪辑技术的辅助下得到提升。

基于人工智能处理的内容生产分发模式，将会成为整个新闻传播资讯服务当中最重要的一种内容类别[②]。基于“场景五力”（移动设备、社交媒体、大数据、传感器、定位系统）的作用，短视频的传播内容也会更为精准地与不同场景对接和匹配，呈现出更具场景化特色的传播方式[③]。运用算法技术的短视频新闻，对用户的信息偏好和观看习惯进行分析，以便高效精准地进行信息分发，提高短视频新闻到达的准确度。此外，视频直播云终端、平衡车、无人机、直播云镜头、云计算、物联网、区块链等新技术的应用，也将为短视频新闻发展提供技术支持。

三、优势互补，平台创新：“平台搭建”

短视频新闻平台仅依靠自身难以产出高质量的作品，传统媒体的受众在向新媒体平台转移，平台之间只有相互协作才能实现优势互补、资源共享，同时促进传统媒体在媒介融合大趋势下的转型，实现双赢。新旧媒体加强合作，增强内容的规范化和公信力，加强短视频媒体的品牌化、特色化发展，能够使不同媒体拥有与众不同的特性，提高媒体的辨识度，从而提高用户对其媒体品牌的认知度，才能拥有更多忠实用户，从同类媒体中脱颖而出[④]。

（一）借船：平台融合

在媒介融合的大背景下，短视频新闻也应该突破固化的界限朝着融合化方向发展，创新传播渠道和平台，促进综合传播效果。

首先，要解决短视频新闻传播问题，主流媒体可借助自有平台如网站、客户端等进行发布；其次，利用微信、微博等社交媒体分发短视频新闻；再次，在“头条号”“百家号”“大鱼号”等平台进行发布；最后，还可以入驻抖音、快手等短

---

① 互联网治理蓝皮书：《“媒体大脑”Magic》，https://cloud.tencent.com/developer/news/365738。

② 喻国明：《试谈5G变局下视频市场的洗牌与重组》，《教育传媒研究》2019年第2期。

③ 赵娜、谭天：《中国短视频未来发展趋势和影响因素分析》，《视听界》2019年第7期。

④ 常江、王晓培：《短视频新闻生产：西方模式与本土经验》，《中国出版》2017年第8期。

视频平台。如浙江日报传媒集团的“浙视频”，主要发布平台为浙江在线网站、浙江新闻客户端，并分发到全国各大门户网站和社交平台。新京报的“我们视频”，不仅在新京报网、客户端发布，也与腾讯网等合作。而“梨视频”除了与各类媒体合作外，还与各大高校、公司合作，尤其是与“饿了么”生活平台的合作更是开创新举，进一步扩大了“梨视频”的素材来源。

加强平台之间的合作，搭载优质平台渠道分发内容，这种创新的做法让短视频新闻的布局更加全面高效，使得平台发挥各自优势，有利于短视频新闻品牌打造，并获得固定的、可观的用户规模。需要注意的是，即使是同一内容在不同平台也有不同的特点和要求，比如时长方面，在微博发布，短视频新闻的时长要在 10 秒到 1 分钟之间；在抖音发布，短视频新闻的时长最好在 1 分钟以内；在新闻客户端发布，时长最好是 3 分钟以内。呈现方式方面，抖音以竖屏形式为宜，微博常以横屏呈现。此外，也要根据各平台的目标用户群体进行推送，并对短视频新闻的内容作进一步细分，提升传播效率和效果。

（二）造船：创新渠道

平台间的融合固然是短视频新闻平台发展的一项有力措施，但难免也会出现一些问题：媒体没有及时有效地运营和维护其分发平台，没有根据不同分发平台的特色精准定位新闻短视频内容并进行定制化和差异化生产，导致内容与该分发平台用户需求不匹配等等①。因此媒体应该转变思路，将自己从新闻生产者转变为产品或平台运营者，打造一个良性的平台生态圈。

第一财经商业数据中心（CBNData）在 2017 年短视频行业大数据洞察报告中指出，单体短视频平台将面临风险，生态型平台未来的发展前景更广。平台型媒体其实是一个开放式的平台，通过向所有的内容提供者、服务提供者开放，使得机构和个人的独到价值都能够在上面得到尽情地发挥②。平台型媒体通过打造一个开放性、社会性平台去构建传播生态圈。建设平台生态圈，除了要注意内容垂直深耕外，更要重视社群化运营，尤其是运用互联网思维进行运营，以增强用户黏性。短视频新闻相较于文字新闻、图片新闻更为直观生动，更符合用户的社交需求和娱乐化的需求。因此在短视频新闻平台中加入共享功能可以增加用户分享行为，拓宽社交应用场景，使内容与用户之间形成强链接，再加上适当的社群营销，可有效提升用户对平台的忠诚度和好感度。

---

① 殷乐、高慧敏：《传统媒体新闻短视频发展现状与传播态势》，《当代传播》2018 年第 6 期。
② 喻国明、何健、叶子：《平台型媒体的生成路径与发展战略》，《新闻与写作》2016 年第 4 期。

短视频新闻是数字时代新闻的一种重要的呈现方式，适应了媒体发展趋势和用户观看需求。但短视频新闻出现的内容娱乐化、同质化，传播方式、表达形式、渠道单一等问题，都不利于短视频新闻的持续发展。为此，媒体需要以提升短视频新闻生产质量与传播效果为出发点，提升短视频新闻的专业水平，将技术合理利用在新闻生产、传播中，重视不同平台的差异化运作，同时做好对短视频新闻内容的引导，从而使短视频新闻能够更好体现社会的主流价值观。

第六章

移动新闻直播的内容呈现与表达创新

- 移动新闻直播的演进、效果与价值
- 移动新闻直播的表达创新
- 媒介融合与移动新闻直播的未来

在移动端口迅速普及之下，视频直播成为大众喜闻乐见的消遣方式和资讯获取方式。移动互联网使用持续深化，网络视频生态逐步完善，移动新闻直播作为新兴的报道形态，成为思想文化宣传和主流舆论阵地建设的重要切口。

第一节　移动新闻直播的演进、效果与价值

从烽火通信到口语文字应用，从直接对话到媒介中介辅助，人类对信息传播和交流的渴望不断衍生，技术的升级和媒介的迭代相辅相成。媒体的形态和功能在高新技术推动下不断发生演变，移动新闻直播不仅带来了更真实的在场感，也深刻地改变着现有的新闻生产格局。

一、移动直播在新闻业的演进

（一）路径梳理

随着通信技术的迅猛发展和网络平台的相继涌现，社会大众获取资讯的方式发生了巨大改变，信息呈现由文字向图片、视频等直观简洁的方式过渡。其中，视频直播成为数字时代信息传递的重要方式，并伴随视频屏幕的更迭不断发展。视频直播的第一阶段为电视屏幕到电脑屏幕的转移，电视视频信号转换为网络电视的网站播放构成了网络直播的第一步①；第二阶段为电脑屏幕到手机屏幕的转移，移动终端的应用为大众日常生活提供方便，兼具社交娱乐的移动直播成为直播领域的新风潮，极大地改变了人与人、人与社会的链接方式和沟通方式。

移动直播初始于 2015 年美国 Meerkat 平台，我国则起步于同年下半年，由北京蜜莱坞和花椒团队先后试水移动直播领域②。初期的移动直播主要聚焦在娱乐领域，以游戏、赛事等盈利性的泛娱乐化内容为开端，随后开辟秀场直播、生活直播、体育直播等新内容。随着政务媒体入驻新媒体平台，主流媒体借用移动直播的新形式积极发声，发布会、开幕式等新闻内容成为传统媒体融合转型的切入点，并在 2016 年迎来了移动直播应用的全面爆发，因此 2016 年既是“移动直播元年”，也被称之为“移动新闻直播元年”。

---

① 王根、杨玥玥、赵孝刚：《移动直播时代省级新闻网站如何布局》，《中国记者》2016 年第 8 期。
② 曾祥敏、刘日亮：《移动新闻直播：临场交互下的信息传播》，《电视研究》2018 年第 9 期。

移动直播涵盖三个关键要素，即接入互联网的移动终端、制作和发布同步的直播发布方式、专业生产内容和用户生产内容的传播者①。具体到移动新闻直播，可认为是一种“以出镜记者为传播主体，以小型移动设备为接收终端，利用网络信号系统，以直播的方式在新闻现场完成对新闻事件的报道、传输、即时反馈等传播全过程的超文本数字新闻报道”②。

（二）类型划分

移动新闻直播在业界应用广泛，但是具体的划分标准不一而足，主要可按照以下几种方式进行分类：

根据题材，移动新闻直播可分为重大主题报道、突发新闻报道、现场调查报道和泛资讯新闻报道。重大主题报道是传统媒体主要的新闻报道模式，通常是指“围绕党和政府的重大决策、重大部署、重大活动及相关社会热点所进行的集中而且大规模的战役性报道”③。突发新闻报道主要是指借用移动直播的方式将突发新闻第一时间传递给大众，整合多方信息，破解网络谣言。现场调查报道是将记者的调查采访过程完整地展现出来，增强用户的参与性和积极性。泛资讯新闻报道侧重于软新闻，包括生活、娱乐、美食、旅游等多方信息，强化移动直播的社交性和娱乐性。

根据时效性，移动新闻直播可分为快直播、慢直播、定制直播④。快直播常见于突发性事件，在最短时间内传递社会上的突发新闻。慢直播主要包括泛资讯类内容，增强用户的情感体验，满足日常生活的社交需要。定制直播则具有较强的策划性和组织性，围绕重大事件、策划事件在移动端口同步播出。

根据生产主体，移动新闻直播可分为专业新闻直播和用户个人直播。专业新闻直播主要由专业媒体及其新媒体平台构成；用户个人直播则是借助商业平台以业余视角进行直播，提供新鲜及时的新闻资讯。

（三）典型应用

移动直播起源于泛娱乐产业，由社交类平台抢先应用并迅速形成普及之势，随后新闻直播内容也抢滩移动端口。2015 年 3 月，Twitter 率先发布 Periscope 直播视频应用，随后成为 iOS 系统中广受欢迎的应用软件。同年 8 月，Facebook 在其应用

---

① 温安琪：《新闻直播：移动直播的新探索》，《青年记者》2017 年第 2 期。

② 詹晨林、陈洁：《移动新闻直播报道：定义、特征与趋势》，《电视研究》2018 年第 3 期。

③ 潘知常、邓天颖：《大型新闻行动：以整合传播推进重大主题报道——〈江苏新时空〉重大主题报道的成功实践》，《现代传播》2007 年第 3 期。

④ 李良荣、袁鸣徽：《2017 年中国网络媒体的基本格局和态势》，《新闻记者》2018 年第 1 期。

内嵌套推出 Live Video 功能，在专业内容生产和用户内容生产双重互动中进行算法分发。随着传播技术的迭代，二者推出 360°视频直播等先进功能，丰富直播视角，强化直播效果，主动迎合用户心理和信息需求，从而提升用户的满意度和使用率。目前，已有 BBC、华盛顿邮报、今日美国、纽约时报等专业媒体加入 Live Video 应用。

国内的移动新闻直播起步稍晚，最初借用“秒拍”App 等第三方平台。随着媒体融合向纵深发展，移动直播在新闻报道中的应用愈加广泛，传统媒体借力移动直播的社交优势和报道特色，着力延伸主流媒体报道阵地。为满足自有移动直播媒体平台建设，新华社客户端“现场新闻”、浙江日报“辣焦视频”等嵌套或独立的移动直播应用陆续推出，着力引领主流舆论建设。2017 年 2 月 19 日，由人民日报新媒体中心牵头，新浪微博、“一直播”合作搭建的全国性移动直播平台“人民直播”正式上线。该平台一经推出，不仅为人民日报自有新闻客户端搭建稳定的信息通道，同时吸引了众多媒体机构入驻，牢牢抓住头部内容和用户心理，突出互联网产品特色，在新技术的支撑下扩大了新闻直播的传播力和影响力。

二、移动新闻直播的传播效果

（一）随时随地：传递现场信息

从口耳相传到印刷文字，从广播电视到网络、手机，信息资讯的传播形式和媒介载体在时空转换中与时俱进。步入 21 世纪，信息技术的飞速发展驱动传媒行业一路高歌，大众对新闻内容的获取更加方便快捷，人们对于新闻时新性的要求更加迫切。不同于纸质媒体新闻时效性的滞后，互联网极大地压缩了新闻的时间界限，受众在碎片化时间和短暂注意力的裹挟下囫囵接收大量信息，关注的重点从“是谁说的”转向了“说什么内容”。由此，大众对信源权威性的关注有所削减，而新闻资讯丰富性和及时性的重要程度逐渐增强，传统媒体主导的信源地位产生动摇，大众形成了新兴的信息观看习惯和接收需求。

随着移动终端普及和通信技术升级，以手机为终端的移动直播在电脑网页直播的基础上演化成型。移动新闻直播充分发挥了移动终端的便捷性，精简了传统新闻报道生产制作的流程和降低了设备要求。无论是在通勤途中还是突发场所，随身携带的手机都可以让受众第一时间了解事情的最新进展，并在视频直播中最大程度还原新闻事件的本来面貌①，将“第一现场”清晰地展现在受众面前。2019 年全国“两会”期间，中国移动全面布局 5G 网络以保障新闻中心“5G＋4K”高清直播，网友可在央视新闻客户端等手机移动端口及时观看现场直播，了解会议进程和答记者问等最新资讯，推动移动端口下全民关注时政、大众建言献策的热潮。

（二）身临其境：调动多种感官

自报刊问世以来，文字报道成为大众接收新闻的主要方式。在字里行间的报道中，读者借助自身想象，力图还原事实真相，然而这种“真相”在很大程度上是记者表达的媒介真相，并非对现实的全面还原。当电视影像和网络视频成为新闻报道的新形式，新闻获取由单一的视觉向视听双感转变，调动人体的多种感官，增强新闻报道的现场感。

步入移动直播时代，良好的视听设备和技术条件提升了直播视频的视觉和听觉刺激。随着“5G＋8K”时代的来临，移动端口的传输速度大大提升，新闻画质愈发清晰，记者依托移动智能终端将千里之外的新闻现场传递给受众个人，实现“新闻现场—受众接收”的直接打通，使用户借助手机终端身临其境，通过自身的视听感官结合记者报道试图还原真实的新闻面貌。通过对新闻现场的围观，用户以情感在场的方式进入网络虚拟空间中的新闻生产②，传统意义上探究新闻事实中身体在场的重要性降低。

高速铁路已成为中国制造的新名片，合武高铁（合肥至武汉）则是“四横四纵”铁路网上的重要一环。2016 年 4 月 18 日，央视网记者从武汉站登车，无论是眼前航拍镜头下的崇山峻岭和古朴村落，还是耳边记者与乘客的侃侃而谈，用户在观看历时 2 小时的全程直播中仿佛亲身穿越大别山，经历一场奇妙之旅。

（三）如影随形：搭建社交场景

AI、VR、AR 等技术推动新一轮传媒业生态重构，用户平台、新闻生产系统、新闻分发平台及信息终端随之产生变化，信息传播秩序、信息消费模式、传媒边界定义都将面临新的挑战③。与此同时，媒介与人的关系、人与人的关系、人与环境的关系也引发了新的思考。移动互联网驱动下的时空压缩格局使媒介通过环境与人链接，人与媒介的关系逐渐演变为用户与平台的聚合，所以用户及用户平台的构建在移动时代尤为重要，而“场景”也成为新闻分发中用户关系和媒介使用的关键

---

① 何强、闫帅南：《关于移动视频直播新闻的几点思考》，《中国记者》2016 年第 8 期。

② 曾祥敏、刘日亮：《移动新闻直播：临场交互下的信息传播》，《电视研究》2018 年第 9 期。

③ 彭兰：《未来传媒生态：消失的边界与重构的版图》，《现代传播》2017 年第 1 期。

变量和链接要素。

随着用户时间碎片化和信息内容繁杂化，受众的注意力资源日趋宝贵。移动直播抓住各个场景中用户的碎片时间，通过自有平台和商业平台提供丰富的新闻直播资源，甚至可以通过大数据的抓取，实现场景和新闻直播内容的适配，提升用户观看的满意度和参与度。具有社交属性的 Twitter 和 Facebook 分别推出 Periscope 和 Live Video 功能，将新闻端口和社交应用相结合，满足用户在各类场景中的即时观看需求，将人、事、景三者相互关联，实现移动端口、新闻直播、外在环境的有机融合。

（四）人人发声：推进交互生产

长期以来，新闻报道往往是单向传播，受众只能被动地接收各方媒体传递的信息，有时甚至需要拼凑多方新闻报道以获取相对完整的事实真相。而移动直播的互动性和及时性提升了用户的参与感，受众通过即时的评论参与直播互动，记者可选取其中的问题进行现场解答，影响新闻报道的具体走向，使“记者和用户共享信息、分享感受，形成信息传播共同体”①。移动直播间的点赞数量和实时观看人数以数据的方式表明该视频的关注度和热度，在一定程度上反映了用户的使用心理，为移动新闻生产提供方向性的指引。另外，移动直播打破了新闻生产主体界限，用户内容生产成为新闻来源的重要组成。广泛的用户群体提供了开阔的新闻生产视角，以普通人身份将身边的新闻传达给大众，更加亲切自然，贴近日常生活。

入选“2017 中国应用新闻传播十大创新案例”的资讯类短视频 App“梨视频”以新闻资讯为主要内容，既包括热点事件的实时直播，也包括社会问题、趣味现象乃至人物回访的短节目，同时为其他新闻媒体提供新闻发布平台。用户可在线互动参与移动直播间的新闻报道，通过在线留言的虚拟在场方式分享情感体验，针对新闻细节甚至新闻走向与现场记者互动，从而构成了虚拟的互动仪式链。不仅如此，“梨视频”还积极推动用户内容生产，以普通拍客视角展现社会变动，《武汉年夜饭，不团聚是最真祝福》《请上车！武汉千辆私车接送医护》等生活资讯类新闻，极大地充实了新闻直播视角和内容选材。

---

① 詹晨林、陈洁：《移动新闻直播报道：定义、特征与趋势》，《电视研究》2018 年第 3 期。

三、移动直播在新闻报道中的应用价值

（一）媒体融合发展，传播主体多元

长期以来，新闻报道的采编和播发都有着严格标准，传统媒体新闻报道往往由专业的记者团队在专门的媒体平台制作播发，具有极高的权威性和可信度。然而，以移动直播为代表的新媒体平台改变了传统媒体的产品形式和运营方式，在融合新闻报道和组织结构方面不断探索，从立足自身媒体的纵向延伸发展和与各类网络视频传播机构的横向联合发展两个层面推进①。

在纵向延伸发展方面，新闻制作和播发渠道的拓宽，降低了移动直播的门槛限制，不需要专业的制作团队和机器设备，凭借一台手机就可以将新闻传递出去。由此，移动直播平台不仅提升了专业媒体内容生产的时效性，也推动了用户内容生产在新闻领域的发展，充分展现基层声音，让更多的社会民生话题进入大众议题。

在横向联合发展方面，报刊、广电等传统媒体谋求转型，致力于构建全媒体传播体系。全媒体战略最重要的不是媒体形态本身，而是如何借助各种渠道和终端，使原有的资源优势更好地转化为竞争优势，为用户提供最需要的内容产品。因此，新闻内容生产依然是媒体组织的核心工作②，从“着重外部形态的融合”向“一体化地回归媒体本质内涵的融合”的转向，被视为全媒体传播体系下媒介融合发展的有效路径③。为了提升传统媒体的影响力和传播力，主流媒体积极借用商业平台，扩宽新闻报道的宣发渠道，提升专业内容生产的新闻质量，推动媒体融合纵深发展，充分利用其他媒体内容资源。

（二）报道内容泛化，新闻视角转换

新闻直播早已不是新鲜事物，但是囿于直播平台的局限性和直播端口的严肃性，传统视频直播往往经过长期的内容策划，并且在题材选择上侧重于重大事件和突发事件的报道。在移动直播中，直击现场类和国家象征意义类型的选题关注度也颇高④。詹姆斯·凯瑞认为，“语言（即传播）是一种行为方式，更准确地说，是一

---

① 王长潇：《传统电视与视听新媒体融合发展路径的选择与拓展》，《国际新闻界》2011 年第 12 期。

② 蔡雯：《“全媒体战略”中的内容生产创新——对新形势下传统媒体转型的思考》，《新闻战线》2013 年第 1 期。

③ 赵子忠：《5G 哲学与创新方向》，《青年记者》2019 年第 19 期。

④ 王佳航、孟雨佳：《移动新闻直播的制播策略初探——以中央电视台移动直播节目为例》，《新闻论坛》2016 年第 6 期。

种互动，它不仅仅是再现或描述，事实上它是对世界的塑形与建构”①。移动端口不仅及时将新闻信息传达给大众，而且通过互动仪式凝聚受众，进而形成一套完整的内在基本秩序，帮助记录“一个正在进行的、易逝的社会过程”②，最终实现文化的创造和转变。

随着媒体融合的深度发展，移动直播平台泛化，新闻生产主体多元，内容构建和策划产生了新的变化。为了在眼花缭乱的社交应用中抢夺受众的注意力，移动直播也采取受众视角切入，贴近大众日常生活，在题材的选择上更加关注用户的兴趣所在。这种小视角的新闻选题不仅实现信息的传递，也旨在展现大众生活日常、解决基层社会问题，充分发挥大众媒介的社会监督和公共服务等职能，为受众提供贴近生活的有效服务。

（三）创新表达形式，壮大主流舆论

随着5G商用牌照的发放和互联网技术的快速发展，网络社会的流动性和虚拟性愈发凸显，网状社会结构使人和人处在动态的“被链接”的新时空中，“去中心化”的社会传播网络促使传统媒体的“信息中心”地位动摇③，信息冗余考验着传统媒体的内容生产能力，主流舆论建设面临新的挑战。传统媒体的融合转型，很多停留在“物理组合”而没有实现“化学反应”的层面，“只能算是多媒体，与全媒体的标准还有一定距离”④。

移动直播有助于创新传统新闻报道的表达方式。在视频形式上，由电视、电脑的大屏转移到手机、平板的小屏，由横向宽屏变成纵向竖屏；在内容表述上，第一人称视角拉近了直播者和观众之间的距离，帮助观众在延伸的视觉上理解新闻⑤，同时顺时叙事重构了新闻叙事模式，叙事话语和叙事时态生动灵活；在制作上，用户实时互动参与直播过程，甚至影响视频内容走向，吸引更多用户参与其中，形成良性循环。新兴的展现方式契合当下大众的媒介使用习惯，进而驱动新媒体时代的主流舆论阵地建设，让主流声音传递更远、影响更大。

（四）技术赋能生产，新闻业态变革

移动智能设备的迅速普及，为移动直播奠定了广泛的受众基础，在5G、VR、

---

① ［美］詹姆斯·凯瑞：《作为文化的传播：“媒介与社会”论文集》，丁未译，华夏出版社，2005，第62页。

② 同上书，第7—8页。

③ 吴志远：《离散的认同：网络社会中现代认同重构的技术逻辑》，《国际新闻界》2018年第11期。

④ 崔士鑫：《建设“全媒体”，推动媒体融合向纵深发展——深入学习习近平总书记“1·25”重要讲话精神》，《传媒》2019年第3期。

⑤ 温安琪：《新闻直播：移动直播的新探索》，《青年记者》2017年第2期。

无人机、全景视频等技术的驱动下，移动新闻直播运营将进一步完善，视觉效果也会更好。信息技术赋能新闻生产，不仅极大地改变了传统媒体的新闻生产流程，也催生了新闻产品形态的巨大变革。移动新闻直播以跨媒体与跨平台传播成为融合新闻的主流形式，借用多平台资源和技术凸显新闻传播的交互性和沉浸性。

在新兴技术驱动下，新闻舆论工作需要一线记者掌握多方面的技能，从单一传播向多元传播转型。移动新闻直播要求记者在第一时间内进行图文和视频的采集、制作、播放等工作，具备交叉、专业的多能，从而成为全媒体记者，甚至是全能型记者。在此基础上，媒体行业也面临着前所未有的融合要求，在全程、全息、全员、全效特质的引领下，推动现代新闻业在技术、主体、内容、效果、时空等多个维度全面变革。“全媒体”不再是传统媒体和新媒体的两者形式合一，“而是所有接收、表达的方式和形态完全一体化”①，真正实现新闻融合的纵深发展。

第二节　移动新闻直播的表达创新

移动互联时代，用户的信息消费需求趋向移动化、视频化、个性化、社交化。基于移动直播多模态整合、多向交互、多屏联动等独特优势，各大主流媒体将移动直播应用于新闻报道，融合进现有传播格局，如人民日报、中央广播电视总台、光明日报先后推出了“人民直播”“央视新闻＋”“多信道直播云台”，挖掘和开发移动直播的潜力，突破了传统电视直播单向、线性、滞后、耗时等局限。同时，作为崭新的新闻报道模式和传播形态，移动新闻直播呈现出了新的叙事特征，与用户获取信息的喜好和习惯适配，获得了更有效的传播。

移动直播带来的新闻生产裂变，“引领了移动互联时代新闻生产同场化、开放化、交互化、平台化的发展趋势，是对融合转型方向迈出的决定性一步”②。随着媒体融合继续推进，技术创新、报道创新、融合创新的态势持续增强，移动直播和新闻媒体的深度融合从探索到局部突破，力求更好地将新闻报道优势与技术优势结合在一起。在新媒体语境下，移动新闻“直播＋”不断拓宽内容领域，同时配合轻量化、智能化、场景化等新型体验，与短视频、VR、大数据等传播方式进行高效联动，为新闻生产实现自我优化创新提供了新的思路和方向。

---

① 陈力丹：《习近平论“建设全媒体”》，《新闻爱好者》2019 年第 4 期。
② 杨继红：《“央视新闻”：专注移动端，发力全媒体》，《新闻战线》2017 年第 2 期。

一、移动新闻直播的形态变革

移动直播依托于流媒体技术，融合了文字、声音、图片和视频等多种媒介，拓宽了媒介形态边界。作为新型的内容生产和传播方式，移动直播为媒体融合转型提供了契机，重塑了新闻报道形态，“引领媒体信息的传播与互联网应用向更高层次发展”①。

（一）多模态整合

移动新闻直播的整体架构是由直播视频流本身和信息流搭建而成的，如同中枢神经把人整合成一个有机的整体②。移动新闻直播的信息呈现是多模态整合的结果，突破了单一的文字、声音、图片等表达方式，选择两种以上媒介元素进行互补与整合。为带来独特的视角、呈现更好的传播效果，移动新闻直播报道还会借助于动画图示、H5、弹幕、小程序等载体。以第二十九届中国新闻奖移动直播一等奖获奖作品《直击7·5泰国普吉游船倾覆事故现场　救援仍在进行》为例，浙江日报报业集团记者得知普吉游船倾覆事件后，立即奔赴现场发起移动直播，受众在观看移动直播现场页面的同时，可以通过实时图文视频滚动报道、弹幕互动文字等获取更丰富的新闻信息量。长达6小时的视频延时直播将多模态、多元素进行整合，充分发挥了数字超文本特性，实现一个手机界面内不同内容之间的相互连接、相互补充，打造了全方位、多角度的优质新闻产品，最大限度地回应受众的关切，满足了受众第一时间了解事件动向的需求，“实现了传播同步性和异步性的统一，成为一个立体的跨时空信息场”③。

（二）多向交互

“现代公共领域是在交往行动中产生的社会空间结构”④，新技术让人们对连接、对交往的渴望变成现实，在这个公共场域中，人们能在线分享共同的或相异的情绪或情感体验。移动新闻直播营造了一个多向交互的空间，为受众搭建了“参与场景”，由此推动开放互动式的公共领域的形成。一方面，移动新闻直播突破了传统电视直播单一、单线的报道模式，记者与受众之间、新闻当事人与受众之间、受众与受众之间由离散走向交互，弹幕区、留言区等空间为他们开启了互动共融的

① 蔡磊：《网络直播的优势与制约因素》，《青年记者》2014年第8期。
② ［加］马歇尔·麦克卢汉：《理解媒介——论人的延伸》，何道宽译，译林出版社，2011，第17页。
③ 詹晨林、陈洁：《移动新闻直播报道：定义、特征与趋势》，《电视研究》2018年第3期。
④ ［德］哈贝马斯：《在事实与规范之间：关于法律和民主法治国的商谈理论》，童世骏译，生活·读书·新知三联书店，2003，第446页。

新体验，“每个人作为虚拟社群的一分子都在发挥着自己的作用，参与的价值感自然萌生，在身份与归属的精神家园中找到参与的乐趣”①，推动了自我认同感的形成。另一方面，记者与受众之间、受众与受众之间在构建多方社交关系的同时，也在一系列互动中构建了“两个交流场”②，受众在这两个交流场流动，多方之间能够实时对话、参与新闻信息的传播并得到快速的反馈，这超越了简单的社交行为，促成了更高层次的多对多、一对一同时发生的信息交流，由屏内的信息交互与直播内容形成完整的信息场，共同捕捉新闻事件的走向。

（三）多屏联动

用户对信息消费的需求转向不仅体现在新闻内容上，也体现在渠道分发、媒介终端等形式上，移动新闻直播的状态恰好适配了用户的新型需求，通过多屏互联互通，多层次、立体化地呈现新闻信息。首先，移动新闻直播依托的“小屏”模式与电视“大屏”具备不同的传播特性：大屏画面丰富、画质清晰，视野不受限制，承载的信息量较多，且多用于播发权威和严肃内容；移动终端小屏受限于物理属性，画面清晰度不够高，倾向于中、近、特等镜头，但由于其交互、便携等优势，承载了更多轻量的、细节的、趣味的内容。须明确的是，大屏、小屏两者不是对立的，而是在内容上相互补充，从而实现大小屏融合传播，拓展信息维度。其次，移动新闻直播不同于电视屏幕，它兼具横、竖两屏可供开发，横屏直播界面便于提供更多场景信息，营造更强的叙事感，竖屏直播界面的伴随性和参与感更强，便于主体性呈现，产生情绪共鸣③。新闻媒体能够灵活地根据新闻内容选择不同的屏幕展示，如将大屏、横屏直播中的一部分采取竖屏直播的方式进行呈现，以符合受众的阅读习惯。

二、移动新闻直播的叙事转向

移动新闻直播区别于传统电视直播，不断探索适配的语态，形成了新的叙事特征。“更新电视新闻的叙述方式其实就是在改变对历史的记录方式”④，新闻信息的叙事逐渐由单一、单向、直叙转向多元、互动、个性化，承载了传播者的话语方式

① 王春枝：《参与式文化的狂欢：网络直播热潮透析》，《电视研究》2017 年第 1 期。
② 詹晨林：《移动新闻直播的叙事特点与语态创新》，《新闻战线》2017 年第 8 期。
③ 张世轩：《移动客户端与电视报道的形态变革——以重庆广电集团“第 1 眼新闻”移动客户端为例》，《新闻爱好者》2017 年第 10 期。
④ 孙玉胜：《十年——从改变电视的语态开始》，人民文学出版社，2012，第 4 页。

和传播价值，对社会和受众产生了深刻的影响。

（一）叙事主题：由宏大叙事转向多元题材

“叙事是与人类历史本身共同产生的”[①]，新闻叙事是围绕着人展开的，它的主题最终皆回归到人本身。传统电视直播因为播出成本、固定播出时间、播出平台等局限，往往有固定化、程序化的运作逻辑和运作模式，需要提前敲定选题，多为时政报道、仪式性事件以及重大突发事件等传统题材。移动新闻直播摆脱了时空、成本的桎梏，在自由性、时效性、互动上有自身独特的优势，它的选题除了重大时政、社会热点等事件之外，还积极探索生活、娱乐等领域，随时随地挖掘受众关注和感兴趣的点。此外，宏大叙事往往将“人”藏于叙事之中，呈现模式化特征，失去了鲜活的人之特性。而移动新闻直播由宏大叙事转向多元题材，将镜头对准日常主体，以更加生活化的方式凸显人的意义与价值，进一步强化了新闻的可接近性，引起受众的情绪共鸣，刺激观众观看、关注、点赞、转发、分享等行为，从而提高了新闻报道的传播时效。同时，多元题材的捕捉为移动新闻直播的垂直化提供了更多可行性，让受众拥有更多选择，提高新闻媒体的传播力。

（二）叙事结构：由“倒金字塔”转向顺时叙事

“媒体的传播内容主要指的是媒介新闻传播的层次和范围有多大，具体来说，就是报道对象、报道领域、报道区域等的大小和范围”[②]，传统的新闻报道含电视直播在内，由于时间、版面等客观因素限制，内容选择上具有一定的局限性，往往对新闻内容进行选择、编辑后呈现“冰山一角”，呈现高度组织化的特征。在播报中“倒金字塔”结构叙事尤为常见，按照新闻信息的重要程度进行取舍，并且将关键的、重要的内容提前，提前“剧透”的叙事结构一定程度上让受众失去了好奇心。移动新闻直播则实现了层次和范围的拓展，通过顺时叙事呈现无限量信息，由远及近、由上至下不间断、全方位让受众了解事情的来龙去脉。顺时叙事的结构是一种动态化的叙事结构，减少信息丢帧走样，同时能够为出镜记者提供更多的创造空间，有利于巧设悬念，给观众带来很强的探索、解密效应，调度和牵引受众进入叙事场景并参与叙事。此外，移动新闻直播顺时叙事实质上让受众掌握了一定的信息筛选权，他们选择任何时段进入任何片段，各取所需。

（三）叙事方式：由单线叙事转向互动叙事

移动视频直播是社交的产物，其一大魅力在于它的互动性。移动新闻直播同样

① 张寅德：《叙事学研究》，中国社会科学院出版社，1989，第2页。
② 蔡雯：《新闻传播的策划与组织》，新华出版社，2001，第111页。

承继这一优势，采用互动性叙事方式。传统的电视直播中，新闻主播和出镜记者单线输出，受众纯粹进行观看，其传播链条是单向的。而移动新闻直播中，记者与受众之间、新闻当事人与受众之间、受众与受众之间打破了隔离的状态，进行实时互动，搭建起新闻直播新型的互动叙事策略。一方面，用户是新闻事件的主动参与者、贡献者，他们通过弹幕、评论区进行实时互动，补充新闻事件的相关细节或对某些内容提出困惑、质疑等，一步步推动新闻事件的进程，使新闻事实“浮出水面”。这种蜂巢式互动叙事弥补了单线叙事的单调性、片面性。另一方面，出镜记者可以通过与受众之间呈现“对话”的姿态，通过互动及时调整镜头和落脚点，及时解答受众的问题，让受众更好地理解新闻事件和新闻内容。需要注意的是，在整个互动叙事过程中，记者不是被动的，他们“既是参与者，又是组织者、掌控者，借助互动对话实现整体叙事的发展”①。

（四）叙事语态：由客观直叙转向个性表达

移动新闻直播的语态，关系到直播的成功与否，这不仅仅考验直播记者的专业素养，还依赖于记者的表现能力和个人魅力，即能否通过生动和个性的表达留住用户。在移动互联时代，出镜记者的真实人格和个人特色越来越重要，从而在有限的时间和机会进行自我呈现把握受众，其自我构建程度成了新闻报道可看性的重要指标之一。传统电视直播中的出镜记者往往采用文字描述和间接转述表达，话语平实、正式、严肃、规范，受众与之距离感强，对出镜记者和新闻事件本身难以留下深刻的印象。而移动直播具有伴随性、便携性，受众随开随关，若短时间内未能激起受众的观看欲望，则会流失受众。因此，移动新闻直播中的出镜记者，必须较好地把握受众的心理，摆脱中规中矩的表达姿态，朝着个性化、多元化的方向发展，用极富亲和力、感染力的语言拉近与受众之间的距离，呈现出有趣的、鲜活的新闻表达。

三、“移动新闻直播＋”：新闻报道新模式

“适配多样化的场景、表达和情感带入更快速直接、更适合分享成用户社交资本的视频将成为媒介生产的常态和主要形式”②，在视频转向的大趋势下，移动新闻直播与短视频、AR、大数据等要素联动，创新了新闻报道模式，让人们看到了

---

① 詹晨林：《移动新闻直播的叙事特点与语态创新》，《新闻战线》2017 年第 8 期。

② 蔡雯、翁之颢：《专业新闻的回归与重塑——兼论 5G 时代新型主流媒体建设的具体策略》，《编辑之友》2019 年第 7 期。

新闻和技术结合的更多可能性。

（一）移动新闻直播+短视频：全碎结合

全景化、全时段、全过程的“全”叙事不符合受众碎片化的阅读习惯，受众难以花大量时间和精力集中观看完整的移动新闻直播。此外，观看移动新闻直播需要无线网络大规模覆盖或大流量支撑，不流畅、视野局限等现实因素会影响移动新闻直播的观感，大大降低移动新闻直播的播放率和覆盖率。因此，媒体在选择移动直播报道这一形态时，往往倾向于进行“轻直播”，即“直播设备便携、发布流程简化、编辑方式多样、直播时长较短”①。同时，媒体探索出“全碎结合”的新策略，充分利用短视频“短小精悍”、趣味性、传播力强等特性，采用“移动新闻直播+短视频”的协同模式。两者不是简单的“1+1=2”，而是根据两者的特性配合使用，以实现“1+1>2”的传播效益。“全”直播叙事可以使具备条件的受众全面了解新闻事件的来龙去脉，同时采用“短视频为直播预热、在直播中引入短视频、利用短视频引流回看直播”等策略②，提升新闻报道的传播力、影响力。短视频有助于对直播内容进行精细化处理，把精彩的部分切割成数个独立的短视频，把握十几秒的时间争取到更多不在场的受众。

（二）移动新闻直播+VR：场景适配

人们加速进入沉浸传播时代，“以人为中心、以连接了所有媒体形态的人类大环境为媒介而实现的无时不在、无处不在、无所不能的传播”③，颠覆了传统收视下的接收、体验状态，“人、媒介、环境互为彼此，互相交融”④，从沉浸社交到沉浸生存，沉浸媒介的融入将对未来的直播生态产生深刻的影响。传媒业正积极与沉浸媒介对接，将其应用于新闻传播领域。其中“移动新闻直播+VR”是伴随着沉浸媒介发展而生的新型传播模式，并在大型活动及体育赛事上被广泛应用。“移动新闻直播+VR”不是简单的技术嫁接，而是遵循沉浸时代、场景时代逻辑进行的优势互补、准确适配，以满足受众泛在化、交互性、沉浸感、临场感等需求。VR为受众提供了交互式的、可沉浸的虚拟三维空间，重塑了受众的新闻体验，同时全画面、多角度进行360°全景捕捉，最大限度地呈现了新闻现场，降低了新闻内容的信息衰减，一定程度上消解了电视框架的遮蔽性，真正意义上通过镜头再现现实

---

① 丁晗：《全景直播：移动互联网背景下的新闻报道新样态——以人民网专题〈两会进行时〉为例》，《新闻战线》2017年第6期。

② 宋晓川：《谈移动互联网时代的短视频与直播》，《电视指南》2018年第9期。

③ 李沁：《沉浸传播：第三媒介时代的传播范式》，清华大学出版社，2013，第43页。

④ 李沁：《沉浸媒介：重新定义媒介概念内涵和外延》，《国际新闻界》2017年第8期。

的完整场景①，受众同时可以通过直播参与实时交流互动，从新闻事件的旁观者变成“参与者”，将个人情绪与体验延伸至群体。

（三）移动新闻直播 + 大数据：消费升级

大数据作为“场景五力”中的关键要素之一②，对受众的情境体验、情境消费发挥了重要的作用，“每个人的关系角色都是在特定的情境下完成的，这就需要以用户为中心（UC），以位置为基准（LBS），以服务为价值（VA）的思路和做法，这个时代要有 IT 技术、大数据技术，还要有人工智能技术”③。可以预见，技术将进一步赋能新闻传播，大数据的运用也是新闻生产的必然趋势之一，这对移动新闻直播生产提出了新的要求。基于场景消费需求，移动新闻直播加大对大数据的运用力度，提高受众获取信息的精准度，在凸显智媒的基础上升级受众消费体验。一方面，直播对大数据的运用能够提高移动新闻直播的生产力和实用性，通过大数据技术能够迅速、准确地进行数据收集、清洗、整理，并进行可视化呈现，增加移动新闻直播的信息量，增强新闻产品的可看性和趣味性；另一方面，大数据能够实现对用户数据的追踪和分析，在此基础上勾勒出真实、具体的用户画像，对于有效了解用户需求、抓住用户消费心理具有重要意义，由此创作和向用户推送他们感兴趣的移动新闻直播产品，增强了用户忠诚度和黏性。

“一种信息传播的新方式所带来的社会变迁，绝不止于它所传递的内容，其更大的意义在于，它本身定义了信息的传播速度、来源、传播数量以及信息存在的语境，从而深刻地影响着特定的社会关系、结构与文化。”④ 传统的新闻生产和报道理念难以回应用户多元化、视频化、个性化等信息消费需求，移动直播多模态整合、多向交互、多屏联动等特性重新定义了信息消费，重塑了新闻报道形态，成为媒体融合“新常态”，为受众带来了全新的消费体验。同时移动新闻直播在推进媒介融合进程中发挥了重要的作用，以崭新的叙事逻辑影响社会和受众。未来，各大媒体应当立足媒介融合的大环境，加强对技术的控制力，不断探索新型的运作逻辑和报道模式，稳步推进移动直播与新闻业的融合发展。

---

① 郭小平、陈亦珂：《技术赋能：5G 时代视听传播的媒介创新与数字审美》，《电视研究》2019 年第 4 期。

② ［美］罗伯特·斯考伯、谢尔·伊斯雷尔：《即将到来的场景时代》，赵乾坤、周宝曜译，北京联合出版公司，2014，第 11 页。

③ 胡正荣：《移动互联网时代传统媒体的融合战略》，《传媒评论》2015 年第 4 期。

④ 潘文忠：《无人机航拍在电视新闻报道中应用初探》，《试听纵横》2017 年第 2 期。

第三节 媒介融合与移动新闻直播的未来

智能手机已经成为人们日常生活中必不可少的工具，也成为人们获取新闻资讯的重要途径。传统的电视新闻直播流失了大量的观众，新闻报道形式需要不断地创新以适应人们当下的生活习惯。在这样的时代背景下，以数字智能设备与移动通信技术为支撑的移动新闻直播顺势而生。移动直播是一种新的传播方式，传播者以移动端为载体，通过视频的导入、转码与分发处理，不仅实现“即播即看”，还能利用互联网技术保存视频内容，方便用户多次观看①。这种新闻报道方式符合当下大众的媒介偏好，给新闻行业的发展带来了新的生机。而在5G时代，移动新闻直播也将面临新的机遇与挑战。

一、5G时代下移动新闻直播的重大突破

4G技术推动了移动直播的产生，促进了直播行业的发展。然而，4G时代的视频传播存在着一定的局限，如视频清晰度、流畅度受到限制等。5G技术以其高速率、大容量、低延时等优势给移动网络带来又一次变革，大大改善了移动新闻直播的观看体验。

（一）实时传播：高清、高速、低延时

与4G网络相比，5G环境下用户可获得的最低传输速率将由原来的10 Mbps提高到100 Mbps—1000 Mbps，网速是原来的10—100倍；同时，5G网络也将延时降低到了毫秒量级，为视频交互提供了更好的技术支持②；此外，5G的峰值速率将达到Gbit/s的标准，以满足高清视频、虚拟现实等大数据量的即时传输需要。高速率、大容量、低延时的5G网络技术能够实现新闻报道的实时传播，并且极大地提高新闻直播的视频画质。

目前，我国媒体对于5G移动新闻直播已经做出了初步的尝试，并有望在不久的将来进行全面推广。2019年5月5日，中央广播电视总台5G+4K+AI媒体应用

---

① 周满治：《浅析移动直播在新闻传播中的运用》，《新闻前哨》2019年第9期。

② 代译辉、祝晶：《5G技术在媒体融合发展中的应用》，《有线电视技术》2019年第12期。

实验室于上海正式启动。在 2019 年 10 月 1 日的国庆阅兵仪式中，中央广播电视总台采用 5G +4K 的模式，按照 4K 分辨率/50 帧/HDR/BT2020/10 bits 的高画质标准，以 36 Mbps 的高码率进行了全国范围内的同步直播。与此同时，分布在国内十余个省份的共计 70 块电影屏幕也引入了本次直播的信号。超高清的画质与电影院的大银幕相结合，更加真实全面地表现出了阅兵式现场的气势如虹。

而在 2020 年的新冠肺炎疫情报道中，5G 技术则为全国人民“云监工”火神山医院的建成提供了支撑。火神山的 5G 网络，现场测试下行为 921 Mbps，上行是 133 Mbps①，保证了视频的无失真传输。同时，5G 网络的大容量特征也使得成千上万的人能够同时在线观看高清直播。在这样的条件下，广播电视行业能够直接将现有的网络设备与基站相连，完成 5G 组网，并最终构成高性能网络框架，支撑起了火神山医院建设的直播全程。在全世界为中国速度而感叹时，也应该看到这场直播背后的 5G 通信技术。

（二）全新体验：场景拓展、沉浸式体验

5G 技术的大容量特点使得 VR 的大数据量能够传输，同时 5G 技术的低延时特点也使得 VR 的使用体验得到提升。通过 5G 网络将 VR 技术应用到移动新闻直播中，能够增强新闻报道的现场感、客观性、自主性与交互性。在 5G + VR 直播中，媒体的中介角色被削弱，观众的个性化需求得到了满足。未来，5G 技术配合 4K、8K 的高清拍摄设备以及 360°的全景拍摄，同时辅以 VR 技术来真实地再现新闻现场，传统意义上的移动新闻直播将被彻底改变，全新的在线新闻直播时代随之到来。

在 2019 年的国庆阅兵仪式中，央视新闻与中国移动咪咕视频公司携手打造了历史上首次 4K 超高清全景直播阅兵盛典。本次直播为用户提供了独特的七路视角，包括高空与地面、全景及近景。与传统模式的被动视角不同，用户能够主动选择观看视角，自由切换直播画面，从而获得相对个性化的观看体验。多视角的融媒体产品扩展了原始的新闻直播场景，为移动新闻直播的创新发展提供了一条新的思路。

2019 年 10 月 18 日至 27 日，第七届世界军人体育运动会在湖北武汉举行，中央广播电视总台对此进行了 5G + VR 全景转播。在此次 VR 转播中，总台 VR 技术团队充分利用组委会在场馆区和主媒体中心建设的 5G 网络资源，增强了 VR 拍摄

---

① 孙松林：《直播笔记丨火神山秒建 5G 基站，“云监工”背后的是通信技术的极限挑战 5G 专题（上）》，https：//mp. weixin. qq. com/s/qWHG-a1CW-BfIbFWI1M0w，访问日期：2020 年 2 月 15 日。

和传输制作的灵活性，为军运会各新媒体平台提供了大量优质高效的VR视频，成为其在内容方面的强有力的支撑①。通过接入5G网络的VR设备，人们可以身临其境地感受军运会现场的激烈角逐，从而获得沉浸式的观看体验。

（三）共同参与：多维视角、云端修正

5G技术推动云技术不断进化，云系统不仅能够方便用户的使用，而且其自身的存储也能够增加更多的个性化服务体验，大大促进云技术的利用效率②。5G时代下的移动新闻直播将不再是传播者个人的舞台，观众也可以通过云端在线对直播内容进行实时的补充、修正，以提供更加多维的视角。这种传者与受者共同参与的移动新闻直播能够拉近二者之间的距离，在互动中发现截然不同的视角，有利于打破“信息茧房”。目前，该技术还停留在假设阶段，并没有在实际操作中得到运用。或许在5G网络全面覆盖的将来，移动新闻直播能够呈现这一集思广益的画面。

二、移动新闻直播面临的风险挑战

5G技术在为移动新闻直播带来高清、高速、低延时等优势的同时，也必然会带来各种各样的问题与困境。只有正确认识并合理利用5G技术，才能够更好地面对未来的风险挑战。

（一）信息过载：爆炸式增长、井喷式涌现

高速率、大容量、低延时的5G网络减少了移动直播的成本，降低了新闻直播的门槛，大多数人都可以通过直播软件进行移动新闻直播。在这样的情境下，新闻视频将呈现爆炸式增长、井喷式涌现，并最终造成相当程度上的信息过载。面对鱼龙混杂、质量不一的海量新闻视频，人们需要耗费极大的精力从中寻找有价值的信息。同时，过多地接触无意义信息也会分散人们的注意力，使得真正有意义的信息得不到广泛关注。

对此，沃尔曼指出，数据的增长会使人们感到无法与知识增长同步，并产生焦虑情绪，即信息焦虑③。他认为“信息焦虑是数据和知识之间的一个黑洞，在信息

① 周建：《5G + VR技术与体育赛事类新媒体内容制播结合的思考与实践》，《现代电视技术》2020年第1期。

② 陈世勇：《5G技术发展现状及未来的应用》，《中国新通信》2020年第1期。

③ 胡毓靖：《信息过载时代的信息焦虑与新媒介素养》，《新闻传播》2019年第15期。

不能告知人们需要了解的东西时，它就会产生”[①]。信息焦虑不仅会影响到人们的日常生活，还会干扰其对信息和知识的获取能力。信息过载问题将会是5G时代下移动新闻直播所产生的必然问题之一。

（二）舆论监管：众声喧哗、多元解读

目前，移动新闻直播的一大特色便是弹幕。弹幕本身源自军事术语的“用大量或少量火炮提供密集炮击”，在射击游戏中也指类似的密集攻击。当大量吐槽评论从屏幕飘过时，其效果看上去像是飞行射击游戏里的弹幕，所以网友将这种大量评论出现的效果叫作弹幕[②]。通过弹幕，人们可以自由地发表自己的观点与看法，与他人进行互动与讨论。未来，在5G网络的支撑下，移动新闻直播中的弹幕将更加丰富多彩，最终实现真正意义上的实时交流、无时差交谈。

然而，信息爆炸极大地增加了舆论监管的难度。弹幕发言的随意性与即时性，使得监管者无法对每一条弹幕进行内容审核，这样可能会造成不良言论的错误引导以及非理性内容的大肆传播。同时，受众之间的互动交流也使得新闻的内容面临着多元化的解读。当不同的观点之间发生矛盾与摩擦时，人们很容易因此而争吵起来，逐渐偏离移动新闻直播的内容本身，造成舆论失焦，并最终可能促使群体极化。健康积极的媒介生态需要正确的舆论引导，如何做好5G时代下的舆论监管工作将会是移动新闻直播的又一大挑战。

（三）伦理问题：个人隐私、全景监狱

法国哲学家福柯在《规训与惩罚》一书中提出，传统社会的管理者主要是通过信息不对称的方式来实现成本更低、效率更高的社会治理。这种控制形式恰如古罗马人发明的一种金字塔式的监狱：犯人被监禁在不同的牢房中，狱卒则处于最高一层牢房顶端的监视室内，他可以看到所有犯人，而犯人们却看不到他，并且犯人们彼此之间也缺少有效沟通和传递信息的渠道。在这种情况下，无论管理者是否到位或者缺位，犯人们都假定它的存在，因而不得不接受外在控制，同时也自觉地惩罚自己[③]。在互联网时代，全景监狱体现在各类软件对用户的信息收集。通过收集到的信息完成用户画像后，平台管理者能够轻而易举地掌握用户包括地理位置、社交关系等在内的个人隐私。

---

① ［美］Richard Saul Wurman：《信息饥渴：信息选取、表达与透析》，李银胜等译，电子工业出版社，2001，第18页。

② 张敏：《媒介融合视角下弹幕应用探析》，《河北农机》2019年第11期。

③ ［法］米歇尔·福柯：《规训与惩罚》，刘北成、杨远婴译，生活·读书·新知三联书店，2003，第224—227页。

大数据时代，各大平台对于用户的争夺已经体现在对用户信息的争夺之上。只有掌握的用户信息越详尽，对用户的画像越精准，才能提供更加符合用户喜好的个性化服务，从而扩大用户群体，提高用户黏度。5G 时代万物互联，镜头无处不在，用户信息的争夺之战将愈发激烈。未来的移动新闻直播无法像传统的新闻直播一样提前规划好每一帧的视频画面，极有可能在不经意间暴露他人的个人隐私，将其置于全景监狱之下。移动新闻直播需要格外注意伦理问题，做好他人的个人隐私保护。

三、媒体融合视域下移动新闻直播的优化路径

5G 时代已经悄然来临，移动新闻直播价值与作用的充分释放，需要从各个层面共同发力对其进行优化。

（一）强化把关：技术 + 人才

5G 技术对移动新闻直播的把关能力提出了极高的要求。只有不断地强化相关人员的把关能力，才能够占领舆论高地，正确地引导社会舆论。

从技术层面来看，直播平台可以对违规敏感的内容进行屏蔽。例如，通过设置关键词屏蔽，可以过滤掉含有敏感词的弹幕发言；设置特定画面屏蔽，则可以减少相关内容的曝光程度。应该看到，这样的技术过于死板，缺少人文思考，会造成理性声音的丧失，一定程度上剥夺群众的合理发言权。因此，仅仅依靠技术来强化把关是不够的。

新技术正向效应的最大化，是一个漫长的探索过程。虽然目前的 5G 理论研究让人们预见了其为移动新闻直播带来的诸多发展机遇，但是技术的全面落地仍任重道远，人才才是技术升级和应用的关键因素①。未来的移动新闻直播需要技术与专业知识兼备的人才进行二次把关，为新闻传播行业的发展保驾护航。

（二）平台融合：传统媒体 + 互联网公司/新媒体平台

移动新闻直播的优化不仅需要先进技术的引进，还需要传播思想的更新。新闻工作者需要摒弃以往各自为营的传统观念，积极与其他平台融合，打造共赢的局面。通过多平台融合来分发消息，移动新闻直播能够形成多渠道的传播矩阵，推动新闻信息快速传播。

首先，传统媒体之间需要互帮互助、共谋发展。传统媒体需要意识到，互联网

---

① 徐静：《机遇与挑战：5G 时代新闻传播领域的变革》，《出版广角》2019 年第 17 期。

时代下的竞争对手早已不是其他传统媒体，而是不断发展壮大的新媒体平台。与其鹬蚌相争渔翁得利，不如团结起来通力合作。这样，传统媒体的移动新闻直播也能够凭借其权威性与专业性的优势在新的时代背景下屹立不倒。

其次，传统媒体也需要积极寻求与互联网公司或新媒体平台的合作机会。目前，已有一部分移动新闻直播平台做出了积极的尝试。比如广受关注的“我们视频”就是新京报和腾讯新闻合作的成功案例，前者发挥内容创作的优势，后者具有强大的传播渠道和互联网技术，两者的融合实现了内容生产和传播平台的良性互动，产生了“1+1>2”的传播效果①。

（三）伦理法规：媒介素养+新闻专业主义+法律法规

5G技术将使新闻传播的速率上升到前所未有的高度，却在一定程度上增加了网络舆情失控的风险。信息发布平台的事前审核将失去时间窗口，监管部门的事后追审也更难操作②。坚守移动新闻直播的伦理法规底线，需要社会大众、新闻工作者以及相关部门的共同努力。

首先，大众需要提升自己的媒介素养。面对移动新闻直播中纷繁复杂的信息，大众需要培养自己明辨是非、独立思考的能力，不被别有用心之人混淆视线。其次，新闻工作者要坚持职业精神、提升核心能力。面对5G时代下移动新闻直播的各种挑战，新闻工作者需要努力学习新的技能，并且不断提高自己的专业能力，这样才能做好党和人民的喉舌。最后，相关部门也要制定、完善法律法规。面对移动新闻直播中发生的法律纷争，相关部门需要及时制定并不断完善该领域的法律法规，加大对网络信息传播失范行为的惩罚力度，为互联网信息的内容监管提供制度保障。

---

① 刘临春：《媒体融合视域下移动新闻直播的优化路径》，《出版广角》2019年第7期。

② 张志安、汤敏：《网络技术、人工智能和舆论传播的机遇及挑战》，《传媒》2018年第13期。

第七章

VR / AR新闻的流变与影响

- VR/AR 技术溯源与实践
- VR/AR 新闻发展概述
- VR/AR 技术适配的新闻类型
- 机遇：变革与重塑
- 挑战：问题与思考

VR（Virtual Reality，虚拟现实）技术，是指以计算机技术为核心生成的与一定范围真实环境在视、听、触等方面高度近似的数字化环境。AR（Augmented Reality，增强现实）技术，是一种将虚拟信息与真实世界巧妙融合的技术，将虚拟信息内容在真实世界中加以有效应用，并且被人类感官所感知，从而实现超越现实的感官体验。

VR/AR 技术和新闻业融合，泛指所有将 VR/AR 技术运用于新闻采编、报道、展示过程中的新闻作品。伴随着媒体融合的不断深入发展，融合新闻的形态与内容也不断丰富，其中高新科技的发展对融合新闻样态的改变起着重要作用。近年来，VR/AR 技术的发展取得了许多突破性的成果，也被越来越多地运用到各个领域，新闻行业便是其中之一。

第一节　VR/AR 技术溯源与实践

VR 与 AR 都是前沿技术，但两者也存在一定的区别。本节对这两种技术的发展过程进行简要溯源，勾勒其历史特征。

一、定义与区别

Virtual Reality，简称 VR，译为虚拟现实，是指结合对接控制设备等辅助设备，通过计算机程序对信息进行处理和运算，最终在显示终端形成的可交互、模拟自然状态与三维立体环境并使人产生沉浸感的技术①。哥伦比亚大学新闻学院的《VR 新闻学》则从媒介研究的角度定义 VR：VR 是一种沉浸式媒介体验，它复制的世界可能来自现实环境，也可能来自想象空间，用户与 VR 世界的互动方式是身临其境。而 AR 是 Augmented Reality 的简称，被译为增强现实，是一种能够对摄像机的影像角度、具体位置等进行实时计算分析的技术，并使之能够在现实世界中完成对于虚拟世界的嵌套，推动两者的有效互动②。

VR 是将用户与周围环境隔离开来，为用户打造一个完全虚拟的环境，让用户沉浸在这种虚拟环境中，并与之互动。AR 则是将计算机生成的虚拟物体，或其他数字信息，有机地叠加到用户所看到的真实世界中，对人的视觉系统进行景象的增强或扩张，增强用户对现实世界的感知能力和与现实世界的交互能力。AR 让虚拟

---

① 李鑫澄：《论虚拟现实技术在虚拟传播中的应用》，硕士学位论文，湘潭大学，2017。
② 夏蕾：《探析 VR/AR 应用场景及关键技术》，《电脑编程技巧与维护》2018 年第 10 期。

物体从感官上成为周围真实环境的一个组成部分，是对现实世界的信息补充，而不是完全替代现实环境①。

二、VR/AR 技术的发展

20 世纪 60 年代以前，现实虚拟技术还只停留于人们的想象中。1935 年，坦利·威因鲍姆发表的小说《皮格马利翁的眼镜》呈现了对虚拟现实技术的畅想，里面提到的设备预言了今天的 VR 穿戴设备。20 世纪 60 年代末，计算机图形学之父和虚拟现实之父伊凡·苏泽兰（Ivan Sutherland）研发出视觉沉浸的头盔式立体显示器和头部位置跟踪系统，同时还开发了一款终极显示器——达摩克利斯之剑。这成了最早的实体 VR 设备，但这款设备十分笨重，因此不得不把它悬挂于天花板来减轻穿戴者的负担。20 世纪 80 年代初，美国 VPL 公司创建人 Jaron Lanier 提出“Virtual Reality”这一术语。受限于技术发展水平，20 世纪八九十年代，VR 技术的商业化尝试以失败告终，虚拟现实最终还是没有被大众消费者接受。20 世纪 90 年代，虚拟现实的配套技术取得突破，Sense8 公司开发“WTK”软件开发包，极大地缩短了虚拟现实系统的开发周期。另外，虚拟现实建模语言的出现，为图形数据的网络传输和交互奠定了基础。

1961 年，路易斯·罗森伯格（Louis Rosenberg）在美国空军阿姆斯特朗实验室中开发出了 Virtual Fixtures，其功能是实现对机器的远程操作。罗森伯格其后研究方向转至增强现实，也包括如何以虚拟图像叠加至用户的真实世界画面中，虚拟现实与增强现实出现分流。波音公司的研究员 Tom Caudell 于 1992 年首次使用“Augmented Reality”一词，当时 Tom Caudell 和他的同事正在开发头戴式显示系统，便于工程师使用叠加在电路板上的数字化增强现实图解来组装这个电路板上的复杂电线束。1999 年，ARToolKit 问世，它的出现对 AR 的应用和推广意义重大。ARToolKit 的出现使得 AR 技术不再局限于研究机构之中，许多普通程序员也可以利用 ARToolKit 开发自己的 AR 应用。

---

① 张建中：《将场景置于读者手中：增强现实新闻报道的创新实践》，《新闻界》2017 年第 1 期。

第二节 VR/AR 新闻发展概述

先进技术具有强大的渗透能力，能够有机地嵌入不同领域。近年来，VR 与 AR 技术在新闻行业中的运用愈发呈现出常态化的趋势，VR 新闻与 AR 新闻也成为常见的融合新闻样态。

一、VR 新闻

作为一种新的新闻呈现形式，VR 新闻主要指结合 VR 技术的新闻报道，其能还原事件发生的场域，突破时空限制，近乎完整、生动地重现新闻事件本身，给受众提供真实的现场感。VR 新闻需要工作人员对原始新闻素材进行采集以模拟现场场景，通过计算机建构虚拟环境重现事件，最终让观众使用 VR 设备获得事件体验①。

（一）VR 新闻的分类

从新闻沉浸程度的层面，VR 新闻可以分为全沉浸、部分沉浸和浅沉浸三种，其中全沉浸式 VR 新闻指用户需要利用 VR 穿戴设备，如 VR 眼镜或头盔，进入完全虚拟的环境中。例如纽约时报推出的难民题材 VR 报道 *The Displaced*（《流离失所》），用户需要佩戴 VR 头戴式设备才能观看这篇报道，体验者能够以战争后流离失所的儿童的第一视角，深入地体验战争的残酷与血腥。而部分沉浸型 VR 新闻不需要佩戴 VR 设备，较之浅沉浸型 VR 新闻的互动性和参与性更强，如结合 H5 或小游戏。浅沉浸型 VR 新闻是当前最为常见的 VR 新闻，主要以 360°全景图片或视频报道为主，用户在自己的手机、电脑或其他电子设备上点开报道即可查看。

从新闻呈现方式的角度，VR 新闻则可以分为 VR 图片新闻、VR 视频新闻以及 VR 直播新闻。VR 图片新闻以全景图片的静态展示为主，在涉及景点导游、活动会场介绍类的报道中比较常见。VR 视频新闻则是 VR 新闻中最为普遍的一种，绝大多数的 VR 新闻报道都是采用视频的形式，动态展示事件。而 VR 直播则会应用于较为大型的活动，如新中国成立 70 周年的大阅兵报道中，中央广播电视总台就

---

① 周丽：《“VR 新闻”概念的滥觞与误读》，《传媒》2017 年第 24 期。

进行了 VR 直播，用户可以自行决定观看的机位，通过 VR 设备、手机等设备实时观看。

（二）国内外 VR 新闻的媒体布局

国内有关 VR 新闻发展历程的研究，大多将 2015 年纽约时报的 VR 新闻尝试作为 VR 新闻的起点。其实，英国广播公司（BBC）2014 年就已经开始试水 VR 技术了。2014 年 11 月 11 日是第一次世界大战结束 96 周年纪念日，BBC 与 BDH（一家做数字设计和制作的服务机构）合作，开发了一款 VR 手机应用——War of Words VR，它是一次简短的战争体验，游戏内容来源于第一次世界大战中的战地诗人 Siegfried Sassoon 的作品。

不过，2015 年确是国外 VR 新闻大发展的一年。在这一年的 5 月，美国广播公司（ABC）在一部电视剧中推出了虚拟现实体验，并在 9 月上线了 ABC NEWS VR 频道。而后来被视为 VR 新闻领头羊的纽约时报，也在 11 月正式启动关于 VR 内容制作的项目，与 Vrse 公司合作拍摄了 5 个有关世界难民生活的视频，其中上文提及的 VR 作品《流离失所》就是该系列的第一个 VR 新闻。此外，为了更好地推广 VR 新闻，纽约时报还免费为 100 万订阅了该报的用户发放谷歌 Cardboard 眼镜。纽约时报对 VR 新闻的投入引起了较大的社会反响，其他主流媒体也纷纷加快了对 VR 新闻的布局和投入。2016 年，美联社与 AMD（芯片制造商）合作推出了虚拟现实门户网站。同年，美国有线电视新闻网（CNN）推出了一个名为 CNNVR 的全新沉浸式新闻栏目，今日美国网站则推出了一个每周新闻系列“VRtually There”。

国内主流媒体对 VR 新闻的系统布局稍晚于国外，其中对 VR 新闻投入较大的有人民日报、新华网、央视和财新网等主流媒体，新闻选题多为重大事件，新闻形式以 VR 全景视频为主。2015 年，国内开始出现 VR 新闻，主流媒体零散地利用 VR 技术进行新闻报道，例如财新传媒、中国发展研究基金会和联合国千年计划共同出品的虚拟现实纪录片《山村里的幼儿园》，人民日报全媒体中心借助 VR 技术报道“9·3”胜利日大阅兵。2016 年对国内 VR 新闻发展意义重大，在 2016 年全国“两会”报道中，人民日报客户端、新华网、光明日报和法制晚报等媒体均采用了 VR 新闻视频形式。其中，光明日报尝试使用了先进的六面全景摄像机；新华网在“两会”专题下开辟《VR 视角》栏目，尝试各种形式的 VR 新闻视频（如新闻发布会、会议记录、现场采访，甚至有“新闻 + 闯关游戏”），大大增强了新闻的互动性①。同年 5 月，新华网还上线 VR/AR 频道，并与中国电子技术标准化研

---

① 杨慧、雷建军：《作为媒介的 VR 研究综述》，《新闻大学》2017 年第 6 期。

究院签订战略合作协议，共同推出“虚拟现实·增强现实国家及行业标准征集平台”；6 月，重庆晨报上游客户端上线 VR 新闻频道；8 月，法制日报牵头 15 家都市主流报纸成立 VR 新闻实验室，成为国内首家 VR 新闻媒体联盟。2019 年 2 月，中央广播电视总台央视新闻客户端正式推出了“VR 频道”，聚焦央视新闻的全景图片新闻、360°视频新闻和 VR 视频新闻报道。

二、AR 新闻

AR 新闻是指利用现实增强技术来处理新闻影像，将虚拟影像和现实影像融合，使真实的环境和虚拟世界实时进行叠加，增强新闻信息中影像的现场感和真实感。“相对于传统的新闻图文、视频，AR 新闻具有更强的扩展空间的表现能力，并能够以其虚实结合、实时交互的特点，给多样化信息传播增添了更多可能。”①

如果说 2015—2017 年是 VR 新闻的黄金发展期，那么 2017 年之后则是 AR 新闻的蓬勃发展期。在经历了两到三年的新鲜期和适应期后，受众逐渐对以全景图像和视频为主的 VR 新闻不再陌生。另外，VR 新闻还存在制作周期长、成本高、受众量小、推广难度大等问题。而 AR 在新闻行业的应用开始增多，AR 带来的无缝衔接、嵌入现实的立体虚拟影像得到越来越多用户青睐。

2017 年，华盛顿邮报推出了第一个 AR 系列报道，允许用户自行通过该报的手机客户端探索世界各地的创新性建筑。2020 年 2 月，华盛顿邮报与 AT&T 合作，继续扩大对 AR 新闻的投入。作为 VR 新闻领航者的纽约时报，在 AR 新闻方面的表现依然不俗，2018 年纽约时报推出了 13 个不同的 AR 项目，内容从叙利亚爆炸调查报道到欧洲核子研究委员会（CERN）的大型粒子对撞。同期，BBC 推出与《文明》系列纪录片同步的 AR 应用，这款 AR 应用为用户提供了一个“近距离”观摩艺术品的机会，用户可通过手机欣赏纪录片中涉及的艺术品。

而在国内，2018 年，新华社客户端添加了 AR 功能，通过扫描图形和物体，在手机上呈现增强现实（AR）报道形态。同年，华西都市报推出了一项名为“魔码 AR”的辅助阅读服务，用户使用装有魔码的手机扫描报纸上的二维码或“More”图片时，就可实时看到相关新闻的视频、音频、网页、图片，例如最新的球赛视频、重大事件的现场报道、实时的路况推送、新车的视频演示等。2019 年 1 月 3 日嫦娥四号探测器成功发射，网易新闻 App 发起“AR 探测车体验在月旅行”活动。

---

① 蒋臻：《AR 技术对传统新闻生产方式和传播效果的影响》，《新媒体研究》2018 年第 24 期。

体验者可以借助安吉星定位系统，发现月球上的各大景点。同年，全国“两会”期间，人民网主推“AR 看两会”，人民网人民视频上线 AR 扫描功能，用户可通过扫描《人民日报》相关报道，让文字报道“动”起来。2020 年、2021 年，更多的主流媒体用 5G + AR 设备助力“两会”报道。

第三节　VR/AR 技术适配的新闻类型

VR/AR 有其独特的技术属性，可以丰富新闻的表现手段。但是，受制作流程复杂性影响，VR/AR 新闻在选题上存在一定局限性，并不是所有的新闻题材和类型都适合用 VR/AR 技术呈现。

一、VR/AR 的技术特性

格里戈雷·博迪和菲利普·科菲特在《虚拟现实技术》中指出，虚拟现实有三个特征：构想性（Imagination）、沉浸感（Immersion）和实时交互性（Interactivity），即虚拟现实的“3I”特征[①]。这三个特征同样适用于增强现实技术。

（一）构想性

构想性是指虚拟现实中的环境并不是真实存在，而是基于设计者的想象或者对于客观事物的不同认知，因此虚拟环境可以体现设计者的价值取向，同样可以实现某些目标。

（二）沉浸感

沉浸感是指用户在虚拟现实环境中所感知到的“真实感”。根据 VR 和 AR 的区别，使用 VR 技术可以实现“全沉浸”，而 AR 技术更多是实现“半沉浸”效果。

（三）实时交互性

实时交互性是指用户在使用过程中，对虚拟现实中物体的可操作和从自然环境得到反馈，以及人与人的直接交流。虚拟现实强调人与虚拟世界之间、人与人的自然交互，是因为这会加强虚拟现实的沉浸感，同时这种交互也应该是实时的。

---

① 蔡苏、张晗：《VR/AR 教育应用案例及发展趋势》，《数字教育》2017 年第 3 期。

二、VR/AR 技术适配的新闻类型

由于需要一定的制作工期且技术要求较高，VR/AR 技术在报道的时效性方面不具备明显优势。但对于一些可预知的新闻事件，例如大型体育赛事、新闻发布会、阅兵式等，具备前期准备条件，并允许做固定场景多角度拍摄的基础，可采用 VR/AR 新闻模式报道。另外，对一些时效性要求不高，但要突出视觉体验和视觉冲击的报道，如科技奇观类、旅游文化类等，VR/AR 新闻都具有很大的施展空间。

（一）突发性灾难或环境事故类报道

VR 新闻可以最大程度还原现场真实状况，给受众身临其境的现场感。如抗震救灾、抢险救援等现场状况，若只凭单纯的想象，受众很难体验到灾难现场的艰险与震撼。但 VR 技术能够重建和再现灾难前后的时空环境，这比其他任何形式的报道都更具冲击力与震撼性。此时受众不再只是一个被动接收新闻信息的旁观者，而更像一个“身处其中”的新闻事件参与者①。例如，法制晚报 2017 年推出的 VR 新闻《九寨沟地震全景纪实》，有利于人们全面了解此次地震的破坏程度与救援进展。

（二）重大的国内、国际事件报道

这类事件一般都可预先知道，比如奥运会、国外的总统大选、国内的“两会”等，这些大事件一般都会有大批民众关注，而 VR/AR 技术能够为受众提供近距离、第一视角的机会“亲历”这些重大事件，甚至可以提供机会让受众参与到该事件中，进而提升公众对事件的认知和参与度。例如，设立河北雄安新区，是党中央、国务院深入推进京津冀协同发展作出的一项重大决策部署，新华网 2017 年推出的《VR 记录：雄安 24 小时》，采用多角度、多场景、多人物的表现手法，以雄县、容城、安新三县的群众生产生活为切入点，记录了当地群众对雄安新区设立后的美好愿景。

（三）科技文艺类报道

图文形式的传统科普或文艺报道难以调动读者的兴趣，而 VR/AR 技术可以很好地解决这一难题。通过 VR/AR 技术的别样呈现，科技和艺术领域的动态、背景都可以在新闻报道中立体呈现，使观众简单轻松地了解其丰富内涵。例如，BBC 推

---

① 张剑、潘悦凝：《VR 技术在灾难新闻中的运用和影响》，《青年记者》2019 年第 32 期。

出的《文明》配套 AR 应用，可以让观众在观看纪录片的同时自行利用 AR 辅助了解其中涉及的艺术品。

（四）公共议题的专题式报道

相较于国内，这种类型的 VR/AR 新闻在国外似乎更为常见，国外媒体通常会由一个特定的公共议题或事件切入，然后围绕该议题或事件进行一系列的解释性和调查性的报道。例如，纽约时报 2017 年曾推出名为《弗林特依然靠瓶装水生活》（*Still Living With Bottled Water in Flint*）的公共服务类 VR 沉浸式新闻，报道了美国密歇根州的弗林特市水污染问题日益严重，引发了当地的饮用水危机。这一 VR 沉浸式新闻可以通过电脑、手机 App 或沉浸式设备来观看，场景再现产生极强的冲击力，引起公众广泛关注，人们纷纷谴责当地政府相关职能部门未及时采取应对措施①。

第四节　机遇：变革与重塑

VR/AR 技术造就了全新的场景空间，用户借助相关介入设备进入这个虚拟场景空间，感受着极具交互性的动态体验。这个场景本身就是媒介，在这个场景中，存在许多至关重要、缺一不可的构成元素。通过分析 VR/AR 新闻场景空间的结构元素，我们可以认识“沉浸新闻”的本质，同时在体验 VR/AR 新闻的过程中，尽量规避 VR/AR 新闻可能存在的风险。

一、VR/AR 新闻的基本要素

构成 VR/AR 新闻场景空间的元素大概有以下四种：感受新闻的主体视角、承载新闻事件的环境空间、构建新闻的细节要素以及拟真的自然流动时间。

BBC 于 2016 年发行的 VR 动画短片“We Wait”②，讲述了一个叙利亚难民家庭申请避难的真实故事，他们夜间要从土耳其乘走私艇穿过爱琴海偷渡去对岸的希

① 米华：《VR 沉浸式新闻开启传播的智媒时代——以英美主流 VR 沉浸式新闻报道为例》，《中国编辑》2018 年第 11 期。

② 宫永咲：《BBC 推出首部 VR 动画短片，中国 VR 内容商们在干啥?》，https://www.jiemian.com/article/1019235.html，访问日期：2016 年 12 月 12 日。

腊，下面将结合该VR短片对VR场景空间的构成元素加以分析。

（一）主体

在VR新闻中，用户的主体性发挥到极致，传播完全以用户为出发点，每个人都可以形成一个中心①，所报道事物的全部细节均可让用户自由选择观看，人的主动参与和选择形成不同的新闻产品，即传播形态和方式组合因主体选择而变。

VR技术运用于新闻传播领域，使得新闻突破了以往以文字、图片、音频、视频等为主的报道形式，新闻不再只是受众了解远方事件的材料。借助于VR技术营造的360°全景场域，新闻变成了用户可以去亲身经历的现场，"仿真"的新闻场景为用户理解新闻背后的事件提供了更多可能。

人们对中东难民问题或许多少都有些了解，但了解的程度未必很深，"We Wait"动画短片旨在让观众站在现场记者的角度，设身处地感受难民偷渡的困境。借助VR硬件，受众可以"进入"那片爱琴海，体验真实新闻事件发生、发展的整个过程。当然，该动画短片是VR新闻作品初期的产物，观众具备的主体选择性有限，但不难看出其以用户为中心的传播策略。另外，BBC注意到了用户与片中人物个体间的交互关系，制作方使用了"视线启动"技术：类似于眼动追踪技术，当观众的视线凝视故事中的几个主要人物时，他们就会开口"跟你交流"，并告诉你发生在自己身上的故事，用户可以在一定程度上主导新闻事件出场和推进的节奏。

（二）环境

VR新闻关注对现场空间关系的再现，试图还原最原始的现场为用户带来自然融入感。一方面，在VR新闻中，媒介化作各种终端的形态，已经被嵌入周边环境中，用户在观看VR新闻时身处"拟真"现实环境的虚拟环境，而媒介则隐身于虚拟环境中难以被感知；另一方面，正是媒介和人都被泛在网络连接到一起，共同组成了VR新闻的空间环境②。

在"We Wait"短片中，VR技术"拟真"现实环境创造了一片被黑夜笼罩的爱琴海，借助VR设备，用户在体验时可以感受到难民们看到的景象，这为用户的新闻体验创造了极大的沉浸感，从而用户的"情感共鸣"也得到了提升。

（三）细节

传统新闻重视的是对新闻事件的整体性转述，意在让观众了解新闻的全貌，而在VR新闻中，"整体"的概念退居其次。当然，VR新闻并非不注重新闻事件的完

① 李沁：《沉浸新闻模式：无界时空的全民狂欢》，《现代传播》2017年第7期。
② 李沁：《沉浸传播的形态特征研究》，《现代传播》2013年第2期。

整表达，而是将“整体”的概念隐身于整个作品表达的后方。VR 新闻更看重去为用户的主动感受创造条件，让用户在体验过 VR 新闻的细节后，自觉生出整体感。

细节是 VR 新闻营造真实感、渲染现场氛围的必要手段，也是最能向用户传递意义、传递情绪的场景符号①。具体来看，VR 新闻中的细节元素可以是场景中情节的处理、人物的姿态和表情，也可以是渲染氛围的声音、触感、嗅感、色调和光线等。在体验 VR 新闻时，细节将用户的注意力留在 VR 创造的“拟真”场景中，用户通过拖动场景，观察其中的细节，获取更有意义的深层次信息。VR 新闻场景中的细节，是 VR 作品能否创造出沉浸感和传递创作者“言外之意”的关键。

另外，在 VR 新闻中，用户对细节的选择可以是多样的，VR 作品本身就有着多种叙事并行的特性。用户凭借自己的感觉去选择细节的同时，也就选定了理解新闻的不同视角，从这种意义上来说，用户甚至可以“创造”新闻。

“We Wait”是一个有许多交互设计的短片，其中有许多小细节会让用户以为自己真的身处爱琴海：黑暗的海面上，观众“置身”狭窄危险的船上，被强烈的手电迎面照射，导致暂时失明的视觉体验；耳边连续传来的警察喊话等听觉体验，都强化了用户体验新闻时的沉浸感。

（四）时间

VR 新闻的时间是“虚拟时间”，而虚拟时间是对过去空间的重现与再造，是基于过去经验和记忆对新闻现场的虚拟性描绘与呈现②。在体验 VR 新闻时，用户感受到的就是“拟真”现实的自然流动时间，这种没有预设时间的自然流动为用户创造了足够的沉浸感和真实体验感，从而让用户失去了对时间的感知。再者，由于传播与接收的即时进行，人们在观看 VR 新闻时就会感觉自己身在新闻现场，而与现实不同的是，用户不仅可以选择旁观者和亲历者多重身份视角，还可以在“拟真”现在、过去、未来的空间随意穿越。

VR 新闻对时间呈现的完整性和不间断性，强化了用户在体验 VR 新闻时的真实感和整体感。从事实到新闻的转化过程来看，传统媒体对新闻的转述只能在有选择性的基础上对新闻进行断层式的简单呈现，而恰恰是这种选择性将用户与新闻事实割裂开来，创造了用户体验与真实性之间的微妙疏离感。在传统新闻情境中，用户感受到的是媒介的意图，他们永远有质疑新闻客观真实性的理由；而在 VR 新闻中，媒介从“转述者”转变为“渠道提供者”，媒介不再介入新闻呈现的核心，它

---

① 潘晓婷：《VR 新闻中的真实边界：符号重组与现实建构》，《当代传播》2019 年第 2 期。
② 李沁：《沉浸新闻模式：无界时空的全民狂欢》，《现代传播》2017 年第 7 期。

转身站到外围，为用户创造得以身处现场、直面和感受现场的条件，在这种情境中，用户取代了传统的媒介，对新闻事件拥有了自主的解读权。

在“We Wait”短片中，时间是虚拟时间，用户通过VR技术进入“拟真”场景空间，体验新闻事件发生的全过程，短片为用户创造的沉浸感使得用户感受不到时间的断层。不同于影视作品中时间的“快慢交接”，VR新闻中的时间是随着情节的推进自然流动的，这进一步加强了用户在体验过程中的沉浸感。

二、VR/AR新闻的传播过程

作为沉浸传播的两种形式，VR新闻与AR新闻的传播过程引发三种主要变化，分别涉及空间的重构与打通、新闻叙事的转向以及模态性与交互性的结合三个层面。

（一）空间的重构与打通

沉浸传播指的是“以人为中心、以连接了所有媒介形态的人类大环境为媒介而实现的无时不在、无处不在、无所不能的传播”[①]，它使个体完全专注于动态定制的传播过程。VR/AR技术作为沉浸传播在当下最重要的表达手法，为新闻传播业带来了无限的可能。

VR/AR新闻重构了物理空间、虚拟空间和智能空间，三大空间的边界在消解。其中，物理空间主要是指空间的客观性和物质性，虚拟空间关注话语的构建，而智能空间又被称为第三空间，在这个空间中，虚拟和物理空间一体化。“作为沉浸传播的VR/AR新闻将心理空间和物理空间、精神空间与智能空间、虚拟空间和真实空间全面打通，形成一个大生存空间，也就是沉浸传播的大空间。”[②]

1. 重构物理空间，使物理和心理空间相通

在传统新闻视角中，无论是文字、广播还是电视，语言符号和平面化的视觉符号都是通过一维空间的打造来告知人们新闻事实，这种新闻事实完全是由采写机构选择并制作。而VR/AR新闻不仅把人作为对媒介的积极使用者，更重要的，人作为媒介本身，也参与到核心舞台的展演之中。VR/AR新闻的制作者通过全面还原新闻事实，为受众打造一个身临其境的空间，使其物理和心理空间相通，切身感受到新闻发生现场的情景。

---

① 李沁：《沉浸传播：第三媒介时代的传播范式》，清华大学出版社，2013，第5页。
② 同上书，第12页。

2. 重构智能空间，使智能和精神空间共融

完整意义上的 VR、AR 新闻能够“自动感知”人们的行为，并且根据人们行为的变化，给出不同的新闻场景，使智能空间和人的精神空间得到较为完整的契合。截至目前，VR 新闻的实践化应用还处在比较初级的阶段，受众只能作为旁观者去“感受”和“观看”。即使 AR 新闻能够为受众提供与现实融合的智能化新闻，但人们的视角还是处于一种“可望而不可得”的状态。

3. 重构虚拟空间，使虚拟和真实边界消失

VR 新闻与 AR 新闻的相通之处是让人们处于“虚拟”的世界之中，其区别无非就是 VR 独立于真实空间之外，AR 则是真实和虚拟的融合。以目前的技术而言，人们通过一个头盔、一副眼镜就能够体会 AR/VR 新闻所展现的魅力，在虚拟的世界中无限徜徉。

信息技术与新闻业全方位链接，在对信息进行重构的过程中，VR/AR 适时诞生，在虚拟和真实之间，属于新时代的文化印记牢牢刻在技术之中，又通过技术表现出来。

（二）新闻叙事的转向

叙事学家认为叙事分为“故事”（story）和“话语”（discourse）两个层次。故事指的是被叙述的事实，即所指；话语指的是用于叙述故事的口头或笔头的语言，即能指。“故事”，即讲述的事实是客观存在的，无论是传统的文字新闻还是 VR/AR 新闻，讲好故事是共同的指向。话语是叙事的基本组成单位。无论是传统的文字、口语、视频等形式，还是 VR/AR 此类沉浸技术的全新呈现，向大众呈现新闻的过程就是叙事的过程。在这之中，“话语”运用的逻辑也会因技术应用的不同而不同。

传统的新闻话语结构，一般包括新闻核心事实、场景、所引发的反应与结果、背景、评论五个部分。其中，背景指的是“目前背景”和“过去背景”。去除评论这部分不谈，在 VR/AR 新闻中，背景与场景的边界消失。目前背景和过去背景在 VR/AR 新闻中全部成为当下“场景”的一部分，背景成为此类沉浸式新闻呈现中场景构建的一个元素。如果说原初意义上的场景只是作为新闻构成的一个普通环节的话，现在，场景已经成为沉浸式新闻的基础，是构建沉浸式新闻的核心要素。

除此之外，新闻话语结构中的一般规律，如非连续性、组装性也已经被连续性、嵌入性所取代。非连续性指的是新闻事实的排列不按照事实发生时间的顺序排列；组装性指的是新闻各材料、各范畴，在文中所处的位置具有一定的灵活性，可以像积木一样自由进行搭配。但这套逻辑在 VR/AR 新闻中完全不再适用，对现实

进行重构的巨大能力已经让本来“积木式”的组装性变成了“磁铁式”的嵌入性。事实呈现的各个部分不再独立，新闻中每个物体的呈现都是“作为整体的意识形态的传达”。

（三）模态性与交互性的结合

1. 从单模态到多模态的感官模态变化

模态是指人类通过感官来与外部环境进行互动的方式。其中感官包括听觉、触觉、视觉等，外部环境包括人、机器、物件、动物等。单个的互动方式称为“单模态”，两种方式交叉的互动称为“双模态”，“多模态”则是指有三个及三个以上的互动方式。口语传播时代，听觉是我们交流的主要途径，文字时代我们主要依靠视觉获取书面信息。电视兴起之后，视觉和听觉开始一起成为我们与电视进行信息交换的互动方式，“双模态”的互动方式成为主流。无论是传统的媒介形态还是新兴的媒介形态，一个新闻的语境依然由“话题、交际目的、媒介、参与者”四大部分构成。其中“媒介”因素的变化，会直接影响新闻语体的变化。学者赵雪认为，新媒介形式的“新闻语体”的语篇特征，已经变成了“对话性”和“多模态性”①。

VR 新闻将人们放置在一个完全虚拟的环境中，在这个场景中，每个主体都需要动用自己的视觉去观察、听觉去体会、触觉去感知，对外界的感知过程俨然已形成一个感官多方动用的“多模态”互动过程。媒介的日新月异，使人们与外部环境的互动方式从单模态发展为多模态。AR 新闻通过对虚拟物体进行真实塑造的方式，来调动人们的视觉、听觉、触觉，去身临其境地感受新闻发生的第一现场。

“图片延伸了人类的视觉功能，音视频延伸了人类的听觉与视觉功能。”② 从技术层面来看，VR/AR 新闻是沉浸传播的一种初级表现，真正的沉浸传播应具有“连接了所有媒介形态”“个人动态定制过程”等特点。在未来，VR/AR 新闻进一步向全方位的沉浸传播进化和发展。在听觉、视觉、触觉被调动的基础之上，VR/AR 技术会将嗅觉、味觉等多种感官加入未来的“多模态”变化中，全方位帮助人类体验并理解来自不同时空的信息。

2. 从技术到认知的触发机制变革

在 VR/AR 新闻呈现的虚拟现实环境中，模态性和交互性两种关键的技术启示

---

① 赵雪：《融合新闻的新闻语体》，《当代修辞学》2019 年第 5 期。

② 韦笑、潘理安：《VR 技术：对新闻传播业态的影响与改变》，《新闻与写作》2017 年第 8 期。

会触发三种认知启发——存在感、交互感和现实主义①。

存在感特指人作为主体在虚拟环境中对自我的感知。存在感的大小跟“现实”打造、现实与虚拟的融合程度有密切关系。在VR/AR新闻中，每个人都成为“现实”中的主体，一切随你所动。从第三人称视角到第一人称视角，人们在新闻中的存在感较之过往有了革命性的变化。虚拟与现实的界限消失，每个主体都在虚拟的世界中遵循着“现实主义”的逻辑进行信息的解码，存在感即现实主义。

作为沉浸传播的初级形式，VR/AR新闻的交互性需要从技术和心理两个层次理解。从技术层次上来讲，需要产生行为上的互动，又可以称为“人机互动”；而从心理层次来看，则是情感的维系和互动，实际上也是新闻价值当中“新闻的（心理）贴近性”的体现，通过它来建立更深刻的认识，搭建起更亲切的情感，以实现共情体验。

由技术触发的认知改变，已经成为VR/AR新闻对当今社会产生的巨大影响之一。5G商用之后，VR/AR的边界拓展会更加深入，一块小小的智能手机屏幕能够直接呈现“虚拟物品”“虚拟世界”，VR/AR新闻会在未来“全面视像化”时代继续深度发展和全面化普及。

三、VR/AR新闻的传播关系

在VR/AR新闻中，我们不仅要关注其场景空间的构成，也应该关注到在其新闻生产和传播的过程中，人和技术要素之间的关系呈现出什么样的新特点。

（一）新闻生产：人与机器的关系

依靠强大的人工智能技术，VR/AR新闻在很大程度上改变了传统新闻生产的各个环节②。在传统媒体时代，新闻生产从整体上说是以人为主导的，记者采写，编辑加工；到了互联网时代，记者被解放出来，需要记者亲自跑现场的新闻大大减少，机器抓取和分发成为新闻生产的重要力量；而在人工智能时代，新闻生产和传播的流程再一次被技术革新，在此过程中，人和机器的关系整体上开始呈现出“机进人退”的趋势。

具体来看，在信息收集环节，VR/AR新闻的生产可利用无人机等技术第一时

① Kang, J&Oprean, D&Kang, Jin&Oprean&Danielle, “Being There in the Midst of the Story: How Immersive Journalism Affects Our Perceptions and Cognitions,” *Cyberpsychology Behavior and Social Networking*, Vol. 20 (2017): 672—682.

② 朱晓颖：《人工智能对新闻生产传播流程的撕裂与重构》，《西部广播电视》2018年第1期。

间抵达现场——包括人去不了的现场，将第一手的新闻素材采集并上传到新闻机构“中央厨房”的统一后台；在写稿环节，人工智能技术可以直接从海量数据中抓取新闻最新进展、相关事件背景等关键及衍生信息，替记者整理出初稿所需素材，而记者则可在此基础上进行加工提炼，完成最终新闻稿件的写作；在编辑环节，人工智能技术可以连接整个网络上的信息对稿件内容进行大数据核实、编辑和检查，并向记者提出修改建议，新华社“媒体大脑”在编辑环节中便有这样的功能；而在稿件的分发阶段，人工智能深化发展的算法技术，可以智能、精准地选择读者群进行投放，极大地提高了新闻稿件的有效到达率；最后，在传播的反馈环节，人工智能技术能够突破时空的限制，与受众进行更有效的个性化层面的交互，对新闻阅读背景、相关衍生讯息进行拓展，这有利于提升受众对新闻事件的深层次理解与整体把握。

（二）新闻交互：人与媒介的关系

VR/AR 新闻不仅解放了新闻的生产者，在体验 VR/AR 新闻的过程中，用户也同样得到了解放。对接收信息的用户来说，新闻不再是媒体方一板一眼的简单呈现，而是成为可供用户自主解读的新闻材料，极大地革新了用户接收新闻的思想与路径。VR/AR 新闻作品打破了传统新闻从媒体到受众的单线叙事方式，提供了可供用户自由择选并组合的多样化叙事方式，用户通过自身的感官感受与 VR/AR 新闻的场景空间进行互动，在体验 VR/AR 新闻的过程中不断地拖动虚拟场景空间，从而对下一视角有所选择，用户在各自选择的基础上最终形成了理解新闻的不同路径。新闻与用户之间形成了一种新型的交互式关系，即交互式新闻，简单说来，就是人能与新闻进行互动，用户在接收新闻时能与新闻进行位置、内容等的交流①。

从媒介空间上看，VR/AR 新闻创造了一个 360°全景虚拟场景，用户借助设备体验 VR/AR 新闻，在这虚拟场景中用户拥有可以行走的、自由选择方向的权利。人是积极获取新闻的角色，而不是只能被动接收被发送出来的信息；在 VR/AR 新闻中，用户是发号施令、通过选择创造媒介内容的主体②；更有甚者，人不仅作为媒介的积极驾驭者，更作为媒介本体，进入核心舞台，人的主体性得到了空前的强调。

从某种层面来看，在 VR/AR 新闻中，人也是媒介信息的被动提供者，其被动性表现为：用户在获取 VR/AR 新闻时，其所处的媒介空间始终处于基础性的地位，

---

① 杜耀宗：《变革与争议：沉浸新闻简析》，《采写编》2018 年第 2 期。

② 李沁：《沉浸传播的形态特征研究》，《现代传播》2013 年第 2 期。

用户的行为选择、行为痕迹甚至生理状态都时刻被动地向外界散发相关信息，媒介主导方可以通过人工智能技术时刻获知用户的各方面信息。由此看来，在 VR/AR 新闻中，人与媒介始终处于交互体验的双向关系中，主体的能动性得到强化的同时，VR 技术也一直在强化人的被动地位。

（三）新闻场景：人与空间的关系

VR/AR 时代的到来，使得用户得以逼真地接近新闻现场，并能不受媒体单一解释影响，对新闻事件有更加多元的理解视角。在 VR/AR 新闻中，虚拟环境来源于现实环境，当然，媒体方不可避免地仍然存在选择性，最终，在此选择的基础上构建了特定的拟真化的新闻场景空间，用以象征现实生活①；而用户在接收新闻时会更容易对"拟真化"的虚拟空间产生沉浸感和临场感，并通过此虚拟空间构建起对于现实环境的新的认知和想象。

在传统新闻的叙事结构中，受众都是被置于消极被动的接受地位，传播是单向的，用户普遍被"外化"于故事之外，只是新闻事件的一个微不足道的"目击者"，不能"亲历"新闻体验。而在 VR/AR 新闻构建的虚拟场景空间中，主体具备可供选择的三种参与视角②：首先，主体可以选择体验成为新闻事件的当事人，即第一人称当事人视角，用户可以随时"亲历"各种新闻事件，该视角最能唤起用户的情感共鸣；另外，VR/AR 新闻也可以选择成为第二人称旁观者或者第三人称人物形象。相对于传统新闻的传播，这三种新闻参与路径让用户有了更为深刻的新闻体验。通过构建虚假的"临场"，新闻内容（别处发生的故事）与新闻接收者之间的边界被逐渐消解，主体通过多元参与获得深度的"社会临场感"③。

四、VR/AR 新闻的传播效果

从狭义上讲，传播效果是指信息在传播过程中对接收主体的认知、情感和行为产生的影响。从广义上看，传播效果不仅仅指对接收主体产生影响，传播过程中所涉及的信息客体本身和传播媒介也会有不同程度的影响。具体而言，VR/AR 新闻在传播的过程中，主要对新闻定义、新闻事实本身、用户以及承担传播行为的新闻媒介产生积极效果。

---

① 杜耀宗：《变革与争议：沉浸新闻简析》，《采写编》2018 年第 2 期。

② 潘晓婷：《VR 新闻中的真实边界：符号重组与现实建构》，《当代传播》2019 年第 2 期。

③ 史安斌、张耀钟：《虚拟现实新闻：理念透析与现实批判》，《学海》2016 年第 6 期。

（一）技术加持：新闻含义的边界拓展

学界对新闻的定义随着媒介技术的变化而变化。20 世纪中叶，印刷、电报技术盛行，陆定一认为新闻是“新近发生事实的报道”。当电视将事实发生时间的界限打破之后，新闻变成了“正在发生的事实”，彼时追求的是新闻发生的时效性。虽然时效性的强弱一直是新闻价值大小的重要评判依据，但在 VR/AR 新闻中，时效性显得并没有那么重要。相对而言，能够以 VR/AR 形式呈现的新闻一定是重要性大于时效性，制作的时间和经济成本使得 VR/AR 新闻的制作成为一个周期较长的工作。

对新闻的界定从“新近发生的事实”到“正在发生的事实”，再到“已经发生过的事实”，这三者并不是互相取代且唯一呈现的关系，每种变化都是对前一种形式的补充和拓展。每种形式的更新都是对新闻信息含义的又一次拓展，新闻对媒体来讲更具有可操作性，对用户来讲则更具有可感知性。

（二）主题升华：新闻事实的原样复现

在报纸、广播时代，新闻现场的复现只能通过对有声语言和无声语言的想象，新闻现场离我们真实的生活非常遥远。美国有线电视台 20 世纪末开创全天候 24 小时不间断播放新闻的新形式，将新闻现场呈现在荧幕之上。与此同时，电视直播形式的出现，让新闻现场进入千家万户。彼时的新闻现场还只能靠“单向的观看”，主要议题的获取很大程度取决于视觉冲击力的程度。

2015 年，大连夏季达沃斯年会制作播放了一部名为《锡德拉湾上空的云》的 VR 全景视频，以此邀请与会者体验和讨论年会主题——人的意义。通过对一位名叫 Sidra 的叙利亚年轻女孩的日常生活轨迹的体验，对新闻现场的原样复现，与会者得以无间隙感受约旦难民营中难民的悲惨生活，新闻主题在情感层面上获得进一步的升华。

当然，无论是上文所提及的《锡德拉湾上空的云》，还是新闻纪录片《洛杉矶的饥饿》（*Hungerin Los Angeles*）、《变化的丰收》（*Harvest of Change*），VR/AR 技术下的现场复现，实质上都是对事件进行“系列报道”。系列报道和连续报道最大的不同就是事件发生的状态，系列报道需要对已经发生过的事件从不同的维度和视角来进行全面的分析呈现。VR/AR 新闻也是如此，只不过这里的“不同维度和视角”已经被新闻制作方提前选择。

（三）共情效应：用户认知的跨时空延展

VR/AR 新闻将时间与空间的界限完全打破，新闻发生的“第一”现场在我们眼前，从而引发了身份代入、群体认同、情绪共鸣等连锁反应。

首先，以“人本身就是媒介”出发的第一视角将受众带到了新闻现场，新闻所呈现出来的真实感更加强烈，大大消除了用户与新闻之间的情感距离，用户对新闻的代入感尤其明显，情感更易得到激发。

其次，用户可以根据自己的喜好，并在新闻制作者的引导下，从各个角度、各个方位对新闻现场进行观察，从而产生强烈的心理认同。《锡德拉湾上空的云》《流离失所》等 VR 新闻都允许用户通过鼠标控制屏幕来实现对观察角度的控制与选择。

最后，以体验新闻事件“第一”现场的方式，一方面弥补了重大事件缺场的遗憾，另一方面使用户与新闻中的人物建立情感连接，从而实现共情效应。共情，即利用大众的同理心产生共鸣，形成舆论声势的舆情现象①。强烈的代入感激发群体同理心，让网民能够突破年龄、阶层、时空等因素共同表达诉求，帮助社会议题发起者推动议题占据社会显眼位置，从而实现议题的共同关注与有效解决。网易新闻推出的《山村的孩子》，便是利用 VR 技术所产生的强大代入感，激发参与者的同理心，引发共鸣，将用户的关注点引导至设定好的议题中。

（四）媒介社会功能强化：记忆的重塑

拉扎斯菲尔德和默顿对媒介社会功能的总结，尤其是“社会地位赋予”功能的提炼，增进了人们对媒介角色的认知。赖特所言的“社会化”功能，更是从文化的角度高度概括了媒介在传播知识、价值以及行为规范方面的重要作用。在大众传媒时代，媒体会根据既定的行动轨迹、行动规则来发挥自身作为“社会瞭望者”“社会教育家”的作用。随着数字媒介的不断发展，VR/AR 通过前沿的技术实践与新闻业结合，以强烈的代入感、显著的认同感与极致的共情体验重塑感知，成为媒介社会功能强化的重要手段。

1. 记忆重塑

“虚拟”重塑记忆。媒介利用 VR/AR 新闻跨时空、全景式呈现的特点来拓宽新闻的广度，通过对用户记忆的填补与重塑，实现媒介“社会地位赋予”的功能强化，具体体现在制作过程与制作原理中。VR/AR 新闻的制作过程主要表现为“看得见”的拍摄与“隐藏式”的互动引导两个过程。对媒介来说，“看得见”的拍摄过程主要利用全景摄像机来实现。利用全方位或者四方位的摄像机按照提前设计好的移动轨迹进行拍摄，实现前期素材的积累。“隐藏式”的互动引导过程是根

---

① 《共情效应是什么?》，https://www.sohu.com/a/224943994_114751，访问日期：2020 年 1 月 10 日。

据场景与故事情节的关联进行设置，帮助观众与故事主线进行交互，给视频增加互动性，为新闻增强叙事性。制作者最后将同时拍摄的片段组合在一起，形成一则完整的 VR 全景视频新闻。

"交互"加深记忆。"交互性是成功用户体验的一个重要组成部分，新闻界面越具有交互性，它就越有吸引力和'黏性'。"① 就制作原理而言，可交互的呈现会让用户留下更深刻的印象，VR/AR 新闻呈现背后都内嵌了大量的解释图表，而解释图表的存在增强了交互性的实践路径。基于这一实践逻辑，VR/AR 新闻不再是一种短暂的视觉新鲜体验，而是成为一种记忆，成为媒介为用户弥补缺场遗憾，加深用户记忆的关键。

美国得梅因纪事报在《变化的丰收》系列报道中，利用文本和虚拟两种呈现方式制作了一则关于艾奥瓦州四家传统农场面临时代变迁挑战的新闻报道。根据农场真实图片和视频，利用 Unity 游戏引擎对农场进行 3D 建模，以数字图表形式穿插呈现不同季节农作物丰收的变化与趋势，将原本枯燥的解释性新闻报道变成一次充满趣味的农场探索之旅。国外的《流离失所》《使用武力》《洛杉矶的饥饿》等系列报道以及国内的《不要惊慌没有辐射》《山村里的幼儿园》等纪实类新闻报道亦是如此。"虚拟"与"交互"使得用户的记忆按照媒介的意图重塑与加深，使受众的目光转移至媒介设定好的议题中来，媒介"社会地位赋予"功能得以强化。

2. 记忆修补

在具有"传承感"与"延续性"的文化新闻的传播过程中，媒介始终具有"档案"与"容器"的功能②。与前沿技术结合的文化新闻报道，脱离了狭隘意义上的内涵界定与操作路径，对人们记忆之物的想象进行修补与再创造，以全新的呈现方式、浓烈的人文情怀，使得 AR 文化新闻报道受到越来越多用户的青睐，AR 技术已成为主流媒体为主流文化进一步赋能的核心技术之一。

与以往宏大叙事的表现不同，主流文化更多以"微文化"的形式出现在网络空间中。基于现实情境虚拟再现与时间空间无界延展的 AR 技术，令"微文化"的传播层次更为具象化，将单纯的视觉观感提升为"立体式触感"，将已经失去形态的"文化情境"进行最大程度的直接再现。从 2016 年起，故宫博物院与凤凰卫视联手制作的《清明上河图》通过 AR 等多种技术与艺术的应用，让观众走入画卷中并成为画中人，近距离触摸历史。2018 年，BBC 推出与纪录片《文明》同步使用

---

① 孙振虎、李玉荻：《"VR 新闻"的沉浸模式及未来发展趋势》，《新闻与写作》2016 年第 9 期。

② 丁芳舟：《重回本真：当代中国青年基于网络空间的怀旧话语实践研究》，《中国青年研究》2019 年第 4 期。

的 AR 应用，为观众提供近距离观看纪录片中展示的艺术品的机会，具有“时空穿梭感”的文化新闻在短时间内唤起用户的深层体验。

AR 技术对人们记忆之物的想象修补与再创造，使受众真切感受厚重的历史与文化，引发用户对人生、成长、追忆等深层价值观的共鸣。通过记忆修补，媒介的“社会化功能”以全新的方式、全新的视角有了全新阐释①。

第五节　挑战：问题与思考

尽管 VR/AR 技术拓展了新闻的呈现和表达空间，为用户带来新的视听观感和心理体验，但技术并非万能的，它有自身的局限性，使新闻生产面临新的问题和挑战。

一、基于生产层面的媒介伦理

（一）媒介伦理的内涵

不同学者在不同语境下对媒介伦理作了各异的界定，总体而言，广义的媒介伦理，是关于每个接触媒介的人，包含媒介信息的发布者（生产者）和接收者（使用者），在媒介使用过程中的伦理问题。而狭义的媒介伦理，是指关于媒体机构及其全体从业人员在具体的业务操作流程中所应遵从的职业道德和行业规范的集合概念②。本书中采用狭义的媒介伦理的定义，把媒介伦理放置在生产层面进行研究。

媒介伦理考量媒介及内容生产者在生产过程中的应用规范，它属于应用伦理学。而针对媒介伦理的生产层面的研究，通常会不可避免地涉及经济、政治、文化、社会等内容。因此，学者们提出可以在社会哲学的视域来进行媒介伦理的研究。

在本节中，我们把媒介伦理具体化到使用场景，即新闻生产机构及其全体新闻从业者在具体的业务操作中应该遵守的职业道德和新闻行业的规范。这就意味着，研究对象应该包括新闻行业整体、新闻行业内部的从业者，考察他们在新闻生产与

---

① 姚静：《论 AR 技术在文化新闻报道中的融合与应用方向》，《出版广角》2019 年第 21 期。

② 郝瀚：《后现代视域下的 VR/AR 新闻及其引发的媒介伦理问题研究》，硕士学位论文，苏州大学，2017。

传播行为中的价值取向、道德表现和日常行为品德规范等要素①。在 VR 与 AR 新闻媒介伦理层面，带来了新闻客观性丧失和新闻价值片面化重构的双重风险②。

（二）AR/VR 新闻客观性的丧失

从时间的角度来看，出于 VR/AR 新闻自身的叙事需求，用户只能得到“有限的身临其境”的体验，即只能在特定的、有限的时间段内跟随镜头。而此时间以外的客观现实已经被制作者们有选择地层层过滤，得到的新闻在某种意义上偏离了“现实真实”，成为“虚拟真实”③。如 VR 新闻非常依赖于制作者 360°无死角的全景取景和通过技术手段的加工转化，在选取内容的过程中，不可避免地掺杂进了人为的主观要素。因此，新闻记者和取景师在对新闻第一现场的还原中是否掺杂了主观倾向，是否平衡了不同角度、不同观点，是否忠于客观事实本身的内在逻辑，是否违背了客观真实等，这些问题变得耐人寻味。真实与否这一根本命题被忽视，人们容易陷入沉浸式场景下对内容的体验，而不去思考和追问 VR/AR 新闻场景以外的新闻事实本身的发生和发展，取而代之的是记者和取景师、制作者的一系列主观选择。

此外，VR/AR 新闻通常情况下会聚焦于新闻事件发生的“第一现场”，根据“新闻眼”来进行叙事，这一过程中往往缺少了一些必要的要素，如新闻事件的相关主体、客体的背景信息等。换言之，即便 VR/AR 技术能够让受众“身临其境”，但“规定场景”本身就存在信息不对等、信息不全、议程设置、观众的自主选择权受限等内核。

然而，由于 VR/AR 新闻能够营造、渲染“在场感”，这一效果越显著，越加深用户的沉浸感，使他们对眼前的“事实”产生充分的、非理性的信赖，相信“眼见为实”，而对其他文字、图片、音视频类新闻信息就会下意识地选择性忽略或产生怀疑的心理，以直接强烈的感官体验代替大脑的理性思考，从而催生带有情绪化的偏颇舆论④。

在空间层面上，由于技术有限，VR/AR 新闻片既不能 360°无死角地、高保真

---

① 邓建国：《时空征服和感知重组——虚拟现实新闻的技术源起及伦理风险》，《新闻记者》2016 年第 5 期。

② 张卓、吴占勇：《虚拟现实新闻的伦理反思——基于技术与媒介的双重视角》，《湖北社会科学》2017 年第 12 期。

③ Kang, Seok, O'Brien, Erin, Villarreal, Arturo, “IMMERSIVE JOURNALISM AND TELEPRESENCE: Does virtual reality news use affect news credibility?” (paper presented at the annual meeting of the AEJMC, Chicago Marriott Downtown Magnificent Mile, Chicago, IL Online , 2017).

④ 赵双阁、高旭：《VR 技术应用新闻实践的伦理困境及其突破策略》，《出版发行研究》2018 年第 8 期。

地对影像的每一个细节进行保存，无法任由用户放大影像细节进行研究，又无法记录新闻事件发生空间以外的无限空间的实景。因此，现阶段乃至将来的一段时间内，VR/AR 新闻是对客观现实的“碎片化”“片段化”的选择性呈现，选择的依据不在于用户，而取决于内容生产者等主观因素。

（三）新闻价值重构

新闻价值是对新近发生的事实的价值判断，通常包含时新性、重要性、显著性、接近性、趣味性等①。就 VR/AR 新闻的发展趋势来看，存在着对新闻价值要素进行重构的状况。是否具有强烈的感官刺激性、是否具有沉浸性、是否具有技术的可操作性等，变成了 VR/AR 新闻生产者们判断新闻价值的准则。虽然传统的新闻价值标准可以在 VR/AR 新闻生产中找到身影，但是 VR/AR 新闻为了实现可视化目的，收获流量而体现的“为了生产而生产”的特征也更加鲜明。VR/AR 技术旨在让用户获得“沉浸感”②，由此，新闻内容的追求出现了转向的趋势，从对于事实的直接阐述，转向为追求感官共情作用的互动沉浸体验。此时，VR/AR 新闻的内容生产核心诉求转向为“体验价值”，导致 VR/AR 技术与传统新闻生产逻辑的价值追求产生断层。

VR/AR 新闻生产的要领，在于调和新闻的“体验价值”与事实价值、认识价值之平衡，杜绝因表达的沉浸化与符号的暧昧性而偏离新闻本身的价值。

二、基于使用层面的技术伦理反思

（一）感官刺激的隐忧

VR/AR 新闻可以给用户带来强烈的视觉冲击和丰富的感官体验，但在有关战争、灾难、杀戮等题材的新闻报道中，暴力血腥的场景无法避免。这些场景给用户强烈的视觉冲击，并可能对其身心造成不利影响。长时间积累性的刺激还可能导致用户丧失理性，判断能力下降。

一则关于叙利亚战争的 VR 新闻报道中，一名美国学者和她的团队采集了战场中的音频视频数据，通过 VR 技术处理后呈现给用户。戴上他们所提供的 VR 设备，用户能够体验到强烈的视觉冲击和丰富的感官体验，切身感受到战争给无辜的居民

① 吴小坤、童峥：《数据新闻对传统新闻价值的突破与重构》，《当代传播》2017 年第 4 期。

② Nonny de la Peña, Peggy Weil, “Joan Llobera. Immersive Journalism: Immersive Virtual Reality for the First-Person Experience of News,” *Presence*, 19, No. 4 (2010): 291 - 301.

带来的折磨，用户仿佛身临其境，置身于远隔万里的战争现场。其中的一个用户回忆：“我独自站在叙利亚的大街上，孤零零地眺望着远方。突然，炸弹的爆炸声在我耳边响起。一时之间，噪音太大了，我几乎很难听到任何尖叫声。不知怎么的，我突然摔倒在路边，看见一个男人抱着他心爱的女人。身上全是鲜血，而其他人都在拼了命地向前奔跑。最后，我害怕极了，便取下了头盔。”①

（二）隐私泄露的风险

伴随着 VR/AR 社交网络的逐步建立，一套全新的、悄无声息的、惊为天人的监控系统，正在用户体验中逐渐打下基础。技术专家表示，一旦系统成熟，用户的头部动作、面部表情等在体验中的运动状态，都会被捕捉器监控并记录下来。这些数据用于根据用户的使用来推测其个人偏好，从数据中感知用户的情绪甚至是内心的真实想法。因此，VR 等可穿戴设备泄露个人隐私的可能性不容低估，用户的隐私权将面临越来越严峻的挑战②。国外有专家警告说，“隐私问题是虚拟现实新闻目前最大的伦理考量”。③

三、VR/AR 新闻难以形成常态化的生产

VR/AR 技术的硬件和软件尚在研究和发展之中，目前还没有形成成熟的体系，没有简单稳定的生产流程，不利于 VR/AR 新闻的常态化生产。

（一）硬件成本高昂

目前的市面上，VR 设备可以大致分成三类：眼镜、头盔和集成机（一体机）④。头盔、眼镜都需要与一台配置高、价格高昂的电脑终端相连才可以运行使用，而集成机（一体机）的价格也一样让大部分用户望洋兴叹。以著名的一体机生产厂家索尼为例，索尼的 VR 成本在900 美元起步，折合约6000 元人民币。高昂的价格给 VR/AR 新闻的使用终端带来了极高的用户门槛，并且 VR/AR 新闻的生产也不一定能带来可观的收益，因此，VR/AR 新闻的生产者也存在着潜在的风险。成本的高昂，风险的巨大，成本的难以转化，使得 VR 设备难以在短时间内得到普

---

① 苏宏元、贾瑞欣：《VR 新闻的局限及其伦理风险》，《中国编辑》2018 年第 6 期。
② 彭兰：《网络传播概论》，中国人民大学出版社，2017，第 12 页。
③ Culver K B. , Virtual Journalism：Immersive Approaches Pose New Questions，2015.
④ 周忠、周颐、肖江剑：《虚拟现实增强技术综述》，《中国科学：信息科学》2015 年第 2 期。

及，VR/AR 新闻也因此难以形成常态化的生产①。

（二）专业人才匮乏

任何技术的发展、应用和推广普及的关键都在于人才，而专业人才缺乏成为 VR/AR 新闻生产面临的瓶颈。与传统需要写稿、拍摄、采访等偏人文属性的新闻记者不同，VR/AR 行业对技术水平要求很高，需要涉猎广泛，掌握光学、图像处理、算法、编程等方面知识的偏理工类的复合型人才。新闻业与 VR/AR 行业存在着巨大的异质性，使得新闻人才与 VR/AR 领域的衔接成为未知数。2016 年发布的《全球 VR 人才报告》显示，中国成为世界第二大 VR 人才需求市场，需求比例高达 18%。然而，需求与现状之间存在着巨大的缺口和鸿沟，中国 VR 方面的人才数量仅仅占全球的 2%。在 VR 技术相关的核心技术岗位上，复合型 VR 人才千金难觅。

四、新闻生产内容面临考验

一方面，VR/AR 新闻的选题受到一定的限制。VR 技术适用于大型体育赛事、灾难报道等视觉冲击力较强的新闻，让观众获得“真实的”在场感和直接强烈的感官冲击，而一些视觉冲击弱、场景偏静态的新闻，用在 VR 新闻制作中效果可能不尽如人意。同时，在时效性方面，由于目前 VR/AR 新闻的制作周期较长，在一些突发性、极具实时性的新闻事件、新闻直播领域，难以进行 VR/AR 新闻的及时呈现②。

另一方面，在叙事技巧上，如何用 VR/AR 新闻讲好故事，也需要不断地进行探索。传统叙事技巧如需要镜头切换的蒙太奇无法在 VR 新闻中得以实现，这需要进一步的深思③。

五、用户体验有待完善

（一）VR 设备带来用户的身体不适

在一些虚拟的 VR 情景之中，用户需要身体静止来观察动态的虚拟场景，此

① 周茂君、闫泽茹：《VR 营销：现状、问题与对策》，《西南大学学报（社会科学版）》2018 年第 3 期。

② 苏宏元、贾瑞欣：《VR 新闻的局限及其伦理风险》，《中国编辑》2018 年第 6 期。

③ 邓建国：《时空征服和感知重组——虚拟现实新闻的技术源起及伦理风险》，《新闻记者》2016 年第 5 期。

时，用户有可能会产生不适感，如眩晕、反胃、恶心等。医学专家指出，这种现象称为“晕动症”[①]，它不是个别用户的特例，而是人类在身体静止的情况下观察动态场景所产生的自然的生理反应。就像在行驶的公交车上，乘客身体静止，观察公交车窗外的运动的事物，一些人就会产生晕车的现象。更有甚者，一些用户在脱下VR头盔几小时之后，身体的不适感依然存在，就像去游乐园玩过山车，回到地面甚至回到家中躺在床上仍然会有飘飘忽忽的感觉。

另外，VR头戴式设备过于沉重，不仅会导致设备和用户头部的前倾，影响用户的实际穿戴体验，还会给用户头部乃至身体带来一定的压力，长时间使用对身体有害。市场上的几款主流VR设备都在300克以上，头部戴着臃肿的VR设备，成了用户体验的枷锁，给用户带来负担。VR头戴式设备要想得到用户的认可和普及，最基本的就是必须消除设备引发的用户不适感，这需要VR技术专家、医学专家乃至心理学家们的齐心协力。

（二）VR/AR新闻是否具有足够的吸引力

VR/AR新闻生产的初衷，是为了进一步缩短用户与新闻“事发现场”之间的时空距离，使用户身临其境，变成“目击证人”，满足用户的好奇心理、感官刺激和打破时空的沉浸体验，增强新闻产品的影响力。然而，VR/AR新闻的娱乐性、趣味性，始终无法与专门的VR/AR游戏相抗衡。当VR/AR新闻得以普及，VR/AR游戏想必也已经风生水起，已经被VR/AR游戏宠坏了的用户，在VR/AR新闻与VR/AR游戏的选择之中，VR/AR虚拟游戏会更有吸引力。

VR/AR新闻带来的物理、智能和虚拟空间的变化，使“人”本身成为“沉浸人”。在VR/AR普遍化的未来，我们将逐渐过渡到“第三媒介时代”，其显著的特点是届时我们进行信息获取的传播网络已经变成了“泛众传播”，即“以泛在网络为基础的、面对所有人提供的个性化传播，是多对多和一对一同时发生的传播。它既‘有众’又‘无众’，既是所有人对所有人的传播，也是一对一的传播”[②]。

在“第三媒介时代”的传播网络之中，“我们”作为“受者”的身份得到强化，在无太多准备和意识的情况下接收了大量的信息，除了人的信息获取方式从原来的“间接接收”到现在的“直接参与”之外，人的生活方式、娱乐方式和生产方式都从原来的“传受分立”向“人本身就是媒介”转变。

---

① 曹煊：《虚拟现实的技术瓶颈》，《科技导报》2016年第15期。

② 李沁：《沉浸传播：第三媒介时代的传播范式》，清华大学出版社，2013，第45页。

第八章

新闻游戏的生产机制与叙事模式

- 起源、概念与分类：新闻游戏的属性考察
- 新闻游戏的生产重构
- 新闻游戏的叙事模式分析
- 新闻游戏的伦理争议

融合新闻的多维度发展，产生了新闻游戏，涌现出一些优秀作品，关于游戏淡化新闻本身严肃性的争议也一直存在。基于对新闻游戏的肯定性评价，游戏的形式本身并非“唯乐”的，新闻报道追求的“严肃性”不仅仅停留在形式层面①，二者的结合并不会导致新闻严肃性的减退或游戏生动性的弱化。相反，将游戏的形式与新闻结合，更容易使受众体会新闻表达的主题，也能够通过游戏产生共情，因为游戏的形式本身便充满人文关怀。因此，新闻游戏既可以是一种承担社会功能的严肃游戏，也可以是一类活泼生动的新闻文本。随着技术的进步和制作者思想水平的提升，将会有更多优秀的新闻游戏作品出现。

第一节　起源、概念与分类：新闻游戏的属性考察

新闻游戏是融合新闻的产物之一。麦克卢汉认为，游戏“是传播媒介，是人为设计和控制的情景，是群体知觉的延伸”②。游戏与新闻的结合并非偶然，这种融合不仅体现出游戏作为一种媒介的潜力，也为新闻报道拓展了新的渠道，“电子游戏的互动和仿真功能可以为新闻业所利用”③。新闻游戏起源于国外，近年来在国内也有一些作品，但就内容与设计而言，我国的新闻游戏还有较大的提升空间。

一、起源与发展：国内外新闻游戏实践分析

关于新闻游戏的起源，有学者认为报纸中的新闻填字游戏、智力竞赛等便属于早期的新闻游戏④，具有现在的新闻游戏的模型⑤。但本书中所指的新闻游戏，主要是借助计算机制作的电子游戏。学界普遍认同的新闻游戏概念，首次出现是在2001年，由 Gonzalo Frasca 在其论文 *Ludology Meets Narratology：Similitude and differences between（video）games and narrative* 中提出⑥，并于2003年由其六人团队创办了新闻游戏网站 Newsgaming. com。

---

① 陈映：《当新闻游戏遇上严肃议题：冲突与机遇》，《新闻界》2017年第9期。

② ［加拿大］马歇尔·麦克卢汉：《理解媒介》，何道宽译，商务印书馆，2000，第303页。

③ Ian Bogost, Simon Ferrari, et al., *Newsgame：Journalism at play*, The MIT Press, 2010.

④ 刘丹凌、黄秋彤：《新媒体语境下新闻游戏的生成逻辑》，《现代传播》2017年第9期。

⑤ 宋凌宇、黄文虎：《文本叙述逻辑下新闻游戏的存在性探究》，《青年记者》2019年第18期。

⑥ 王菲、樊向宇：《内容生产新样态下边界的消散与融合——以新闻游戏为例》，《中国出版》2019年第2期。

（一）国外案例

最初的新闻游戏出现于2000年后。2003—2004年，Gonzalo Frasca在其新闻游戏网站Newsgaming. com相继推出以反恐怖主义为题材的新闻游戏*Sptember 12*，*A Toy World*和*Madrid*。Frasca团队将新闻游戏看作是一种对新闻事件进行分析和评论，甚至用以发表社论的途径，这种理念在其游戏设计中得到了充分体现，如游戏*Sptember 12*，*A Toy World*，就是围绕“暴力产生更多暴力”的观点展开，在游戏中玩家若向中东地区投掷炸弹，反而会引来更多恐怖袭击，导致更多平民在报复性的恐怖主义中受害①。

随着网络媒介的普及，更多的媒体开始尝试游戏这种新的新闻呈现形式。2004年相继出现了配合美国大选的游戏*The Howard Dean for Iowa Game*，以及英国交通软件（Traffic Software）公司为纪念肯尼迪遇刺而推出的*JFK Reloaded*。*JFK Reloaded*即《刺杀肯尼迪》，使玩家通过杀手的视角，模拟肯尼迪总统遇害的场景。这一设置引发众多玩家涌入，但同时也遭到许多批评，反对者认为这款游戏的设计不适合表达沉重的历史题材，甚至可能教唆犯罪②。

此后，许多媒体都曾在新闻游戏这一领域进行过探索。越来越多的新闻游戏聚焦于严肃题材，如展现非洲贫困地区难民生活的游戏《救救达佛》（*Darfur is Dying*），一系列聚焦叙利亚问题的新闻游戏*Endgame*：*Syria*、*1000 Days of Syria*。

一些通过文字不易描述的社会问题，可以借由新闻游戏的形式更为清楚地呈现出来，也更容易使受众感知和体会。如2016年世界数据新闻大赛唯一个人奖项的新闻游戏作品*Heart Saver*，由美国新闻网站ProPublica的记者Sisi Wei开发。该游戏是基于纽约所有医院的急救设施数据库而设计，玩家在地图中拖动鼠标将突发心脏病的患者送入最近的医院接受治疗。通过这种游戏设计，用户更好地理解“及时就医”对于提高患者生存概率的重要意义，同时体会到纽约市急救医疗资源不均的困境。

2017年10月，英国金融时报也推出一款关注社会问题的新闻游戏*Uber - game*，玩家在游戏中化身Uber司机，从第一人称的视角体现Uber司机生活中的种种问题，如缺乏社交、腰酸背痛、早出晚归等。但即便如此辛苦，司机还是会入不

---

① 蒋宜婷：《为什么用游戏做新闻》，http：//www. 21shijue. com/jx4. html，访问日期：2015年12月28日。

② 刘胜男、陈媛：《国内外新闻游戏大赏》，《中国传媒科技》2016年第2期。

敷出，任何一个行车意外，任何一个“搞事”的乘客，都可能让辛劳付诸东流①。除了第一视角的体验，游戏末尾还提供了相应的报道链接，以便读者理解零工经济背景下工作者的职业风险。

（二）国内案例

国内的新闻游戏起步较晚，一些文章中把2010年出现的《企鹅大战流氓》也归类为新闻游戏，而实际上这一游戏中并未体现出腾讯与360纷争的新闻主要内容，仅仅是借新闻事件进行炒作，并非“游戏服务于新闻”②，因此不能算作真正意义上的新闻游戏。

目前我国主流媒体推出的新闻游戏，大都集中于政务报道当中。如2016年G20杭州峰会期间，人民日报“中央厨房”策划制作了H5互动游戏《G20小精灵GO》，其创意来自游戏*Pokeman GO*。游戏中把参加峰会的主要国家化身为卡通形象，玩家负责找到藏身于杭州代表性的自然人文景观中的小精灵。在找到每个“小精灵”后，会看到一句与峰会或与该国家相关的幽默话语，既展示了不同国家的特色，同时也向受众阐释了G20四大理念③。在这一游戏H5发出当晚，仅在朋友圈自主转发量就迅速破万，体现出新闻游戏这一呈现形式强大的传播力。

2017年全国“两会”期间，网易和国务院新闻客户端也联手推出了H5新闻游戏《360°总理记者会》。该游戏画面以手绘动画的形式呈现，以“邀请函”邀请用户进入金色大厅参加“总理记者会”，玩家通过滑动页面可以环顾记者会现场。当画面停留在特定区域时，画面中的记者会举手提问，并出现问题关键词，玩家再点击关键词便可进入总理的问答页面，阅读李克强总理回答记者的完整文字稿，并可收听原音。

从上述两个案例可以看出，新闻游戏应用于政务报道，对于提高普通民众了解政务的兴趣具有一定的意义。但一些新闻游戏依然是以新闻报道的原文文本为依据，只是加上了动画等形式吸引受众阅读原文，在具体游戏内容的互动设计方面还有待进步。

---

① 《当新闻遇上游戏：7个经典案例，带你以玩家身份回到现场》，https://baijiahao.baidu.com/s?id=1653077651521260218&wfr=spider&for=pc，访问日期：2019年12月16日。

② 关平：《新闻游戏：新闻报道的范式革命与现实困境》，《出版广角》2018年第14期。

③ 《“人民系”揭秘G20报道新玩法》，http://media.people.com.cn/n1/2016/0921/c404465-28730724.html，访问日期：2016年9月21日。

二、新闻游戏的概念及特征

（一）属性之争：娱乐化的新闻抑或严肃性的游戏

学界对新闻游戏有不同的界定方式。总体而言，各种界定方式的争议点在于，新闻游戏的性质到底更偏向于“新闻”还是“游戏”。据此，对新闻游戏的定义大体上可以划分为两类：第一类认为，新闻游戏的实质是一类游戏，即借用新闻事件、时事热点或公众议题，将其作为故事脚本、叙事框架或内容元素而设计的游戏，属于严肃游戏，如 Sicart M. （2008）①、毛湛文（2017）②、张超（2017）③、关平（2018）④ 等学者的定义；第二类则认为，新闻游戏中的“新闻”属性更加突出，只是借用了游戏的呈现方式和叙事策略来进行新闻报道，其实质依然是“新闻”，而游戏仅仅是展现新闻内容的手段，如潘亚楠（2016）⑤ 等学者的定义。

基于这两种界定方式，可以从以下两个角度来理解新闻游戏的属性：

第一，作为互动媒介的严肃游戏。严肃游戏即“serious games”，其定义最早来自 Clark C. Abt，是指“不以娱乐为首要目的的游戏，采用寓教于乐的方式使玩家在游戏过程中获得信息”⑥。这类游戏“以解决现实社会和行业问题为主要功能诉求”⑦，广泛应用于专业技能训练和学校教育，主要通过参与式、互动式的游戏体验，使受众获取知识、增长经验。而新闻游戏便是通过游戏的形式，使受众充分了解和感知新闻事件，因此也属于严肃游戏的范畴。麦克卢汉认为，“游戏本身是一种媒介，而且是大众媒介”⑧，新闻游戏的内容脚本取材自新闻事件或社会所关心的公众议题，通过程序修辞和游戏特有的叙事方式来表现新闻，其充分显示出严肃游戏作为互动媒介的作用及其在大众传播领域待开发的潜力。

第二，具备娱乐属性的新闻。在游戏呈现出“严肃”性的同时，以游戏形式

---

① Sicart M.，“Newsgames：Theory and Design”（paper presented at Entertainment Computing – ICEC 2008，7th International Conference，Pittsburgh，PA，USA，September 25 – 27，2008）.

② 毛湛文、李泓江：《“融合文化”如何影响和改造新闻业？——基于“新闻游戏”的分析及反思》，《国际新闻界》2017 年第 12 期。

③ 张超、丁园园：《作为游戏的新闻：新闻游戏的复兴、意义与争议》，《编辑之友》2017 年第 3 期。

④ 关平：《新闻游戏：新闻报道的范式革命与现实困境》，《出版广角》2018 年第 14 期。

⑤ 潘亚楠：《新闻游戏：概念、动因与特征》，《新闻记者》2016 年第 9 期。

⑥ 孔少华、臧泽惠：《我国功能游戏的发展：人文技术与社会和谐共存的新出路》，《今日科苑》2019 年第 4 期。

⑦ 喻国明等：《从网络游戏到功能游戏：正向社会价值的开启》，《青年记者》2018 年第 15 期。

⑧ 何清：《试论麦克卢汉的游戏媒介观》，《新闻研究导刊》2018 年第 23 期。

传播的新闻也具备了娱乐属性。不同于文字、图片、视频、解说等以信息输入为主的形式，新闻游戏通过交互性的环节设置，使受众参与到新闻故事中来，以第一人称视角亲临现场、体验新闻内容，并跟随剧情进行自主选择，在传递新闻信息的同时，增加了形式的趣味性和互动性。同时，这种形式还能够“帮助受众理解新闻中复杂的系统或者多方主体、数据之间的互动关系和方式”①。相比于枯燥的长文解说和图表，新闻游戏通过模仿现实场景，使受众以亲历者的角度进行决策和探索，能够更加直观地呈现出各种环境因素对新闻主体的影响。

有学者区分了“新闻游戏”与“游戏化新闻”两个不同的概念，如蒋晓丽（2018）等②，将新闻游戏中属于新闻的部分称为“游戏化新闻”，而将属于游戏的部分称为“新闻游戏”。这一分类方式有可借鉴之处，但结合上述两种属性，新闻游戏本身是以新闻为内容，游戏为形式的。

关于“新闻游戏”到底属于“新闻”还是更偏向“游戏”的争议，实质是一个内容与形式何者为上的问题。辨明二者的关系，要从信息的形式与内容之间的关系出发。而内容是信息的根本所在，信息的形式“只有符合内容对其形式的内在要求，才能与信息内容一道共同完成信息使命，实现信息价值”③。

因此，“游戏化新闻”强调的是新闻报道这一内容，而“新闻游戏”则重在游戏这种报道形式，因此“游戏化新闻”是一种新闻报道的方式，而“新闻游戏”是这种报道方式之下产生的新闻作品。当然，由于制作者的主观认识和出发点不同，各种新闻游戏会在纪实性与娱乐性的平衡上有所差异，因此可以按照二者的比重不同进行二次分类，但本质上都属于新闻游戏的范畴。

（二）新闻游戏的定义与特征

厘清“新闻”与“游戏”两种属性的关系之后，可以对新闻游戏作出如下定义：新闻游戏是游戏化新闻报道的产物，其形式为互动式的严肃游戏，其内容通过场景设置和程序修辞，还原新闻事件，解释新闻内容或探讨热点议题，使受众通过自主参与获取新闻信息或进行公共讨论。新闻游戏应当具有以下特征：

1. 交互性的游戏呈现与具身体验

新闻游戏的外在形式是游戏，包括角色扮演、策略、解谜等多种类型，具有游戏文本的交互性、叙事性，设计的艺术性，以及一定程度的娱乐性；同时，新闻游戏使用视频游戏、H5 游戏、VR/AR 游戏等不同呈现方式，“融视觉、听觉及其他

---

① 陈映：《当新闻游戏遇上严肃议题：冲突与机遇》，《新闻界》2017 年第 9 期。
② 蒋晓丽、贾瑞琪：《新闻游戏：一个属性的界定》，《新闻界》2018 年第 1 期。
③ 张辑哲：《论信息的内容、形式与载体》，《档案学通讯》2008 年第 1 期。

感官为一体，生成仿真的虚拟环境”[①]，用户可以借助各种移动终端设备体验游戏，获得身临其境的具身体验。

2. 程序修辞与非线性叙事

程序修辞是指游戏并非通过语言、图像等内容形式，而是通过游戏环节和流程的设置来传递观点，即“通过程序进行劝说”或“通过计算结构具体化意识形态的方式”[②]。新闻游戏采用非线性的叙事方式，一些场景的设置没有明显的先后顺序，而是依据用户的选择展开，为受众提供了自主探索的可能。但这种非线性的叙事也不是纯粹中立的，游戏依然要遵循设计者预设的场景来进行，即通过程序修辞来传达制作者的观点。

3. 取材于真实新闻事件，承担信息传递功能

新闻游戏介于新闻与游戏之间，既要具备游戏文本的特性，也必须体现出作为新闻产品的特点。因此新闻游戏实质是“具有鲜明特性的非虚构创作形式”[③]，其内容必须取材于真实的新闻事件或公共议题，承担新闻作品传递信息的功能。

4. 具有一定的时效性

新闻游戏是根据新闻事件制作的，而时效性是决定新闻价值的重要因素，新闻游戏本身也具备一定的时效性。如果核心的新闻事件已经不被关注，且新闻游戏也“没有可重复性的要求”[④]，那么新闻游戏的存在意义便大大降低了。但这种时效性并不是绝对的，例如G20峰会期间的新闻游戏《G20小精灵GO》，就是为宣传G20峰会而推出的，峰会结束后便不再受到关注；而类似于《金融时报》的 *Uber - game* 这样的新闻游戏，其内容关注的是特定的社会问题，而某一类社会问题的出现或消失往往是与经济和政治发展相适应的，因此这类新闻游戏在较长时间段内都具有存在和传播的价值。

三、新闻游戏的分类维度

新闻游戏依其内容与形式有许多不同的类型，大致有以下几个维度：

1. 目的/作用维度

根据新闻游戏承担的社会功能、发挥的作用，可以划分为叙事型、解释型、社

---

① 刘丹凌、黄秋彤：《新媒体语境下新闻游戏的生成逻辑》，《现代传播》2017年第9期。

② 李俊欣：《新闻游戏的程序修辞及其伦理反思》，《重庆广播电视大学学报》2018年第3期。

③ 关平：《新闻游戏：新闻报道的范式革命与现实困境》，《出版广角》2018年第14期。

④ Sicart M.,“Newsgames: Theory and Design”(paper presented at Entertainment Computing - ICEC 2008, 7th International Conference, Pittsburgh, PA, USA, September 25 - 27, 2008).

论型、众包型四种。叙事型即通过游戏这种叙事策略来还原新闻事件，如 *JFK Reloaded*，通过模拟肯尼迪遇刺的环境，尝试使玩家还原事件当时的情境；解释型即通过新闻游戏向公众解释法律政策、新闻事件的细节或新闻背后的深层原因，如《一百种杀死法案的方法》向公众展示了法案通过过程中遭遇的困难，*Uber - game* 全面地展示了零工经济下就业者的职业风险；社论型新闻游戏带有较强的主观色彩，通过游戏的形式来表达制作者对时事新闻的看法，如 Frasca 团队的游戏 *Sptember 12*、*A Toy World* 就是为了表达以暴制暴只会招致更多仇恨的思想；众包型则是通过游戏来集中民众的智慧，为新闻事件或社会问题寻找潜在的解决对策，如 *Budget Hero*。

2. 互动策略维度

根据新闻游戏的互动策略，即游戏的“玩法”，可以划分为益智问答型、策略冒险型、社会管理型三类。益智问答型即通过问答的形式促进对新闻事件的了解，如 2015 年卫报的奥斯卡报道，通过游戏《答完题目之前，你可别夸口说完全了解今年的奥斯卡》使读者了解奥斯卡提名影片的相关知识；策略冒险型即通过情境设置，使玩家控制虚拟角色进行一系列冒险，在此过程中了解新闻事件或相关背景，如以战火纷飞的伊拉克摩苏尔为背景的新闻游戏 *Iamosul*，在该游戏中玩家必须不断地逃跑，且只有很短的时间进行决策，目的是保证自己的角色在战争中存活下来；社会管理型是通过玩家化身为社会管理者，亲身体验如何进行一系列管理活动，如 *Heart Saver* 中，玩家须对纽约地区的心脏病患者与医疗资源进行匹配调度。

3. 文本形式维度

根据新闻游戏的文本形式，可以划分为文字类、图片类和动画或视频类。文字类游戏即完全通过文字呈现游戏背景、推进游戏情节、进行游戏互动的新闻游戏；图片类游戏即在游戏中通过多张图片展示游戏主体情节；动画或视频类游戏是最常见的文本形式，即通过动画或视频来展现游戏背景和过程。

4. 呈现方式维度

根据新闻游戏最终的呈现平台或渠道，可以划分为网页游戏、H5 游戏、VR/AR 游戏、移动端手游四类。网页游戏即玩家通过访问特定的网页才能参与的新闻游戏；H5 游戏即以 H5 形式展示的新闻游戏；VR/AR 游戏是通过 VR/AR 技术将游戏内容与现实相结合的新闻游戏；移动端手游即用户通过移动设备下载特定的 App 才可以体验的新闻游戏。

第二节　新闻游戏的生产重构

随着媒介融合的不断发展，新闻业与游戏业碰撞产生了新闻游戏，而新闻游戏的生产无论是从新闻层面还是游戏层面都面临重构。互动思维的最大化、动力机制的颠覆和娱乐内核的替换形成了新闻游戏的一套生产理念，其生产过程也在新闻和游戏双方的博弈中，具有了“简”“易”的设计原则、新闻事件的限制和协商与迭代的特点。

一、生产理念的重塑

媒介技术发展促使新闻生产理念不断更新，当原本风马牛不相及的新闻和游戏融合在一起时，新闻生产理念和游戏生产理念均需要重塑。从新闻层面来讲，媒介融合的互动思维在新闻游戏中得到了最大化的呈现，新闻获取机制全面变革以适应新媒体用户的习惯；从游戏层面来讲，严肃的新闻采用游戏的形式，其娱乐性内核也将得到彻底的替换。

（一）互动思维的最大化

新媒体基于技术支持为新闻提供更多样的呈现方式，改变了传统的单向传播方式，形成了媒体与受众、受众与受众之间的互动模式，为用户提供了多样的互动渠道，但这种互动多数时候是一种形式互动，通过增加用户使用新闻产品过程中的媒介动作来增强用户对信息的记忆。而新闻游戏不仅注重形式上的互动，它借助数字图像处理、模式识别、传感技术等多项计算机技术和新媒体技术，使用户从视觉、听觉甚至各个感官层面全方位地沉浸于虚拟的新闻环境①，并与其中的人物、场景形成细致的交流与互动，将互动性和沉浸感发挥到了极致。意大利 Inner Void Interactive 工作室生产的新闻游戏 *That Day We Left*，让用户以一个叙利亚难民的身份开展游戏，带领自己的家人从叙利亚逃难到欧洲，其间需要在逃难过程的各个场景中为克服阻碍做出种种选择。叙利亚难民经历了什么？在生死抉择的危难关头他们心里在想什么？这是媒体赋予用户真实的情感互动。用户只有与新闻内容发生切实的

① 刘丹凌、黄秋彤：《新媒体语境下新闻游戏的生成逻辑》，《现代传播》2017 年第 9 期。

互动，产生对新闻事件的情感联结和深刻理解，才会对新闻事件形成更为有效的记忆。目前的新闻游戏多是基于文字、图像、声音来融合视觉和听觉的沉浸，随着虚拟现实、增强现实、混合现实技术的飞速发展和在媒体中的应用[①]，多感官融合的虚拟环境将进一步让新闻游戏中的互动更细腻、更真实，形成真正的具身体验。

（二）动力机制的颠覆

“游戏的方式更容易让受众对新闻产生兴趣，更容易将这一兴趣培养成一种阅读期待”。[②] 由于在新闻游戏中，互动性达到了最大化，新闻游戏的用户不再只是新闻的接收者，而是成为新闻的主动参与者。他们了解一个新闻事件的动力机制，从被动地获取事件信息转为主动感受事件历程，从接触新闻到接收新闻，都有相应的机制来激发用户了解新闻事件的动力，增加用户关注度和黏性。

其一，用户在获取新闻信息过程中具有了选择权。新闻游戏与新闻报道可以讲述同一事件，放置于同一个网页，用户在进入该事件网页时可以自主选择是通过新闻报道来了解事件抑或进入游戏。一个事件多种呈现方式的模式，使得用户在不同时间、不同环境甚至是在个人不同的精神状态下，可以选择合适的呈现形式来了解新闻事件，这很好地提升了用户体验，降低了他们忽略新闻事件的概率。

其二，对于同一个事件，用户可以通过不同视角切入。在关于叙利亚难民的新闻事件上，前文所述的新闻游戏 *That Day We Left* 是让用户从难民的视角体验叙利亚问题。另一个与叙利亚内战相关的新闻游戏《叙利亚的 1000 天》，则让用户担任记者的角色，通过深入叙利亚北部采访难民，以一个相对客观的视角目睹战争为民众带来的灾难。由于不同游戏为同一事件提供不同视角，用户对不同视角的好奇心会成为他们了解新闻事件的极大动力。与此同时，现在的游戏技术完全可以做到在同一个游戏中提供多个视角，且这种形式十分适用于争议性新闻事件中，当事件相关方各执其理之时，用户可通过各方视角体验新闻事件，主动形成自己对新闻事件的态度和意见。

其三，游戏的鼓励机制让用户更有动力主动体验完整新闻事件。在共青团中央推出的新闻游戏《重走长征路》中，用户需要做出正确的选择才有可能成功走完长征路，做错选择则会导致游戏结束。美国新闻网站 ProPublica 制作的新闻游戏 *Heart Saver*，需要用户争分夺秒将心脏病人送到医院进行救治，若因选择失误而耽误了送医时间，心脏病人就会不治身亡。奥地利新闻游戏《社会福利模拟器》中，

---

① 刘丹凌、黄秋彤：《新媒体语境下新闻游戏的生成逻辑》，《现代传播》2017 年第 9 期。

② 王菲、樊向宇：《内容生产新样态下边界的消散与融合——以新闻游戏为例》，《中国出版》2019 年第 2 期。

玩家需要领取有限的救济金成功度过八个月①。这些游戏都给用户设置了一个游戏"胜利"的条件，将用户牢牢吸引住，当用户未能达到"胜利"条件时，重新开始游戏的可能性也大大增加。

（三）娱乐内核的替换

"新闻游戏的本质是游戏化的新闻呈现，它既遵循新闻的价值原则，亦契合游戏的规律与形式"②，所以新闻游戏制作者需要明确的一点是，新闻游戏重在借助游戏这种体裁来呈现新闻事件，让受众更加容易掌握新闻内容并深刻理解新闻内涵，但其本质是在进行新闻报道，应该是严肃的。新闻借助游戏的形式趣味性，但必须替换游戏的娱乐性内核，正如独立新闻游戏制作人 John Osborn 所说的，做新闻游戏的最终目的就是要做一份好的报道，正如做任何的新闻调查一样，最重要的是制作出正确且能传递意见的游戏。游戏制作者必须像记者在报道任何新闻选题时一样，要做完所有功课，确定手上拥有的数据、报道内容都是真实的，如果要建立各因素之间的关联性，那也是因为有足够的证据③。这其中包含两个要点，一是新闻价值，二是新闻真实。

新闻游戏不能为了娱乐，放弃媒体的底线。*Propublica* 的记者 Sisi Wei 认为，"如果我们要做新闻游戏，那一切必须是真的"④，真实性是新闻的基本要求。而要让用户形成对新闻事件的正确理解和讨论，也必须让他们深刻认识到游戏中的现象是真实存在的，"在真实的新闻素材、新闻故事、新闻资料基础上展开游戏场景，是新闻游戏区别于其他以'虚构'为特征的电子游戏之根本"⑤。新闻游戏中的故事和细节，都应该立足于真实的基础。

二、生产过程的变革

新闻游戏由严肃性的新闻和娱乐化的游戏融合而成，其生产过程势必需要贴合新闻和游戏两者的不同特点，达到取舍平衡。新闻游戏的设计趋向于简单易懂、易于分发，这决定了适合制作新闻游戏的新闻事件具有一定的范围限制，而一个新闻

---

① 孔令媛：《新闻游戏：类型、变革与展望》，《青年记者》2018 年第 14 期。

② 刘丹凌、黄秋彤：《新媒体语境下新闻游戏的生成逻辑》，《现代传播》2017 年第 9 期。

③ 蒋宜婷：《为什么用游戏做新闻》，http://www.21shijue.com/jx4.html，访问日期：2020 年 3 月 9 日。

④ ChinaDaily：《别拿游戏不当新闻　新闻游戏开启媒体新一轮尝试》，http://www.chinadaily.com.cn/micro-reading/interface_toutiao/2016-03-22/14621615.html，访问日期：2020 年 3 月 9 日。

⑤ 刘丹凌、黄秋彤：《新媒体语境下新闻游戏的生成逻辑》，《现代传播》2017 年第 9 期。

产品也将从一成不变进入不断变化的过程。

（一）“简”“易”的设计原则

新闻游戏不像普通的网络游戏那样，有数周或数月的时间用以生产。它必须在新闻仍然发挥作用时生产和发布，它的寿命是短暂的，就像它所要阐明的新闻事件一样，有一定的“保质期”，这意味着新闻游戏生产时没有长期生存在集体记忆中的意图，也没有可重复性的要求，故而新闻游戏具有非常集中的设计①。除了生产需要十分迅速之外，还需要让用户能够快速掌握游戏规则、进入游戏，新闻游戏设计生产需要遵循简单易懂、易于分发的原则。

第一，游戏世界需要简单易懂。这包含两个方面，一方面是游戏世界观的设置。“卖游戏先卖世界观”是一般网络游戏的特色，游戏需要为用户创造一个相对完整的世界，形成“游戏世界观”，而世界观的设定通常被放在游戏开篇，在用户进入游戏之前通过一系列叙述，帮助玩家理解游戏的基本内容和运行逻辑②。由于新闻游戏需要用户快速进入游戏世界，故需要让用户快速形成游戏世界观，在这一点上，新闻游戏以新闻事件为基础内容的特征为游戏世界观的快速引入提供了极大的便利。新闻事件来自现实生活，对事件的评判标准也基于现实的价值观，人与人、人与环境之间的相处规则也在人的社会化过程中形成，故新闻游戏不需要创设新的游戏世界观，直接将用户现实生活中的价值观、行为规则代入即可。另一方面是游戏规则的设置。过于繁复、新颖的游戏规则需要用户花费较多的时间和精力去消化和掌握。例如近几年很受欢迎的网络游戏《王者荣耀》，武器便分为物理攻击、法术攻击、防御装备、移动装备和打野装备各个类别，还有符文碎片、皮肤碎片、英雄碎片等各种道具，以及各式各样的地图，每一种武器、道具、地图都对应不同的要求和特性，更不用说各种复杂的操作系统和对战技巧。而新闻游戏倾向于使用惯用的、简单的游戏模块，让用户容易上手。例如央视新闻客户端《跨越海之南》、新湖南客户端的新闻游戏《奋斗吧湖南人》、新福建客户端的新闻游戏《跳一跳，新时代新福建棒棒哒》，均使用了“跳一跳”游戏模块，用户只须动动手指点击跳桩，游戏规则十分简单。

第二，新闻游戏产品要易于分发。网络游戏大部分需要下载特定的软件，且对设备的运行速度、储存空间等配置具有一定的要求。而新闻游戏要尽量适用于几乎所有的渠道，一般在浏览器页面即可使用，同时适应电脑端和移动端，降低对设备

---

① Sicart M.，“Newsgames：Theory and Design”（paper presented at Entertainment Computing - ICEC 2008，7th International Conference，Pittsburgh，PA，USA，September 25 - 27，2008）.

② 陈伟军：《网络游戏的表意逻辑与价值向度》，《福建论坛》2018 年第 8 期。

性能的要求，减少设备内存占用和流量成本。

（二）新闻事件的限制

新闻游戏呈现复杂事件比其他报道方式更具有优势，它可以将复杂事件链条化、逻辑化，“将微观真实置于宏观真实，表象真实置于本质真实，当下真实置于历史真实之中”①，使事件全面地呈现在用户面前，让新闻真实最大限度地趋近于事实真实。但是，并非所有的新闻都适合使用游戏的形式呈现。

首先，新闻事件必须给予游戏设计、制作、发布的时间。尽管我们强调新闻游戏设计者在设计新闻游戏的过程中应该尽可能地快，但一个游戏的制作和传播始终无法像一般的新闻报道方式那么迅速，这就意味着在相同的新闻事件作用时间内，相比同时开始生产的一般新闻报道的寿命，新闻游戏的寿命更短，而游戏制作成本却比一般报道方式的成本高。所以为了尽可能地提高新闻游戏的有效作用时间，要么在新闻事件发生之前就完成游戏制作，要么选择作用时间长的新闻事件。在新闻事件发生之前就完成的游戏制作，对应纪念性、预测性新闻策划，如庆祝新中国成立 70 周年，人民网联合腾讯打造新闻游戏《我的年代照》，在 2019 年国庆前上线；为纪念反法西斯胜利 70 周年，网易新闻联合“橙光游戏”出品新闻游戏《逃跑人的日常》，在 2015 年上线。而作用时间长的新闻事件，对应重大的、持续的新闻事件和社会议题，如医患等社会议题。

其次，新闻事件本身要值得用游戏呈现，“新闻游戏特别适合用来探索、调查和解释一些比较复杂的新闻故事和新闻话题”②，如果新闻事件本身过于简单，根本不足以支撑起一个游戏。

（三）协商与迭代

传统的新闻生产是闭合的，生产过程均由媒体工作者全权掌控，受众只能见到最终的新闻产品，“传统意义上新闻的定义是经由专业从业者‘后台’生产后发布的成品，其基本样态是‘固态’——发表后很少有机会修改或‘重写’”③。而“‘新闻游戏’的生产就不是一次性完成的，它更接近于游戏的制作模式：在最初版本发布后，持续不断地更新、升级版本，力争使游戏体验更加完美”④。例如共

---

① 刘丹凌、黄秋彤：《新媒体语境下新闻游戏的生成逻辑》，《现代传播》2017 年第 9 期。

② 张建中、王天定：《迈向新的媒体融合：当新闻遭遇游戏》，《现代传播》2016 年第 11 期。

③ 周葆华：《从“后台”到“前台”：新媒体技术环境下新闻业的“可视化”》，《传播与社会学刊》2013 年总第 25 期。

④ 毛湛文、李泓江：《“融合文化”如何影响和改造新闻业？——基于“新闻游戏”的分析及反思》，《国际新闻界》2017 年第 12 期。

青团中央制作的新闻游戏《重走长征路》，便经历了数次更新迭代。而这种迭代更新来源于媒体与用户的协商，媒体根据游戏用户所反馈的意见，对游戏中的剧情、逻辑链、技术漏洞等进行修复。如新闻游戏《重走长征路》便在游戏投票区和评论区征集用户的意见，而《逃跑人的日常》投票区设置的反馈项更为细化，有“剧情没头绪”“立绘太垃圾”“配乐太激动”“动效、场景无设计”“历史知识不够丰富”“还有别的硬伤吗?”等选项①。值得注意的是，虽然游戏的技术完全支持协商迭代式的新闻生产，但到目前为止，并不是所有新闻游戏都能做到这一点，大量的新闻游戏没有设置意见反馈区，并未表现出媒体邀请用户参与新闻制作协商的积极性，从而浪费了新闻游戏协商迭代的功能。

第三节　新闻游戏的叙事模式分析

看十几页文字报道还是玩几轮游戏? 如果这二者的最终目标都是为了了解一个新闻事件的话，相信人们都会愿意选择游戏而不是冗长的文字报道。当 VR 技术一夜之间成为各个行业追逐的焦点，搭载虚拟现实技术的顺风车，新闻游戏成了新闻报道的一种新样式。

作为新兴媒体技术的产物，新闻游戏的出现将传统意义上的新闻报道方式转化为“游戏叙事”，大大优化了用户的信息获取体验，成为新媒体环境下独树一帜的新新闻产品。本节将重点放在新闻游戏的叙事形态中，探究融合新闻时代如何打破常规、重启新闻叙事，将新闻事件深入而全面地呈现在受众面前。

一、从叙事到新闻叙事

在中文语境中，叙事是“叙 + 事”的动宾结构，在此基础之上人们对于叙事这一概念的基本理解就是讲故事。而实际上，叙事的概念内涵远不止如此。叙事的本质意义是通过符号编码进行信息传递，叙事学的研究目的在于探究如何通过多样甚至是跨界的语言组织方式，实现信息、情感和感受的有效传达。

叙事学方法最早应用在历史叙事和文学叙事之中，媒介技术演进与文化实践推

---

① 毛湛文、李泓江:《“融合文化”如何影响和改造新闻业? ——基于“新闻游戏”的分析及反思》，《国际新闻界》2017 年第 12 期。

动了叙事的跨学科发展，其被广泛运用于新闻、电影、广告等领域，呈现为当代社会中的“叙事转向”①。20 世纪 60 年代中期，西方新闻界出现“新新闻主义”浪潮，叙事在新闻领域大显身手。在“新新闻主义”推动之下，以杜鲁门·卡波特为代表的作家将文学写作的重视对话、场景和心理描写的手法应用到新闻报道当中，一大批纪实文学作品席卷文坛，占据当时美国杂志三分之二的内容。20 世纪 90 年代中期，以《南方周末》和《中国青年报・冰点周刊》为代表的新闻特稿得到广泛认可，新闻叙事策略也开始进入学界与业界的视线当中。叙事学方法在文字报道领域的运用已经基本成熟，而在数字媒介技术支撑下以新闻游戏为代表的融合新闻在叙事层面上却仍处在探索阶段。

二、新闻游戏的叙事模式

在媒介技术不断革新的现实环境下，一切原有技术支撑下的产品形态都在发生跨界与融合。新闻和游戏进行跨界重组后，多重媒介元素聚合在同一个文本系统当中，在此基础上的文本叙事更是呈现出一种新的样态与趋势。

（一）文本层面的进阶：非虚构叙事

从“非虚构”的概念与表征来审视新闻游戏，它毫无疑问可以划入非虚构作品的范畴。实际上“非虚构”是典型的舶来物，其概念内涵以及话语实践都起源于西方，是文学和新闻领域共同缔造的一种写作取向，具体可表现为文学新闻化和新闻文学化。而目前对于“非虚构”的界定，一般是以作品体裁、写作样式作为划分维度，比如广义上涵盖传记、报告文学、游记、散文等，狭义上则限定在 20 世纪 60 年代美国兴起的非虚构小说（Nonfiction Novel）、新新闻报道（Newjournalism）、历史小说（History Novel）等。非虚构写作，是由真实事件铺设起内容主题，以创作者的主观态度与情理偏好作为特色亮点，实现了真实性与创造性的动态平衡。新闻游戏作为新闻与游戏的结合体，本质是游戏化的新闻呈现，它既遵循新闻的价值原则，亦契合游戏的规律与形式②。新闻游戏既有新闻事实作为基础，又采用游戏创新呈现形式，将纪实与创新表现紧密结合，无疑是符合非虚构作品的审核标准的。

真实是新闻报道的生命，也是新闻游戏跳脱出常规游戏虚拟性的核心表征。新

① 李俊欣：《符号叙述学视角下的新闻游戏及其伦理反思》，《新闻界》2018 年第 9 期。
② 蒋晓丽、贾瑞琪：《新闻游戏：一个属性的界定》，《新闻界》2018 年第 1 期。

闻游戏必须在真实的事件、故事、数据的基础上展开游戏场景的设计。新闻游戏之所以能够实现非虚构呈现，很大程度上受益于数字媒介技术，它确保了新闻游戏能够最大程度再现新闻现场、还原新闻事实。新闻游戏在数字媒介技术助力下最大程度实现了真实故事从文本层面的进阶，具备了非虚构叙事的特性。

（二）融合新闻的基础：跨媒介叙事

不同媒介的叙事面向各不相同，比如文字媒介叙事的主导取向是具有高度因果逻辑的相对静态的文本内容，而图形、图像、动画等媒介更多地诉诸视觉，实现具象化的时空共在效果。

数字媒介时代不是以一种媒介垄断整个媒介领域，而是多种媒介并存共融的时代[①]。多种媒介融合态势之下，融合新闻成了数字时代标志性的新闻形态。尽管传统叙事学仍旧将语言文本视为研究的核心，但随着 H5、短视频、游戏等多媒体文本的兴起，基于媒介元素融合的多模态叙事在创新内容呈现上的强大效用得到了众多学者的认可，并且逐渐成为叙事研究的理论前沿。新闻游戏作为一种创意化的融合新闻产品，本质上是技术、经济、文化等因素的有机融合。撇开新闻游戏表层的产业属性与技术属性，从更深层的文化角度对“新闻游戏”进行检视，就不得不从亨利·詹金斯对“融合文化”的特质开始探究。詹金斯认为，当代社会媒介活动的背后存在着一种潜在的文化逻辑——媒介所衔接的不同要素之间，以一种融合的方式互连共生[②]。新闻游戏“融合文化”的特质就体现在其跨媒介叙事上，新闻游戏场景的搭建采用多种媒介元素，实现了多重视听符号深度融合。例如，卡塔尔半岛电视台发布于2014 年的《盗渔》，以纪录片影像、文字、图片和声音等多重元素为基础，设计了游戏环境空间，实现了新闻事件情境的虚拟再造。此种情境模仿无疑让信息展现的方式变得更加有参与感，受众变成了玩家，最终演变为跨媒介叙事的粉丝。

（三）立体呈现的事实：非线性叙事

传统的新闻报道遵循经典叙事学的行为框架，受到时空因素的限制。新闻报道一般以时间顺序展开叙事，在结构上按照“新闻开端—新闻发展—新闻高潮—新闻结局”的线性叙事模式依次展开新闻事实，逻辑上看重事件因果。而空间则是作为故事容器，展现新闻事实的“行为地点”，呈现事物、画面等叙事背景。而在

---

① 纪莉：《在两极权力中冲撞与协商——论媒介融合中的融合文化》，《现代传播》2009 年第 1 期。

② ［美］亨利·詹金斯：《融合文化：新媒体和旧媒体的冲突地带》，杜永明译，商务印书馆，2012，第 48—49 页。

互联网技术应用到信息传播领域后，新传播形态下的信息呈现出非线性、圈层、超链接的连接方式，改变了以往的线性顺序①。融合新闻呈现的是一个开放的、多维的、层级式的、多空间并置的复合叙事体系，用户可以从任何一个“入口”进入，叙事语言总体上体现为一种非线性逻辑和结构②。这种新闻叙事模式的创新，实现了信息的再结构化，故事的“开端”和“结局”成为次要内容，展现出一种新的新闻叙事观念。

具体到新闻游戏，叙事逻辑表现为发散型的“游戏叙事”。学者伊恩·博格斯特在对新闻游戏进行概念限定时，提出“新闻游戏本质上是一种程序修辞，通过创建可以与读者进行互动的游戏模型来模拟新闻故事”③。所谓程序修辞，实际上就是新闻游戏通过情景设计、角色建模将众多新闻事实穿插到游戏的各个关卡当中，成功将多重事件整合成复合性的逻辑链条，事实被置于全景中进行多角度、立体化的呈现。此外，新闻游戏的叙事时间涵盖历时和共时两大维度，空间则作为叙事内容融入故事结构当中，提供了复杂事件发生的多种维度、可能和路径。如《逃跑人的日常》制作者就明确指出：“因为是基于许多真实逃亡者经历改编的故事，我们没有用单一叙事线来编写故事结构……所以不存在主线，每条支线有长有短，结局多样，死法多样。”④ 很显然，非线性叙事通过程序修辞，已经融入新闻游戏的概念属性当中，成了新闻游戏显著的特性之一。

（四）用户体验的优化：交互叙事

在传统媒体时代，新闻叙事是一种以“生产者”为核心的叙事模式，受众被动地接收信息。这种不对等的传受关系主导的新闻生产逻辑，在互联网时代彻底跌落神坛，加拿大传播学家罗伯特·洛根指出，“新媒介”是个人使用的互动媒介，“新媒介”容许使用者积极参与，他们不再是被动的信息接收者，而是内容和信息的积极生产者⑤。新闻游戏正是此种新媒体思维的产物，更是媒介融合浪潮中融合思维的产物，交互性是新闻游戏作为融合新闻产品的显著特征。所谓交互性叙事，就是一种采用交互技术、完全开放的叙事行为。交互的叙事手法，为新闻游戏赋予

---

① 陈力丹：《以互联网思维看互联网和关于互联网的研究》，《新闻界》2015 年第 20 期。

② 刘涛、杨烁燏：《融合新闻叙事：语言、结构与互动》，《新闻与写作》2019 年第 9 期。

③ Bogost I. , Ferrari S. , Schweizer B. , *Newsgames: Journalism at play*. The MIT Press, 2012.

④ 毛湛文、李泓江：《“融合文化”如何影响和改造新闻业？——基于“新闻游戏’的分析及反思》，《国际新闻界》2017 年第 12 期。

⑤ ［加拿大］罗伯特·洛根：《理解新媒介：延伸麦克卢汉》，何道宽译，复旦大学出版社，2012，第 5 页。

了两个层面的叙事可能。

一方面，新闻游戏的交互叙事实际上为其非线性的叙事逻辑提供了主观参与基础。新闻游戏摈弃了“单口相声”式的内容呈现，借助界面响应、路径选择、角色扮演等交互性的操作，叙事节奏由用户全权把控。用户的每一次选择都是对事实在不同层面的探索与挖掘，不同的选择链接不同路径引向不同结果，隐藏在时空“褶皱”中的多种叙事可能通过游戏手段呈现出来，建构起个性化的新闻故事。

另一方面，新闻游戏的交互功能更多体现为用户的体验叙事。目前的新闻游戏绝大多数都是以虚拟技术来呈现场景的，游戏制作者通过声画等元素营造出了一个以现实世界为基础又独立于现实环境的仿真世界。用户以第一人称的视角“亲临”新闻现场，事件可以“看”、可以“听”甚至可以“感”，“全感化”的叙事激活了游戏者的参与心理与沉浸体验，实现玩家与事实情节的“共情”，从而深化对新闻事件的理解。在美国 MTV 电视网于 2006 年发行的新闻游戏《救救达佛》中，玩家扮演的是一个无家可归的难民，主要任务是协助当地居民取得水源，在难民营中努力求生。玩家通过达佛这一角色的具身化体验，看到了居民惨死和难民艰难求生的状况。此游戏引起强烈回响，许多玩家给美国国会议员及总统发送邮件，呼吁政府正视该地问题。新闻游戏交互性叙事的强大效果可见一斑。

综合来看，新闻游戏能够帮助人们更好地理解事件，呈现出更具有说服力、感染力的新闻事实。博格斯特等人在《新闻游戏：嬉戏中的新闻》一书中，明确表达了对借助新闻游戏创作出更好的新闻范式的看好①。这种情境化、互动体验优先的复合叙事体系，不仅契合了新闻游戏“游戏化”传播的理论预期，更是新媒体技术在叙事领域的表征，展现出新媒体时代的社会文化生态，是新闻叙事前所未有的革新。新闻游戏的叙事变革，让我们更深刻地认识到：“最终所有的叙事技术都成为‘透明的’，我们没有了媒体意识，看不见印刷或电影媒介，只意识到故事本身的力量。”②

---

① 刘丹凌、黄秋彤：《新媒体语境下新闻游戏的生成逻辑》，《现代传播》2017 年第 9 期。

② Murray & Horowitz, J. , *Hamlet on The Holodeck: The Future of Narrative in Cyberspace*, The Future Press, 1997.

第四节　新闻游戏的伦理争议

新闻游戏是数字化语境下新闻与游戏的杂交形式，为新闻的呈现形式提供了更多的可能性，因此不可避免地具有新闻和游戏的双重属性。以游戏的形式进行新闻的表现，能够使得新闻更加生动有趣，同时也存在着诸多的争议。新闻游戏的伦理争议，关键的一点是要处理好新闻与游戏之间的关系。游戏是新闻的表现手段，以新闻事实或公共议题为基础，指向有关事实的现实世界，游戏作为媒介和意义形式服务于新闻报道。本节将从新闻边界的角度出发，着重从新闻游戏的新闻属性角度出发，探索新闻游戏所存在的一些伦理争议。

一、新闻游戏的真实之争

（一）新闻游戏真实性与虚拟性冲突

新闻游戏开创了新的新闻叙事模式，提高了用户的体验感，这正是新闻游戏受到用户喜爱的重要原因。而整个新闻游戏在运作过程中是否损害了新闻的真实性，引起广泛的讨论。面对新闻与游戏的结合，抑或是真实与虚拟的结合，有学者认为，两者融合难免会有冲突，游戏的虚拟性对于新闻的真实属性会造成一定的冲击。此外，一些游戏中的复活重来机制，更加淡化了真实的生死，人们对此的感受也会发生相应变化，导致对真实世界的误判。也有学者认为，新闻游戏融合了新闻的真实属性和游戏的虚拟属性，呈现出了新的形式。游戏的虚拟本质也是为了让用户能够更好地进行真实新闻事件的体验，这是用户感受新闻真实的重要手段之一，其内核仍然是真实的，因此两者结合，算不上是一种冲突。

新闻游戏在新闻事实的基础上进行了一定的改造，但还是要坚守真实性和新闻性的价值取向[①]。在新闻游戏之中，新闻事实是新闻游戏的基础，游戏是新闻事件的表现手段。在以游戏这种方式进行新闻呈现的时候，要合理把握好度，过度使用游戏元素，新闻的真实性势必会受到损害。作为新闻游戏，其本质还是要向受众传递新闻信息，游戏只不过是一个载体。

---

① 张建中、李建飞：《重启新闻叙事：本土化新闻游戏的创新与实践》，《当代传播》2016 年第 6 期。

（二）新闻游戏客观性与主观性冲突

在新闻游戏当中，用户通过游戏形式获取对新闻的全新感知，他们根据自己的主观感受获取新闻。这也改变了传统新闻的传受模式，用户以第一人称视角体验新闻事件，变得更加主动。新闻游戏让用户在虚拟中获取真实信息，以主观的视角了解客观事实，它是主观性极强的艺术与客观性极强的新闻之间激烈碰撞、有效融合的产物。艺术与新闻在碰撞中融合，在融合中重生出一种对真实的全新理解①。

程序修辞是新闻游戏的一大核心，新闻游戏的流程是由相关工作人员设定的，在设计的过程中不可避免地夹杂设计师的主观态度。看起来用户能够自己进行游戏的体验，实际上游戏设计者事先已经设定了程序，设计者们可能会悄无声息地在游戏之中加入自己的主观印象以影响玩家，用户潜移默化地接受程序设定者的倾向。用户看似能够获得更多的主观体验，实际上，他们所获得的主观体验是程序运行的结果。

二、新闻游戏严肃性与娱乐性冲突

新闻相较于游戏是严肃的，游戏元素的加入，对新闻的严肃性带来一定冲击，尤其是犯罪、战争、灾难等敏感话题。例如，一款体验难民生活的新闻游戏《叙利亚之旅》上线之后，引发了不少争议，有人认为将现实的困难转移到新闻游戏当中，消解了其严肃性。新闻游戏并非纯粹娱乐的，此类灾难类的新闻游戏如果处理不得当，很可能对当地人民造成二次伤害。另外，新闻游戏中所呈现的犯罪场景和犯罪手段等细节被展开，将产生极恶劣的社会影响。

新闻游戏的题材选择须慎重，要考虑到娱乐化操作中潜藏的风险。新闻游戏设计要把握好游戏性和严肃性的尺度，既要保持新闻的本质属性，使相关题材的新闻扩大受众面和传播范围，又不能过度娱乐化而消解新闻的重要内核②。

三、新闻游戏时效性与艺术性冲突

时效性是新闻的基本特征。在当今科技高速发展、媒介深度融合的大背景之

---

① 曾祥敏、方雪悦：《新闻游戏：概念、意义、功能和交互叙事规律研究》，《现代传播》2018 年第 1 期。

② 陈映：《当新闻游戏遇上严肃议题：冲突与机遇》，《新闻界》2017 年第 9 期。

下，信息传播的速度变得更快。新闻游戏追求一定的艺术性，制作周期比较长，很可能新闻游戏制作出来之后，相关的话题已经淡出公众视野了，新闻游戏的传播效果很可能大打折扣。如果缩短新闻游戏的制作周期，又可能影响作品的质量。想要降低这一矛盾所带来的影响，也许新闻游戏团队在制作的时候可以事先考虑好要做哪种新闻游戏，如关乎公众自身利益又能够获得持续热度的事件，包括查处非法传销、预防疾病等涉及公共安全和利益的议题，此类新闻游戏更经得起时效性的考验。

四、新闻游戏公益性与商业性冲突

新闻游戏是新闻的新型表现形式，新闻机构所创造的新闻游戏具备相关公益属性。而像游戏公司此类商业机构生产出来的新闻游戏，更侧重游戏所能够带来的商业价值。在媒介融合以及技术高速发展的大背景之下，跨界合作也是必不可少。新闻机构有着优秀的新闻生产团队，游戏制作方面相对外行。而游戏公司有着成熟的技术支撑，与新闻机构的合作将越来越频繁。但是，新闻机构和游戏公司跨界合作可能导致的问题也不能忽视。在商业利益的驱使下，新闻游戏的内涵可能会有新的变化。商业公司进行新闻游戏的创作之时，难免会忽视新闻的某些重要因素。新闻游戏不论是由新闻机构、还是游戏公司，抑或由两者共同开发打造，都不应该丢失其公益属性。

毋庸置疑，新闻游戏的出现，创新了新闻的表现形式，提高了用户的体验感，顺应新闻走向跨界融合的趋势。然而，自新闻游戏诞生以来，也产生了如上文所提到的新闻真实性、客观性、严肃性、时效性、新闻公益性与商业性等方面的争议。新闻游戏的多面性仍旧存在，它的出现再一次证明了技术革新的产物往往都是矛盾的统一体①。新闻与游戏的融合，不可避免地伴随着冲突，争议也是客观存在的。对于争议中的问题，在未来的发展过程中，新闻游戏应当采取积极措施来应对，合理利用游戏的特性，更好地为新闻报道服务。

---

① 王菲、樊向宇：《内容生产新样态下边界的消散与融合——以新闻游戏为例》，《中国出版》2019 年第 2 期。

第九章

人工智能、算法与融合新闻生产

- 虚拟的人脑：人工智能在新闻传播领域的发展
- 更好的时代：人工智能助力新闻业发展
- 人工智能背景下的传媒伦理规范
- 算法推荐：数字时代新闻生产的技术归因
- 人工智能、算法与新闻价值向度

信息技术发展是融合新闻变革的动因，人工智能的出现更是推动新闻业不断进行深层次变革。从技术应用到人机竞争，人工智能给新闻业开辟了新的空间，新闻报道正在逐渐走向“智能化”“全息化”“全景化”。大数据与算法的应用，让信息传播更贴近人的内心所想，个性化与定制化内容不断涌现，人们在享受技术便利的同时，也发现自己在慢慢步入“信息茧房”中。本章将梳理人工智能在新闻传播领域的发展情况、优缺点，并对算法及其应用现状进行审视。

第一节　虚拟的人脑：人工智能在新闻传播领域的发展

2016 年，谷歌旗下的 DeepMind 公司所研发的阿尔法围棋（Alpha Go）以四胜一负的成绩打败世界顶级围棋选手李世石。赛后，Alpha Go 被韩国棋院授予了荣誉职业九段证书。这场世人瞩目的人机大战，让人工智能不再停留在《银翼杀手》《机械姬》等科幻想象之中，而是逐步由想象向现实转化，渗透进我们生活的方方面面。

一、技术介入：作为主体的人工智能

对于人脑的探索与想象，贯穿在人类作为独立主体认识与改造世界的全过程。战国时成书的《素问》曰：“头者，精明之府。头倾，视深，精神将夺矣。”这便是将大脑视为人类思维主体的存在。而人工智能（Artificial Intelligence，简称为 AI），简单来说是借助于计算机技术演算模拟部分人脑思维方式的智能行为。作为一门专业性强的横断学科，人工智能不仅涉及计算机科学，还涉及语言学、心理学、哲学等学科的横向知识。作为当前重要的技术主体，人工智能在新闻传播领域，尤其是媒体融合的整体进程中，发挥了重要的导向作用。

（一）人工智能应用的现实必然性

人工智能作为世界上的前沿领域，许多发达国家均给予了极大的关注。自 2015 年来，美国白宫科技政策办公室连续发布了《为人工智能的未来做好准备》《国家人工智能研究和发展战略计划》和《人工智能、自动化与经济报告》，并成立专门机器学习与人工智能分委会（MLAI），助力人工智能产业发展。

2018、2019 年，人工智能被连续写进我国的政府工作报告，并且 2019 年政府

工作报告中首次提到“智能＋”的概念，借助于人工智能技术，同产业融合的步伐相协调，为实现当前经济结构的优化升级提供技术助力。

面向未来，“网络发展和竞争的高地就是对于广域网络空间中的人与人、人与物、物与物实现其价值匹配与功能整合的高度智能化。这是社会生产方式和运作方式以及‘游戏规则’的深刻改变”①。在新的格局下，新闻传播领域加速将人工智能融入既有的传媒版图。

借助于个性化算法，“今日头条”在互联网头部企业的激烈竞争中异军突起。“搜狗”与新华社研发的人工智能男主播，在第五届世界互联网大会上惊艳亮相。中国青年报、新华社、新京报等专业机构推出的机器人写作，极大地提高了部分领域新闻写作的效率，借助于人工智能实现信息传播的迭代升级已经成为业界的普遍做法。在当前丰富的业界实践基础上，有学者认为，人工智能在新闻行业中的使用大致可分为数据挖掘、主题选择、社群维护、文字写作四个方面②，另外一种分析的视角则是从新闻的采写、编校、分发去看待人工智能在新闻行业的应用③。

从众媒到智媒的跨越，传统媒体加快转型，提高对于人工智能技术的运用能力，无疑有助于将自身内容方面的优势同渠道相结合，重新进行角色定位，打造新型主流媒体。

（二）人工智能的分类

对于人工智能的发展，学界与业界常常存在三个层面的困扰：一是人工智能对于传统产业的入侵（例如上文提到的新闻传播领域的机器人写稿），是否会带来新一轮的失业潮；二是作为模拟人脑的技术，人类应如何处理与人工智能间的伦理关系；三是基于技术“异化”的视角，拥有强大计算能力的人工智能最终是否会替代人类在地球上的角色。第三种困扰常常被表现在众多的科幻作品中，学界也对其有过严肃的思考，这些思考总体以强人工智能的分类予以界定。

强人工智能被普遍认为是计算机通过自我进化拥有了“自我意识”，是存在自己思维方式的机器；与之相对的弱人工智能，则更加注重于作为人类智能的延伸，帮助人类处理语音识别、图像识别、大数据算法等方面的事物，并不具有真正意义上的人类思维。

如今业界和学界主要基于工具层面对人工智能的运用与理论进行探讨，总体来

① 喻国明：《人工智能的发展与传媒格局变化的逻辑》，《新闻与写作》2016年第2期。

② 高悉森：《人工智能将给新闻业带来哪些变革》，《青年记者》2018年第36期。

③ 郭晶、崔家勇：《专用人工智能在新闻业的应用领域、关键技术与研发模式》，《科技与出版》2019年第8期。

看存在三种人工智能与人类共存的状态：第一，人机共生的状态。通过职能的划分与传感器技术的使用，人工智能可以存在于体外或者体表，帮助人们完成日常所需要的工作，尤其是在信息的处理领域。第二，万物皆媒。随着物联网时代的到来，以及5G技术推动信息传输速度的加快，衣服、墙壁、本子……都可以成为智能传输信息的主体。例如2015年苹果公司推出的Apple Watch在同IBM合作中，通过搜集用户的身体数据与环境数据，进而实现不同企业、组织间的信息共享，更多元地为用户提供服务。第三，技术自我进化。人工智能技术应用水平的提升，意味着人工智能本身也在进化，超级人工智能作为智能技术发展的终极形态，是否真正会实现科幻作品中的场景，目前仍然无法做出明确的回答。

（三）人工智能环境下新闻业的巨变

人工智能的发展，开启了人类迈向智能时代的大门，描绘了新的图景，重塑了既往的产业形态与理念架构。人工智能与互联网的紧密耦合，对于新闻传播行业的改变同样巨大，有学者认为“互联网是一种‘高维’媒介，传统媒介的‘低维’方式无法有效地管理和运作‘高维’媒介的事务，精英化的生产方式已不能满足人们日益增长的多样化需求”①。传统理念下，对于“新闻是新近发生事实的报道”这一界定已经形成了较为统一的认识，人工智能介入新闻领域，促使我们对新闻乃至信息这些基本的概念都需要做出新的阐释。

有学者认为，我们对于新闻媒介发展的历史节点要注重其内在推动的逻辑主线，即技术与人类的共生共长，看到人工智能在“媒介即算法”与“量化转型”上的转变②。另有学者从新闻价值评估的角度去看待当前人工智能对于新闻业的改变，认为“人们尤其年轻群体会越来越看重通过消费和观看信息过程中能否实现个人与社会之间的扩展性连接，能否更多满足个人的情感需求、消费需求和生活需求”。这就改变了既往新闻价值在专业性、公共性上的传统指标③，为人们更完善地理解人工智能所带来的多维改变提供了新的思考角度。

保罗·莱文森所提出的媒介进化的“人性化趋势”，在人工智能身上得到了集中的展现。面对新闻业已经发生的转变，我们需要以更加贴近“人”本身的思维方式重新思考新闻业发生的巨变，探究未来的发展路径。

---

① 喻国明：《互联网是一种“高维”媒介——兼论“平台型媒体”是未来媒介发展的主流模式》，《新闻与写作》2015年第2期。

② 徐来、黄煜：《“新闻是什么”——人工智能时代的新闻模式演变与新闻学教育之思》，《全球传媒学刊》2017年第4期。

③ 张志安、刘杰：《人工智能与新闻业：技术驱动与价值反思》，《新闻与写作》2017年第11期。

二、新闻传播视角下人工智能的发展逻辑

传播技术更新迭代，每一种新媒介都带来了人们对于世界新的认知方式，并造就了特定的社会文化景观。

（一）工具理性与价值理性的博弈

技术作为中立的存在，并不必然产生人们可以预期的积极成果，关键在于人们如何理性使用。工业时代的到来，技术扩张和机器生产极大地推动了生产力发展，但也带来一些负面效应，原子化的个人与广泛社会之间的连接被中断，对于理性的追求与批判越来越成为人文社会学科思考的问题。

在相对的范畴中，工具理性与价值理性的对立，主要体现在："工具理性行为即目的合乎理性的行为，是根据目的、手段和后果作为其行为的取向……而价值理性行为是人根据自己的信念和要求所做出的行为，是价值观至上的行为。"[①] 工具理性与价值理性并非不可调和的矛盾，价值理性往往延续着统一的思想观念，是较为纯粹的信仰层面。随着商业逻辑对于社会的重新洗牌，从目的出发构建自身行为的理性，往往会使得目的与后果之间出现分离。

2018 年 5 月 16 日，凭借个性化算法推荐在互联网行业异军突起的"今日头条"，将品牌口号从"你关心的，就是头条"变为"信息创造价值"，这一转变背后体现了对于算法技术工具的思维转变。算法诞生伊始，其目的便是通过对用户画像进行描摹，推送符合受众喜好的内容。但在实际发展中，高度个性化的信息推送加剧了饱受诟病的"信息茧房""回声室效应"问题，给予平台用户准确高效的信息并没有超出工具理性的范畴。目的与后果之间的冲突，需要一个新的意义体系予以介入，对目的本身的价值予以新的思考。以算法为例，把流量作为单一的衡量标准，是否能够真正做到与价值无涉，是否履行了作为媒体或平台所应承担的社会责任，需要媒体或平台在工具理性与价值理性间更为综合的思考。当前，媒体或平台在中国国情之下的人工智能实践，沿承正面宣传、舆论引导的价值追求显得尤为必要。

（二）人工智能的三个层次

人工智能作为一个复杂的技术系统，有着自身的发展逻辑。人工智能在 1956 年达特茅斯会议学会上提出，逐渐从一种设想变为渗透到社会方方面面的重要

---

① 陈昌凤、石泽：《技术与价值的理性交往：人工智能时代信息传播——算法推荐中工具理性与价值理性的思考》，《新闻战线》2017 年第 17 期。

技术。

基于数据处理的人工智能技术，如今演化出了众多的应用领域。总体来说，人工智能技术的发展基于三个层面：基础层、感知层和认知层。“基础层是我们熟悉的深度学习、大数据算法。感知层更偏向于模拟人类感知觉的技术，包括图像识别、语音识别、音视频识别以及体感技术手段，包括AR、VR技术。认知层则上升到人类大脑的思考以及人类的学习能力，因此有了现在的语义理解、知识图谱等。”[①] 从产业链的角度看，将人工智能划分为基础层、技术层、应用层是更为常见的一种发展逻辑。值得注意的是，当前我国更多的企业将精力放在了技术层、应用层的研究，我国的智能产业仍存在基础层发展薄弱、产学研合作不够紧密等短板[②]。

新闻传播领域的人工智能技术，集中在应用层方面。机器人写作，大数据算法识别，语音交互的智能音响，沉浸式体验的VR、AR新闻等信息表现形式，已经成为具有实力的传媒集团的标配。以算法为突出代表，不少传媒集团投入大量资金予以研发，并取得了一定的成效。而人工智能基础层所涉及的计算硬件、计算系统技术、数据等方面，媒体因受自身行业限制，仅在数据上有所涉及。

三、基于人工智能的新闻业变迁

2017年8月8日，四川九寨沟县发生7.0级地震，中国地震台网机器人自动编写稿件，25秒出稿540字并配发4张图片，包含地震发生的具体经纬度、热力人口、周边村镇、震中介绍等相关信息[③]。与传统的新闻播报相比，机器人通过对数据的快速收集、处理，第一时间向受众播报地震的情况，在提高新闻时效性的同时，有助于多方力量在第一时间投入救灾。

（一）智能驱动下的新闻类型与呈现方式

人工智能技术极大地提升了数据处理能力，从数据的收集、处理再到信息的呈现，传统新闻业在人工智能技术的介入下呈现出了新的特点，人们对于物理空间的探索也从表面信息的认知走向“广而精”的全新认知。

---

① 沈浩、袁璐：《人工智能：重塑媒体融合新生态》，《现代传播》2018年第7期。

② 新华网：《〈中国新一代人工智能发展报告2019〉发布》，https://baijiahao.baidu.com/s?id=1634413857327712463&wfr=spider&for=for=pc，访问日期：2019年5月24日。

③ 观察者网：《九寨沟地震首条消息由机器人发布，540字仅用时25秒!》，https://www.guancha.cn/industry-science/2017_08_11_422423_2.shtml，访问日期：2017年8月11日。

传感器作为延伸与扩大人体感知能力的工具，带来了巨大的信息增量。2015年10月，央视通过GPS分析全球30万艘大型货船轨迹，得到超过120亿行的数据，在同期全球航运总量只增加3.8%的情况下，统计出了过去一年里途经“一带一路”沿线主要国家的海上货运量增加14.6%的数据。“据说春运”则是央视联合百度地图的大数据，呈现中国春节期间的人口迁移图景。通过人工智能切入，既往庞大的数据得以有效处理，开辟了信息收集的新维度。不仅于此，结合移动化的个人传感器，信息的收集从现实物理空间细化到个人的位置以及体温等生理信息，为用户提供基于场景的个性化信息服务，并为媒体编辑部提供预测性新闻的数据支撑。

信息收集除了通过传感器获取之外，数字时代社交媒体的蓬勃发展带来了庞大的用户生产内容，记者、编辑通过人工智能的文字、图像识别功能，抓取编辑部所需要的事件信息，极大地拓宽了媒体的信息来源。

在智能编辑部中，人工智能参与数据处理主要体现在上文提到的以智能机器主导的机器人写作，或基于以记者编辑为主体，人工智能辅助报道，如计算新闻（Computational News）、算法新闻（Algorithmic News）这样基于数据驱动的新闻类型。在最终的信息呈现上，人工智能对于数据的视觉化与沉浸化处理给新闻业带来了不可小觑的影响，在算法的基础上进行可视化的数据新闻生产，将繁杂庞大的数据与数据主体间复杂的逻辑以信息图表的形式予以呈现。如果说数据新闻在二维层面上满足了用户对于视觉化的需要，那么在算法技术的支持下，通过VR、AR将事件发生的场景在三维层面进行还原，为受众提供沉浸化的新闻体验。

（二）人工智能与新闻理论的立与破

技术变革打破了传统媒体垄断的话语权，目击者新闻（Eyewitness News）、迭代新闻（Iterative News）、分布式新闻（Distributed News）、众包新闻（Crowdsourcing News）、数据新闻（Data News）等新闻生产方式的出现，表明新闻生产已经不再是主流媒体的特权，随之而来的是技术特性对传统新闻理论的改变。

1. 传统理念时效性与客观性的重塑

机器主导或参与新闻生产，使新闻生产的效率大幅提升，但效率的提升并不仅仅意味着新闻时效性的提高，人与机器的分工协作使得记者可以逃脱烦琐的常规性工作，“机器人辅助报道的技术协助为新闻生产提供更加深度、全面的背景材料，以更为人性化的分析、思考视角来深入理解与报道复杂的故事，或将成为当下

‘新闻’概念的分野与‘人机协作’下媒体记者转型的方向”[1]。

被西方新闻业奉为第一原则的客观性原则，在人工智能时代也须重新加以审视。对与价值无涉的数据的挖掘，有助于减少作为主体的个人在新闻生产时难以避免的主观视角，对于报道中已经存在的偏狭，借助于数据的横向对比，可以将新闻事实引导至更加全面且客观的位置。但所有的算法背后依旧是人作为主导，正如字节跳动公司创始人张一鸣所说：“算法没有价值观，但人得有。”基于大数据下的智能计算，是否会在新的层面上造成基于个人主体意识的客观性缺失，同时数据的庞杂使得普通用户难以对完整的新闻面貌与事实进行复核，媒体与用户之间的数字鸿沟或许将被再次放大，这些都是值得深思的问题。

2. 个性化服务增强与人文关怀衰减

新闻作为一种重要的信息类型，目的之一在于消除人们的不确定性。通过对场景以及个人画像的分析，人工智能在进行信息传播时能给予用户个性化的信息服务，这一过程解决了传统媒体同用户连接失效的问题。

在技术使用规范的层面上，“一代代编辑与记者从长期的新闻实践中积累的报道原则不容忽视，智能新闻中常有出现对灾难事件的直接描写和使用刺激图片的情况，冲击并挑战着人文底线”[2]。数字化的处理技术，缺失了人工编辑对于新闻报道应有的人文关怀，而沦为工具理性之下的产物。

当前众多研究者将关注视角聚焦于用户在网络上的生存状况，当用户被众多指标数字化之后，作为一个独立主体的个人，其本身作为社会成员以及具有能动反思的个体的属性，却可能被智能分析所遗忘。算法在提高了生活便利性的同时，却也为用户塑造了精致的“信息茧房”。

3. 新闻专业主义内涵延展与专业边界消退

新闻专业主义是对新闻从业人员在行业规范、职业操守、专业标准等层面的规定。基于技术的蓬勃发展，互联网思维方式与跨学科特质延展了新闻专业想象的空间，为新闻专业主义的内涵增添了时代特色。在传统的媒体从业人员看来，新闻专业主义更倾向于从职业理念层面对媒体从业人员予以规训，而当前技术的大潮对媒体从业者提出了新的要求。

在智慧全媒体生态下，理想的全媒体产品形态应具备三个特点，即垂直化

---

① 徐来、黄煜：《“新闻是什么”——人工智能时代的新闻模式演变与新闻学教育之思》，《全球传媒学刊》2017 年第 4 期。

② 宫承波、王凡：《智能新闻的喜忧与前景》，《新闻论坛》2018 年第 2 期。

(verticality)、场景化(scenario)和智能化(intelligence)①。人工智能技术与其他前沿技术结合，推动我国全媒体传播体系的建立，传统媒体从业人员较为单一的专业能力受到了极大的挑战，新技术的使用对新闻工作者提出了更高要求，借助人工智能发掘新闻线索、处理新闻信息、视觉化呈现信息，正逐步成为智媒编辑部和记者工作的常态。

在一定程度上，技术改变了新闻学科的属性。全员媒体环境下用户生产内容的趋向，使新闻的专业边界变得模糊起来。

从新闻学科的独立性上讲，跨学科的交流固然会为本学科带来新的研究角度，但若无法很好地控制与其他学科之间的关系，忽视新闻学自身学科特有的发展规律与学科特质，专业边界的模糊终将带来专业独立性的衰退。

在技术成为我们所处世界主导发展逻辑的当下，我们理所当然地享受着技术红利所带来的便捷性，却往往容易忽视其背后隐藏的困境与伦理风险。在我们畅想未来的时候，人类文明进程因人工智能发展而呈现出截然不同的景观，各行各业的人与机器的协作将成为习以为常的事情，当然也包含新闻传播行业。我们发明技术的同时，技术也塑造了我们看待这个世界的方式，每一种影响深远的技术的诞生背后都蕴含着人与技术的博弈。只有避免科幻式的恐慌，始终将人的主体性放在首位，才能实现人与技术的永续发展。

第二节　更好的时代：人工智能助力新闻业发展

人工智能技术的突飞猛进带动了媒体行业的飞速发展，全球新闻传播领域呈现出智能化发展趋势。许多业内人士对人工智能与新闻业之间的深度融合持积极的态度，《纽约》杂志作者 Evin Roose 甚至称“自动写作将是未来新闻行业最佳发展趋势”②。现代意义的人工智能新闻源于 2006 年，汤普森公司将新闻机器人用于财经数据分析、生产新闻文本，而在此之前，人工智能新闻经历了 1960 年诞生的“计算机辅助新闻”、2000 年的数据驱动新闻阶段，“新闻机器人”也是在这个时候崭

① 胡正荣、李荃：《优化全媒体产品供给助力媒体融合纵深发展》，《电视研究》2019 年第 8 期。
② 《人工智能时代：新闻业的谢幕与重生》，https://mp.weixin.qq.com/s/TF6AsXPZKpnr-AF9XZd9Bw，访问日期：2017 年 6 月 22 日。

露头角①。

人工智能的发展时间虽然不长，但其应用前景十分广阔。在今天的生产生活中，人工智能已然覆盖到多个产业和应用场景。新闻业作为一个拥有创造力的行业，与人工智能技术发生了一系列良好的“化学反应”，人工智能技术以各种方式应用于新闻业中：通过算法模拟生成真实世界的声音、图像；把纷繁复杂的数据和文本整理成符合人类叙事习惯的文本；根据用户新闻消费画像推送个性化信息；利用网络大数据发现新闻事实等②。

从内容生产、渠道分发到用户信息反馈，人工智能技术的出现不仅重塑了新闻生产的整个业务流程，催生新的媒体业态，而且改变了传媒产业价值链上的各个环节。传统媒体的新闻生产流程，一般需要经历编前讨论新闻选题策划、记者通过线上线下进行采访、收集各渠道信息，人工编写、人工选择分发等阶段。人工智能技术的发展，让机器承担起生产流程中的一部分工作，在新闻内容采集、分析、管理上，以智能软件为基础构建起了全新的人机协作流程③。人工智能参与到新闻生产之中，有效减少了新闻从业人员工作的盲目性，减轻了无价值工作量，让记者、编辑将更多的精力放在挖掘难度更大、更有新闻价值的新闻上，发挥出人机合作最大的效能。

一、选题优化：提升新闻策划效度

新闻策划是一项需要事实支撑、灵感碰撞和可行性分析的工作，新闻策划的周密程度影响着新闻产品的成败。人工智能作为技术支持，给予新闻策划以大数据视野的支撑④。以往的新闻策划，往往需要新闻从业者“耳听四面，眼观八方”，随时以有心人的敏锐，悉心观察生活，并从中发现具有新闻价值的线索。而获取的线索在进入新闻生产的下一环节之前，又需要记者依据新闻的价值标准就“这条线索能否成为新闻”做出自己的判断。记者的主体与核心地位在这一过程中得到了淋漓尽致的体现，掌握着新闻线索的“生杀大权”，新闻的“发现”和“决定”依赖于记者的主观判断，由于受众的想法是被想象、被建构出来的，也会出现新闻选题的接近性、针对性和触达率不足⑤。在网络发达的今天，越来越多的新闻线索率

① 张亮：《人工智能时代新闻生产的流程再造》，《出版广角》2019 年第 3 期。
② 潘曙雅、张璇：《智媒时代新闻采编业务的重构》，《新闻与写作》2018 年第 4 期。
③ 沈浩、袁璐：《人工智能：重塑媒体融合新生态》，《现代传播》2018 年第 7 期。
④ 匡文波：《传媒业变革之道：拥抱人工智能》，《新闻与写作》2018 年第 1 期。
⑤ 张超、钟新：《从比特到人工智能：数字新闻生产的算法转向》，《编辑之友》2017 年第 11 期。

先由当事人或知情人通过社交媒体进行披露和传播，记者如何在兼顾身边事的同时也能从海量且碎片化的网络信息中筛选出具有报道价值的新闻线索，对新闻从业者的专业素质和判断力有着很高的要求。尽管新闻从业者也通过不断的学习和积累来提升自己的判断力，但由于信息的繁杂性和人脑判断的主观性，即使是通过了严密的可行性论证的选题也可能出现判断失误的情景。

人工智能基于大数据平台，对海量信息进行监测、采集，找到受众的共同关注点，为报道策划提供数据支持，增强新闻的贴近性，降低选题风险。大数据通过优化程序对选题起到了保驾护航的作用，而记者在这一过程中的参与更具有主观能动性，并且能将更多精力花在更有意义、更需要创造性的工作上。在英国学者发布的《全球新闻业人工智能应用调查报告》[①] 中，AI 编辑室的工作人员便表示，通过人工智能，能够对数据进行分析，提醒记者注意数据中存在的新闻线索。人工智能通过信息库进行追踪、识别，帮助新闻工作者发现可能被遗漏的趋势和事实，从中发掘出新的选题。纽约时报通过 Blossomblot 虚拟智能机器人辅助编辑推测、挑选出更具热度的内容类型和素材，文章点击量是普通文章的 38 倍[②]。

人工智能的引入，不仅将新闻从业者从某些机械、刻板的工作中解放出来，更重要的是通过与人协作，大大拓展了新闻从业者在某些报道领域的能力[③]。它在新闻选题的策划和发现方面展示出的强烈的敏锐力，让新闻从业者可以将工作重心从“报道什么”向“如何报道好”倾斜，更加心无旁骛地发挥自己的灵感和创意。

二、新闻生产：深度挖掘新闻价值

一条新闻的价值，由构成这条新闻的客观事实信息中能够适应和满足公众某种兴趣与需要的程度所决定。新闻价值越高的事实往往越能获得受众的青睐，人工智能凭借本身的特性深化了新闻的价值。

（一）真实性：孜孜不倦的查验者

真实是新闻的灵魂。新闻如果失真、失实，便不足以成为新闻。在众声喧哗的网络时代，由于事件本身的复杂性和变动性，再加上社会化媒介环境中人人皆有麦

---

① 《全球新闻业人工智能应用调查报告》，https://mp.weixin.qq.com/s/TM-xGBlMpZ-xjJQbXH2Hiw，访问日期：2020 年 1 月 22 日。

② 万可：《美英新闻媒体人工智能应用实践及启示》，《中国传媒科技》2017 年第 7 期。

③ 彭兰：《更好的新闻业，还是更坏的新闻业？——人工智能时代传媒业的新挑战》，《中国出版》2017 年第 24 期。

克风，新闻的真实性受到了一定的挑战，新闻反转的现象层出不穷，在舆论场混淆大众的视线。

2019 年，加拿大滑铁卢大学的研究人员使用深度学习的 AI 算法，开发出了一个可以帮助社交媒体网络和新闻机构标记虚假新闻的工具，通过收集与给定的帖子和故事中主题相关的内容，进行比较来检测准确性，相比人工核验，速度加快的同时也增强了可靠性，这有助于应对在线帖子和新闻报道中出于政治或经济利益目的欺骗或误导读者的信息泛滥①。

人工智能凭借强大的数据抓取和处理能力，根据网络上的各种信息甚至是一些蛛丝马迹做出初步判断，这样的判断尽管准确率尚未达到 100%，但也能替代部分人工作业，为后续进一步的审核提供依据，加快辟谣的效率，削弱假新闻对受众及社会产生的不良影响。

在国内，“今日头条”通过 GUARD 反谣言智能系统的建立，及时地甄别并拦截假新闻和谣言，目前可实现最快 60 秒拦截谣言，从源头上制止谣言的传播。“技术 + 人工”的方式能够最大限度提高谣言拦截效率，目前“今日头条”月均拦截谣言文章超过 11 万篇，年度总拦截数量超百万篇。而针对已经看过谣言的用户，该系统将权威辟谣信息精准推荐给用户实现“精准辟谣”②。更值得一提的是，系统背后支撑的数据库，能够不断吸收虚假谣言并对其进行标记，当这些类似谣言再次出现时，系统就会自动发现并屏蔽。

（二）时新性：更快到达现场，更快创作新闻

新闻的价值之一便在“新”上，内容越新鲜，新闻价值越大，媒体常常会出现争分夺秒“抢新闻”的情况。而人工智能在时间上实现了全天候的新闻生产，只要前期设置好相关的程序，即使发生在深更半夜的突发性新闻，不用记者熬夜赶制，也能自动生产出新闻。尤其在灾难性报道中，由于受到环境因素的制约，记者往往难以进入事发的第一现场进行采访，但是人工智能打破了空间的制约，在开放的赛博空间中抓取信息，使之成为新闻生产的重要素材。

洛杉矶时报开发的地震报道机器人——Quakebot，可以从美国地震观测局的数据库找到适合的数据，并通过填补早前设置好的模板中缺失的信息来撰写新闻③。在 2014 年美国加州 4.4 级地震期间，它便借助人工智能成为报道新闻最快的媒体。

---

① “New tool uses AI to flag fake news for media fact-checkers,” last modified December 16, 2019, https://techxplore.com/news/2019-12-tool-ai-flag-fake-news.html.

② 数据来源自《2018—2019 年度今日头条资讯打假报告》，访问日期：2019 年 4 月 30 日。

③ 余婷、陈实：《人工智能在美国新闻业的应用及影响》，《新闻记者》2018 年第 4 期。

如今，在 Quakebot 简单快讯的基础上生成更为复杂的、结构更完整的新闻稿件已然成为可能。灾难性报道中，人工智能的反应力和信息抓取力都不输甚至超过了新闻从业者，并且在快讯的生成上与人工质量一致，既降低了记者在灾难现场的安全风险，又及时有效地传递了信息。

在文本生成速度上，人工智能生产新闻的速度更是让人类的“纯手工”生产难以望其项背。腾讯公司机器人写手 Dreamwriter，其财经加科技应用的发稿量超过 2000 篇/天，体育发稿量 500 篇/天。“今日头条”写稿机器人 Xiaomingbot，在里约奥运会开始后的 13 天内，共撰写了 457 篇关于羽毛球、乒乓球、网球的消息、简讯和赛事报道，每天 30 篇以上[①]。如此高的发稿密度在以往通常需要一支人员装备充足的队伍连轴运转，而人工智能却游刃有余。除了文字新闻生产，全国“两会”期间，人工智能帮助实现现场直播、剪辑、后期字幕编辑的同步进行，大大降低了传统新闻生产模式在时间上产生的损耗。

当然，目前人工智能学习程度有限，更多的是使用于财经、体育等模式性新闻生产中，这些新闻的生产往往以信息传递为主，对信息尤其是数字的精准度要求很高。这类新闻的写作模式相对固定单一，内容也较为简单，在给定的新闻模板基础上，套入时间、地点等信息，同时赋予写作机器人语言的使用规律，并通过归纳词语的使用方式找到合适的“语气”进行写作，便能生产出新闻。

尽管人工智能直接运用于生产文本的新闻领域有限，但这并不意味着在一些需要更强的逻辑思考和情感共鸣的新闻生产过程中，人工智能没有用武之地。相反，它依旧在辅助着记者的工作，极大地提高新闻生产的效率。以往的新闻采访过程中，记者需要通过笔记或者录音来记录重要信息，然后通过人工听写将录音整理成文字，再进行之后的写稿步骤。这一步骤烦琐且耗时多，但又不能跳过。随着人工智能技术的引用，自动识别语音技术已经变得唾手可得：科大讯飞公司 2015 年推出的平台在录音转写上保守估计可提速 47 倍[②]。如今，机器学习能力不断完善，人工智能的语音识别率堪媲美人类，甚至在一些特定场景更胜一筹[③]。

三、新闻分发：更准确、更有温度的新闻

在受众接收信息的过程中，“投其所好”的新闻往往能获得较多关注，受众关

---

① 喻国明：《从传媒转型到 5G 革命：当前传播领域的几个关键词》，《教育传媒研究》2019 年第 6 期。

② 胡郁、袁春杰、王玮：《人工智能技术在传媒领域的应用——以智能语音技术为例》，《新闻与写作》2016 年第 11 期。

③ 姜靖：《计算机语音识别率首次媲美人类》，《科技日报》2016 年 10 月 29 日第 2 版。

心的新闻、想要了解的新闻才是他们更愿意阅读的内容。以往的新闻分发中，“哪一条占据报纸最重要的位置”“哪一条拥有更多的时长”等问题，往往是由新闻从业者决定。尽管新闻从业者会通过换位思考，想受众所想，但终究所能顾及的大部分是头部受众，而忽视掉了尾部受众的兴趣。人工智能则重新让尾部受众的爱好也得到重视，通过智能分发，原本处在尾部的新闻得以垂直投放到目标受众，成为他们接收的“个性化新闻”。

（一）“我的日报”：算法机制下的精准投放

1996 年，尼古拉斯·尼葛洛庞帝在《数字化生存》中提出了“我的日报”这一设想，描述了一种根据受众个人需求编辑而成的报纸形式。信息的受众从大众到较小的群体，最后窄播延伸为个人化，个体受众不再是人口统计学中的一个“子集”，而是以个体本身的方式存在①。

这种在当时看上去像是天方夜谭的想法，却在人工智能的帮助下成为现实：通过对用户接触信息的习惯、喜好进行数据分析和定位跟踪、算法机制的推演，能够了解受众所想，直接向用户推荐他们感兴趣的信息。同时，为了适应用户爱好出现变化的情况，在保持对原有信息分析的基础上，也加强了对即时兴趣的推荐，引导用户就当前兴趣点进行持续阅读②。这种“长久 + 即时”的模式兼顾了长期爱好和短期兴趣点，让“我的日报”更好地服务于受众，帮受众摆脱纷杂的无用、无关信息，以新闻的精准投放实现传播效果的最大化。

（二）聊天机器人：更有温度的新闻

人工智能让新闻生产具备了工具理性的特点，通过不断学习以期最大限度地满足受众的喜好和需求，甚至会迎合受众的需要。但科技的复杂性不时提醒着我们在重视工具理性的同时，也不能忽视价值理性中义务、尊严、美等信念。在实现工具理性与价值理性的平衡时，需要在“结果至上”“目的至上”的观点外呼唤“人”的回归，通过人机交互提升科技的合理性③。

Quartz 应用程序与百度开发的“聊新闻”功能，都利用人工智能进行了聊天机器人的实践探索。以往的新闻推送模式往往是单向的，新闻聊天机器人开启了双向

---

① ［美］尼古拉斯·尼葛洛庞帝：《数字化生存》，胡泳、范海燕译，电子工业出版社，2017，第 149—160 页。

② 范以锦：《人工智能在媒体中的应用分析》，《新闻与写作》2018 年第 2 期。

③ 陈昌凤、石泽：《技术与价值的理性交往：人工智能时代信息传播——算法推荐中工具理性与价值理性的思考》，《新闻战线》2017 年第 17 期。

的互动模式，让受众在获取信息的同时，也感受到了交流的亲密感①。人工智能让受众不再只是新闻产品的接收者，获取新闻的过程也不再仅仅是一个挑选的过程，而是一个挖掘与探索的过程。从“读新闻”“看新闻”到“聊新闻”的转变，通过不断提高的拟人化能力，“聊天机器人”试图在虚拟空间中营造出与受众之间的对话感和交流感，让受众拥有更好的体验感，增强用户的黏合度。

四、未来已来：一个新的智媒时代

当下全球新闻媒体的人工智能，都是属于弱人工智能的范畴，还不具备自我意识。但是，媒体行业已然发生了许多颠覆性的变化，人工智能技术成为新闻媒体生存的新的生态环境，为新闻生产的各个环节带来了新的可能性。

随着我国媒体融合的不断推进，人工智能也让我们从融媒时代进入了智媒时代。主流媒体大胆开展人工智能的相关实践：2019 年 9 月，人民日报智慧媒体研究院成立。2020 年 12 月 24 日，人民日报“创作大脑”在“2020 智慧媒体高峰论坛”上正式亮相。作为媒体行业智能化变革的体现，“人民日报‘创作大脑’具备直播智能拆条、在线视频快编、图片智能处理、智能字幕制作、可视化大数据、实时新闻监测等 18 项重点功能，是集轻应用平台、智慧媒体云、知识社区、开放生态于一体的一站式智能创作平台，能够为媒体机构提供全媒体生态智能解决方案，助力智能编辑部建设”②。2019 年 12 月 12 日，新华社智能化编辑部正式建成并投入使用。2020 年 5 月 20 日，新华社联合搜狗公司推出全球首位 3D 版 AI 合成主播，为用户带来全新的新闻资讯体验……

人工智能在问世之时曾经被视为“抢记者饭碗”的洪水猛兽，而在万物皆媒的时代，我们需要改变将人工智能与新闻从业者置于对立面的立场，人机合作在很大程度上解放了新闻的生产力，提高了新闻生产的效率和新闻传播的效果，客观上为新闻业发展做出了积极贡献。

---

① 孙闻殊：《从读新闻到聊新闻：新闻聊天机器人的类型与创新实践》，《新闻传播》2018 年第 19 期。
② 《2020 智慧媒体高峰论坛举行》，《人民日报》2020 年 12 月 25 日第 6 版。

第三节 人工智能背景下的传媒伦理规范

人工智能技术的发展及应用，给很多领域都带来了颠覆性的影响。目前，人工智能技术已渗透到新闻传播领域的多个环节，如腾讯公司的 Dreamwriter、新华社的“快笔小新”等写稿机器人加快对数据的采集、加工、自动写稿、编辑分发的流程，在数秒之内就能完成财经类、体育类新闻的撰写，一定程度上节省了记者在新闻生产环节的劳动时间。物联网的发展，智能家居、传感器设备的应用，拓宽了新闻信息收集的渠道，算法的发展改变了新闻分发机制，“一点资讯”和“今日头条”等平台可根据不同用户画像推送符合其需求的新闻资讯。

人机协同的生产传播模式已经开启，人工智能以其独特的优势为传统媒体带来了许多新的可能性，但同时出现了值得我们思考的许多新的新闻伦理问题：机器人写作会不会带来人的主体地位下降？算法推荐所带来的“信息茧房”“回声室效应”等问题，以及大量数据库资源是否会造成用户隐私泄露……在“万物互联”的智能媒体时代，传媒伦理不仅指向专业的新闻从业者，而且指向我们每一个媒介参与者。因此，传媒伦理“首先是对人们行为善恶选择的系统性探究，其次也试图界定那些构成价值与生活规范的被作为个体、群体或文化共同体的人们所共同认可的原则性的东西”①。

一、人工智能背景下传媒伦理失范的表现

（一）传播内容：失实报道、新闻失衡、缺乏新闻价值

真实、客观、准确是对新闻传播的基本要求，也是新闻工作者一直坚守的职业规范。在人工智能背景下，技术扩张在一定程度上遮蔽了以往所坚守的传媒伦理规范，互联网中丰富的大数据资源，在技术性手段不加有效评判的情境下成为传播内容的信息源，并迎合受众需求进一步的个性分发。这一系列的传播路径就很可能造成失实新闻报道、报道失衡以及缺乏深度新闻价值等问题。

---

① 陈晓东、朱金玉：《自媒体时代的传媒伦理建设》，《新闻研究导刊》2017 年第 17 期。

1. 基于算法和数据挖掘形成的新闻报道存在失实风险

机器人写作是建立在计算机算法和数据挖掘技术基础之上的新型科技，通过对已建立的资料库和互联网中同类新闻材料的抓取来获取更多信息，从而形成文本。由于互联网准入门槛低，各类信息纷繁复杂，数据资料库的质量就影响到传播内容信息源的准确性和真实性。写稿机器人的程序是由一系列代码和算法而设定的，若代码和算法本身的设定就存在不科学性，再加上机器写作如果无人员的干预与修正，写作机器人可能会写出大量失实报道，存在带来负面影响的风险。

此外，“人脸交换技术”提供了一种新的造假方式，即“以‘真实’的证据”来迷惑用户的感官。2017 年 12 月，一个名为“Deep Fakes”的用户在 Reddit 上发布了一个以假乱真的换脸“假视频”。“人脸交换技术”被用于造假，不真实的内容进入传媒领域，新闻真实变得更加难以检测，新闻造假却越发显得“真实可信”①。

2. 热点推荐迎合用户需求或带来新闻失衡问题

算法技术的发展，使得在海量信息流中通过算法推荐定点投放信息的模式受到越来越多的追捧，新闻分发的权力由大众媒体转移到了算法平台，由人移交给了人工智能。平台通过对用户的年龄、职业、性别、爱好等信息的收集形成用户画像，并在用户使用过程中依据其点击内容、浏览记录等情况，基于算法技术向用户定向推送符合其兴趣和需求的新闻内容。公众应知而未知的重要新闻可能不被算法推送，这将给整体的媒介传播带来新闻失衡的问题。

3. 披着“技术外衣”的新闻报道缺乏深度，僭越传统新闻价值

智能技术支撑下的新闻生产与分发模式更加高效快捷、表现形式更多样、更加符合用户需求，但新闻的题材类型方面受限。“技术外衣”下的新闻内容不过是对已有资料的再利用，财经类、体育类等新闻资讯也可基于一定的写作模版生成。相较于记者采写完成的新闻，人工智能背景下的某些新闻虽然信息丰富，但解释力不足，深度不够，对事件的挖掘或必要的情感表露不足，缺乏温度和思想。机器人新闻将受众的注意力吸引到形式消费上，令新奇的体验僭越新闻价值，违背新闻报道的基本要求②。

（二）传播媒介：新闻媒体的舆论引导作用可能下降

新闻媒体承担着舆论监督与引导的职责，通过对现实环境的把握，了解民众的

① 刘海明、付莎莎：《技术的界碑：人工智能对新闻真实的伦理挑战》，《现代传播》2019 年第 9 期。

② 靖鸣、娄翠：《人工智能技术在新闻传播中伦理失范的思考》，《出版广角》2018 年第 1 期。

心声，选择合适的报道对象、报道体裁、报道角度以及报道时间。人工智能技术逐渐渗透到新闻传播领域之后，信息源丰富多样，新闻报道也可以由写稿机器人完成，写稿机器人不具备舆论监督的能力，没有大局意识，哪些问题可以报道、在什么时机报道最适宜、报道之后会取得怎样的效果等，写稿机器人都无法判断，且不擅长发表具有引领作用的深刻见解。新闻媒体的舆论监督与引导作用可能下降，公众对其信任度也会降低。

（三）传播对象：信息安全、著作权和知情权

1. 信息安全：基于遥感、传感器等设备获取的信息可能暴露用户隐私

从交通摄像头到 GPS 定位系统，再到太空里的人造卫星，传感器无处不在，并成为获取数据信息资源的有效途径。新闻传播行业作为数据信息应用的主要行业，传感器进入新闻生产领域，将给新闻报道带来不一样的发现和视角。但是，无处不在的传感器采集到的大量音频、视频信息，很可能造成对用户信息安全的侵犯，暴露用户隐私。美国麻省理工学院的研究人员发现，只须掌握四个时空移动数据，就可以辨识出 95% 的个人身份信息①。一旦这些信息被不当利用，公民的个人信息作为新闻素材被报道，用户的隐私就会被泄露，进而产生不良的影响。

2. 著作权：人工智能应用下的新闻作品著作权归属

人工智能在新闻传播领域的应用已经成为常态，但由其创作生产而成的新闻作品著作权的归属权问题不容忽视。目前很多的新闻生产通过算法对海量数据进行排序、分类、关联和过滤，并将整理过的数据适配和组合进相应的文章模版之中。依赖于智能算法技术对大数据资源库“挖掘”而生成的新闻作品，由于技术本身并不能够对数据库中具有署名权的作品进行辨别，就难免发生侵犯著作权的情况。另外，人工智能技术背景下生产的新闻作品发表后，被他人或者被其他智能技术中的新闻生产程序侵犯著作权的情况也可能发生。

3. 知情权：算法自动推荐机制一定程度上侵犯用户知情权

用户首次进入平台，智能技术根据一系列自主选项生成用户画像。进入平台后，用户的浏览和点击行为都在无形中被记录，算法自动推荐的新闻内容，无论是热门话题榜选择，还是针对用户个人的信息推送，更多的都是未经用户知情并同意的行为，是机器替用户做的选择。即使有征求意见的环节，对于媒介素养不高的公

---

① 许向东：《大数据时代新闻生产新模式：传感器新闻的理念、实践与思考》，《国际新闻界》2015 年第 10 期。

众来说，面对技术的黑箱，也很难做出真正符合信息选择本意的决定[①]。人工智能时代，用户在线时间越来越长，各项事务能够通过网络解决，日常需求、信息需求很多能够在网络中得到满足，但这在无形中也暴露了用户自身越来越多的私人信息。个体在网络世界逐渐透明化的同时，用户对算法会如何解读自身的信息进而形成怎样的个性推送机制不得而知，这在一定程度上是对用户知情权和隐私权的侵犯。

（四）传播效果：信息茧房、信息和舆论被操控

1. 信息茧房：智能新闻生产分发带来泛滥的内容同质化

信息传播往往带有某种目的性，也就是要达到一定的传播效果。人工智能新闻分发平台根据用户画像以及用户的浏览点击行为，推测用户阅读偏好进行内容推送，不断地将用户喜爱的内容以不同形式推送给他们。这可能导致用户接触的信息面越来越窄，接触的信息内容同质化现象越来越严重，逐渐将用户困于"信息茧房"中。用户长期接触与自身价值观相符的信息和观念，在一次次的接收信息中增强对自身价值观的认同，由此不同价值观之间的碰撞与交流将会减少，社会共识、社会公共事件的解决将成为一道难题。

2. 信息和舆论被操控：基于商业利益的用户推送是对舆论的隐蔽操控

技术垄断带来对用户权利的侵犯，包含在信息传播中的负向影响需要警惕。同时，技术背后的所有者的某些不当行为也值得我们探讨。技术所有者同时作为既得利益者的时候，就应该审视如何用好手中的权力。如通过算法应用向持有某一只股票的股民片面推送该股票的利好消息，或片面推送某企业的正面新闻以提高企业的知名度等，这些都是技术所有者利用技术来隐蔽操控信息传播和舆论的表现。在人工智能技术发展更为成熟的现在，算法推荐的新闻分发形式，不仅会带来利益谋取的漏洞，也可能成为更为隐蔽的舆论操控手段。

（五）传播主体：人的主体性"缺位"

人类和人工智能之间的壁垒在不断地消解，记者利用先进的技术手段延伸自己的感官，突破自身局限，与机器深度融合追求更加完备的新闻传播工作模式。同时，我们需要重新思考这一过程中人的"主体性"问题。当新闻的生产、分发等行为都可由人工智能技术高效完成，是否意味着"人"的角色不再重要？日益下降的调查记者人数，很多关乎多方主体、涉及多方利益的新闻事件仅靠技术的工具

---

① 杨保军、杜辉：《智能新闻：伦理风险·伦理主体·伦理原则》，《西北师大学报（社会科学版）》2019 年第 1 期。

理性去梳理、阐述是缺乏深度和温度的。人具有价值理性，新闻传播的主体也是人类本身，如果过度迷恋技术的先进与便捷，减少人的参与，将是传媒伦理的巨大失范。

二、何以规范：对人工智能的引导

我们探讨人工智能背景下出现的传媒伦理失范问题，并非否定人工智能技术应用于新闻传播领域的作用，而是为了更好地向人工智能技术借力，重塑新闻传播格局与形态。

（一）主体性回归：人机协同发展未来新闻业

人工智能的浪潮席卷而来，包括新闻业在内的传统行业都可能会有技术焦虑。一方面，传统媒体集团担心职业化的新闻工作被人工智能所取代，另一方面，又迫切期待人工智能给陷入困境的新闻业带来新的革新机会①。我们应当坚定人的自我价值认同，回归人的主体性，发挥新闻工作者的积极性和创造性。技术发展不是最终目的，为传媒业带来新的发展动力才是其本质。人类应当发挥人的价值理性，并与人工智能技术的工具理性相结合，在可控范围内探索“人机协同”的模式。机器与人发挥各自的优势，人在这一过程中始终发挥主导作用，形成良性的生产运作闭环，发展更好的新闻业。

（二）技术性边界：划定技术发展应用的标准体系

技术是中立的，技术的发展运用在较为规范的约束和引导下才能发挥更大的能量。目前仅在人工智能写作中就存在大量的问题，无论技术问题（如所使用数据的质量、准确性及写作质量），还是伦理规范问题（如算法中编码的伦理问题）②，都需要在技术层面加以完善和规制。为了使人工智能更加安全地发展，必须定期评估人工智能技术，制定相关标准。这个标准应该是由政府、业界、学者（既包括人工智能的技术专家，也要包括相关人文社科领域的学者）所共同制定的，这样才能保证标准的普适性③。

（三）填补监管缺位：完善法律法规、加强监管

人工智能技术快速发展，对于其带来的新问题、新挑战，现有的法律法规尚不

① 张志安、刘杰：《人工智能与新闻业：技术驱动与价值反思》，《新闻与写作》2017 年第 11 期。
② 李慧敏：《谁该为人工智能新闻的伦理失范负责?》，《新闻战线》2019 年第 12 期。
③ 胡曙光、陈昌凤：《观念与规范：人工智能时代媒介伦理困境及其引导》，《中国出版》2019 年第 2 期。

足以对其进行规制。面对人工智能背景下的新闻著作权以及用户的知情权、隐私权等问题，当务之急是健全管控人工智能应用的法律法规，明晰新闻著作权的权利主体和用户的权利界限。目前，我国正在积极推进人工智能相关立法。

另外，在人工智能领域完善的法律法规实施之前，媒体机构、平台管理者以及相关政府部门应当从自身主体责任出发，加强监管与引导。

第四节　算法推荐：数字时代新闻生产的技术归因

在《真相：信息超载时代如何知道该相信什么》一书中，比尔·科瓦奇（Bill Kovach）和汤姆·罗森斯蒂尔（Tom Rosenstiel）认为："我们会比以往获得更多信息，同时也更容易困惑；我们会更容易看见真相，同时真相也更难获得。"① 这即意味着，在数字时代，每个人面临信息盈余的同时，对于有价值的、事关真相的信息获取却要更为复杂。而算法技术的出现，无疑有助于解决信息供需两端不对称的难题，既有利于提高信息分发的精准度、契合度，也有利于用户降低信息获取成本，提高信息利用效率。"计算机工程师设计出算法推荐系统，其初衷是为了应对互联网新媒体的信息超载（Information Overload）问题。"② 算法推荐技术的出现，主要是为了解决当下信息供给泛滥与用户注意力有限的矛盾问题。从最初的电商购物推荐、搜索引擎竞价排名，到后来社交媒体的广告推送、资讯平台的新闻推荐，算法推荐技术开始运用到网络社会的各个角落，影响现实/虚拟社会中每一个人。

一、算法推荐与算法新闻

算法推荐，是基于对海量数据的协同过滤，根据不同用户信息、情感、兴趣以及价值诉求，促进不同内容信息与不同用户需求的价值匹配平衡的一个系统与过程。算法推荐，不能只是基于用户的兴趣，还应关注用户的情感需要、价值需要等多个层面。

---

① ［美］比尔·科瓦奇、汤姆·罗森斯蒂尔：《真相：信息超载时代如何知道该相信什么》，陆佳怡、孙志刚译，中国人民大学出版社，2014，第214页。

② 刘存地、徐炜：《能否让算法定义社会——传媒社会学视角下的新闻算法推荐系统》，《学术论坛》2018年第4期。

算法新闻，属于用户“私人新闻”的个性化定制，即运用算法推荐技术，将海量不同类型的新闻信息分发至不同的用户手中，满足其不同的阅读偏好和信息需求的一种自动化生产新闻类型。

自算法新闻这一现象出现以来，不同的学者便开始对其推荐特征与模式进行总结与归纳，取得了不少成果。有学者提出，根据新闻分发对算法技术的使用程度来看，可以分为“人工分发”“人工 + 算法分发”以及“完全算法”三个层次①。还有学者认为，算法推荐分发新闻平台不仅是信息分发的处理平台，同样也可以理解为连接用户社交关系、连接物与环境的平台。从平台的角度看，算法分发新闻可以看作是“多源聚合 + 人工分发”的整合类平台、“多源搜索 + 算法调度”的搜索引擎平台、“临场体验 + 社交传播”的视频和 VR/AR 平台以及“生活场景 + 新闻推送”的服务类平台②。有学者还结合新闻分发的历时性发展，将算法新闻分为“编辑分发”“社交分发”“算法分发”三个模式，分别对应新闻生产中“传统媒体”“社交媒体”“智能媒体”三种不同的媒体形态③。此外，也有学者从计算机科学的角度出发，认为当下的算法新闻大致可以分为“协同过滤推荐”“内容推荐”以及“语义推荐”三种不同的推荐形式④。协同过滤推荐是推荐与我兴趣、价值相同或相近的人看的东西；内容推荐是指基于用户过往的浏览痕迹，基于用户自身的标签进行推荐；语义推荐是指在算法推新闻的过程中，不仅要注重字面意义的匹配，还主要研究用户行为背后的动机，比如说，如果某位高中生关注一位篮球明星，那么他或许对另一位同级别篮球明星的信息也有兴趣，这就是基于语义之间的相关性。在未来的发展中，语义推荐模式将是算法推荐新闻的重点研究领域。

二、数字新闻生产的算法转向

（一）从“手工作坊”到人机协同

在传统媒体时代，无论是纸质媒体、广播媒体还是电视媒体，在新闻信息从生产到分发的过程中，不仅是信息在时空中的位移，而且在一定程度上还伴随着信息载体（即媒介）的运输，其中发挥主要作用的还是人，具有“手工作坊”的某种特征。随着互联网技术引入新闻生产与传播环节，网络技术具备的开放式、节点化

① 周勇、赵璇：《大数据新闻生产的实践与反思》，《新闻与写作》2016 年第 6 期。
② 彭兰：《未来传媒生态：消失的边界与重构的版图》，《现代传播》2017 年第 1 期。
③ 张志安、汤敏：《论算法推荐对主流意识形态传播的影响》，《社会科学战线》2018 年第 10 期。
④ 孙少晶等：《“算法推荐与人工智能”的发展与挑战》，《新闻大学》2019 年第 6 期。

特征，以及受众主体性的觉醒，使新闻生产不再是传统媒体、记者的专利。在技术层面，新闻生产环节中无人机技术、大数据技术以及AR/VR技术和全景新闻技术的运用，使得新闻生产由早期的“机构生产”逐步泛化为“媒体生产—公民生产—机器生产”多个维度。

在新兴传媒技术逐步运用到新闻生产过程中的同时，学界和业界开始思考新兴技术如何改善传统新闻分发模式，提高新闻传播效率。具体来说，算法技术运用到新闻传播领域，即是通过数据智能来生产内容、运用算法推荐来分发内容、借助智能技术来促进商业价值的变现[①]。其中运用最多最广的，还是体现在算法技术对新闻内容的分发与传播环节中。可以说，算法技术节约了新闻分发成本，是网络数字化技术运用于新闻生产的不断升级，促进了新闻信息分发的智能化、精准化、场景化。

（二）从“看新闻”到“玩新闻”

从“看新闻”到“玩新闻”，体现的不仅仅是用户行为的直接转变，也间接说明了数字时代用户在信息需求的价值层面发生了极大转变。有学者认为，互联网技术带给受众的改变，不仅体现在受众主体性的觉醒（用户更强调对新闻生产过程的参与），也体现在用户心态的内在变化（原有的信息刚需逐渐转换为一种玩乐的心态）[②]。新闻算法推荐，由于具备用户数据分析、用户画像等强大的功能，在实现新闻信息与特定用户之间的价值匹配上，具有很大优势。语义推荐越来越成为算法推荐的核心模式，有关新闻信息推荐的“周边信息”，如基于用户地理位置的地方文化信息、天气信息的推荐，基于用户情绪变化的广告信息以及商品信息等，同样在不断融入新闻算法推荐过程中，丰富原有的新闻算法推荐的内容生态。这既能满足用户的信息刚需，又能满足其“玩新闻”的娱乐心态。

（三）从大众化覆盖到个性化定制

算法推荐新闻，其主要特点在于根据用户的个人偏好数据，主动向用户推荐其可能感兴趣的信息[③]。因而，算法推荐新闻也可以理解为一种个性化新闻的具体实践。在传统媒体时代，新闻分发讲究传播的广度，强调媒体的传播力与影响力。在传统媒体面前，受众是一体化的存在，不同受众不同的地域、文化、收入和受教育程度等人口统计特征，以及不同的群体诉求、群体意愿等因素，都被忽视了。而新

---

① 张志安：《算法推荐及其应用实践的中国“在地性”思考》，《新闻界》2019年第7期。

② 周觅：《论网络传播中受众主体性的发展》，硕士学位论文，湖南师范大学，2010。

③ 贾军：《算法推荐新闻：技术困境与范式变革》，《西南民族大学学报》2019年第5期。

兴网络技术促进了受众主体性的觉醒，信息传播的对象不再是被动消极的受众。在网络传播时代，媒体应充分尊重用户的多元需求。而算法推荐技术的出现，更好地契合了当前新闻传播的趋势，实现信息精准化推送，促进网络时代“个人日报”的形成。

第五节 人工智能、算法与新闻价值向度

人工智能技术在新闻传播领域的全面渗透，不仅形塑了整个传媒业的业态面貌，也在微观上重塑了传媒产业的业务链①。在新闻生产过程中，人工智能的影子随处可见。从记者报道到AI机器人写作，从单一的数据分析到大数据、云计算、数据新闻的出现，从单调平面化的报道形式到多元、立体、互动的融合新闻报道新模式，这一切都是AI带给新闻报道的新变革。人工智能与算法息息相关，生活在这样一个飞速发展、信息互通的网络时代，未来的人工智能和算法将通往何方，哪里又是新闻媒体人能够寻找到的出路，这是一个很值得思考和探究的问题。

一、技术表达与新闻价值向度

技术不断发展，人工智能已然在某些层面可以不同程度地代替新闻从业人员进行新闻内容生产，算法推荐也让信息实现个性化推荐与传播。有学者指出，未来传媒业的发展很大程度上与人工智能技术的引入和应用关联在一起。“人工智能＋传媒”的优势，体现在“海量高效且保持全天候的工作模式、在突发新闻面前反应迅速且出稿快、个性化内容的分发实现了长尾市场和利基市场的激活、传感器拓宽了信息采集的维度”②。社会在享受技术带来的便利与精彩时，也在不断迎接技术发展与应用带来的各种挑战与问题。

当技术表达的形式变得更加多元，单一的信息接收时代正在慢慢远去，受众可以通过多种渠道接收多元化的新闻信息，并且可以通过更加灵动的方式对新闻内容进行解读，还可以从“接收者”的身份变成一个社会信息流通的“把关人”，信息

① 喻国明、兰美娜、李玮：《智能化：未来传播模式创新的核心逻辑——兼论“人工智能＋媒体”的基本运作范式》，《新闻与写作》2017年第3期。

② 喻国明：《人工智能的强势崛起与新闻传播业态的重构》，《教育传媒研究》2018年第1期。

传递与扩散的权力掌握在受众手中，人人皆可成为媒体。

在技术的支撑下，不同形式的新闻不断出现，新闻生产模式也在不断更新。如“场景化新闻”出现，其情景式互动模式能够将处于碎片化阅读环境下的广大用户吸引到生动的新闻互动方式中，通过亲身感知与感官触动来刺激受众的阅读与消费行为。新闻编辑能够利用智能算法和分析技术，分析不同媒体受众的共同点，展开媒体之间的合作。技术工具帮助媒体实现隐藏的新闻数据挖掘，实现对现实可能的预测，如卫报曾经利用大数据对骚乱者的地址、位置，以及贫困地区分布等数据进行处理与分析，然后发现了伦敦骚乱事件与贫富差距之间的正相关关系，引起社会对于贫富差距所可能带来后果的重视；路透社对罗兴亚难民营中临时厕所与水井的距离进行大数据分析，然后得出了两者的距离与安全卫生隐患直接相关的结论①。这些应用都让我们看到了数据挖掘的更多可能与惊喜。

无论技术怎样发展，媒体都要保持理性的期待和专业主义精神，坚守新闻的人文价值向度，因为人的理想和情怀是新闻业发展立足的根本。人工智能虽然可以解决新闻行业的时效性问题，可以让新闻以各种各样的形式得以展现，也可以提高用户体验的质量，但是提高新闻的深度与广度、对新闻内容的把控还是需要人的分析，人的理想和情怀才是新闻价值向度的核心，也是新闻得以吸引用户的价值所在。

诚然，智能技术可以生产具有普适性的内容，但新闻内容的选择与可视化方式却需要经过人类思维的把关，面对“合适”与“突发状况”，人类具有主观能动性。新闻从业人员必须坚持正确的政治方向、舆论导向、新闻志向和工作取向，具有强烈的社会责任意识，积极传播真善美，即使面对极端的新闻事件也能够坚持合理的价值尺度，在确保新闻真实性的同时弘扬正能量。

二、人与机器：功能互补与价值匹配

人工智能与算法在新闻生产中的作用不言而喻，面对机器与人之间的竞争、智能技术应用产生的新闻伦理问题、算法技术产生的信息闭环等问题，我们需要寻找一个合适的方向去平衡人与技术之间的关系。人与机器之间是可以实现功能互补的，并且可以在发展过程中实现彼此的价值匹配，人机协作是未来的发展方向，人机互融是一种趋势。我们需要拥抱技术，但不被技术所掌控，既要充分利用好技

① 李林容：《人工智能时代结构化传播环境及传播新路径的形成》，《出版发行研究》2018 年第 7 期。

术，更要适度利用技术来造福社会。新闻从业人员需要不断提高自身的技术素养，新闻机构需要重新审视其价值定位与发展方针，公众则需要提高自身的媒介素养，在信息化时代更好地实现自我价值。

首先，个人层面需要主动驾驭新技术，与智能机器人分工合作。美联社记者畅想了10年后记者们的工作情景：无人驾驶汽车监测到空气质量异常变化，记者使用无人机搭载着空气检测仪去新建工厂区确认并拍摄现场照片，同时收到监测社交网络的电脑提醒“要提高对空气质量和哮喘儿童的话题关注度”，记者戴上VR设备通过无人机采访工厂附近的民众，运用人工智能助手查找公共记录，调查工厂审批过程中各相关人员之间的家庭树关系，电话采访时利用声音分析技术来检测此人话语的真实性等①。我们必须主动去学习并掌握新技术，这既是作为媒体人必备的素养，也是顺应时代变革的专业要求。

其次，组织层面需要紧跟新科技公司的创新步伐，提升机器人的职业素养，培养人工智能时代的“好记者”。美国社交网站Facebook在2014年6月宣布调整新闻推送算法，优先推送本地视频。这不仅改变了Facebook内部的推送规则，也给美国新闻业带来直接影响，Facebook宣布调整算法后上传的视频数量比宣布之前有明显上升，在Facebook正式发布声明的日子里，本地视频数量上升速度最快。Facebook的改变使其获得了新闻媒体的受众和网络广告的巨大份额，它的每一次算法规则改变，都会给进驻Facebook平台的众多新闻媒体的内容和用户规模带来变化②。技术的力量不可言喻，在未来的前行道路上，我们更需要警惕，为了避免在将来某一天技术“失控”时措手不及，我们现在就应该着手提升机器人的新闻职业素养，努力把它们培养成为人工智能时代“智商”与“情商”比翼齐飞的“好记者”③。

最后，在社会层面，政府作为主要的道德行动者，需要从社会整体福利水平和国家信息安全的高度理解人工智能系统的信息中介效应，对其引导舆论、影响个体的能力保持伦理警觉，并逐渐明确政府的管控底线；公众需要更加明确智能系统的运作模式和社会影响机制，运用理性力量加强自身的信息自律能力，不要成为机械

---

① “A day in the life of a journalist in 2027: Reporting meets AI,” last modified May 15, 2017, https://www.cjr.org/innovations/artificial-intelligence-journalism.php.

② Bucher, Taina. “Want to be on the top? Algorithmic power and the threat of invisibility on Facebook,” *new media & society*, 14.7 (2012): 1164–1180.

③ 刘滢、陈明霞：《如何让“智能机器人”成为好记者——人工智能时代新闻业的行动与思考》，《青年记者》2017年第16期。

刺激性快乐的被捕获者，丧失了对康乐生活的追求和对现实问题的反思能力①。

人不仅要掌握技术，也要警惕成为技术的“奴隶”。凯文·凯利曾感叹：“人工智能的失败在于，开发出了效用，却牺牲了控制论。”② 因此，我们需要不断提高对技术的掌控能力，也需要强调人文的魅力，张扬人的价值。技术的发展不是最终的目的，人的发展才是技术发展的本质，过分夸大和低估机器带给人类社会的影响都不够全面，我们不仅需要看到一切技术应用的价值，更要看到它们是否有助于提升人的理性和自由，是否能让人更自由地流动、更灵活地掌控、更理性地思考③。面向未来，我们有理由期待新闻业在运用人工智能的过程中，通过“人 + 机器”、机器帮人、不断迭代的大数据闭环，让人工智能更好地体现人的主导性和价值观④。这就要求新闻从业者真正成为技术的主人，始终坚持以人为本、人民至上的信念，具备崇高的道德素质与良好的心理素质，能够坚守职业的底线，促进人与社会的健康发展。

---

① 赵瑜：《人工智能时代的新闻伦理：行动与治理》，《人民论坛·学术前沿》2018 年第 24 期。

② ［美］凯文·凯利：《失控》，东西文库译，新星出版社，2012，第 671 页。

③ 张志安、刘杰：《人工智能与新闻业：技术驱动与价值反思》，《新闻与写作》2017 年第 11 期。

④ 陈昌凤、石泽：《技术与价值的理性交往：人工智能时代信息传播——算法推荐中工具理性与价值理性的思考》，《新闻战线》2017 年第 17 期。

第十章

融媒时代的新闻教育与人才培养模式创新

- 传统新闻教育所面临的挑战
- 海外融合新闻教育经验
- 融合新闻教育改革的中国路径
- 融媒时代新闻传播人才应具备的素质

在媒体深度融合发展的环境下，传媒业的人才需求标准同步发生变化，新闻人传统的思维理念、业务技能很难适应数字时代媒体发展需要，全媒型、复合型人才的需求出现巨大的缺口。

新闻传播人才培养，需要兼顾“变”与“不变”。从“变”的方面来说，必须破除传统的思维定式和“路径依赖”，坚持互联网思维，追踪融合、创新的时代前沿，探索移动优先、智能驱动的转型新路，在互联网主战场上打造主力军，灵活运用多种媒介技术手段实现信息和受众的广泛连接。从“不变”的方面来说，“一是要坚持正确政治方向，同党中央保持高度一致，坚持马克思主义新闻观，坚守党和人民立场，坚持中国特色社会主义，做政治坚定的新闻工作者。二是要坚持正确舆论导向，深入宣传党的理论和路线方针政策，深入宣传全国各族人民为实现‘两个一百年’奋斗目标、实现中华民族伟大复兴中国梦进行的奋斗和取得的成就，弘扬主旋律，释放正能量，做引领时代的新闻工作者。三是要坚持正确新闻志向，提高业务水平，勇于改进创新，不断自我提高、自我完善，做业务精湛的新闻工作者。四是要坚持正确工作取向，以人民为中心，心系人民、讴歌人民，发扬职业精神，恪守职业道德，勤奋工作、甘于奉献，做作风优良的新闻工作者。一句话，就是要做党和人民信赖的新闻工作者”①。这是新闻传播人才应该具备的政治素质和业务能力素质，在融媒时代也是始终不变的。

第一节　传统新闻教育所面临的挑战

技术日新月异的迅猛发展，给人类生活带来了翻天覆地的变化。信息技术革命深深地改变了新闻生产、传播和接受方式，媒体深度融合发展的趋势，使得传统新闻教育面临挑战。“互联网＋媒体”“人工智能＋媒体”成为基本范式，传统新闻教育迫切需要向融合新闻教育转型。

一、业界转型急需融合新闻人才

近年来，用户生产内容的大量涌现，催生了一批批网络红人。自媒体的崛起也对专业媒体发起挑战，新闻传播专业的学生如何在激烈竞争中脱颖而出，对其所接受的新闻教育也是考验。过去记者只需要一支笔就能跑新闻的局面早已不复存在，

---

① 《习近平在会见中国记协第九届理事会全体代表和中国新闻奖、长江韬奋奖获奖者代表时强调　做党和人民信赖的新闻工作者》，《人民日报》2016 年 11 月 8 日第 1 版。

新闻工作者现在需要十八般武艺样样精通。专业媒体人比自媒体内容生产者掌握更多职业技能，具有更高的职业素养，掌握更多新闻与传播学理论知识，更加能把握新闻规律，在融合产品制作中能够秉持良好的新闻敏感性和媒介素养，这种先天优势如果不能好好发挥，将会是很大的损失。

建设新型主流媒体，业界迫切需要转变运营模式、重构采编流程，对谙熟于融合新闻制作和报道的人才求贤若渴。新闻院校要“加快培养会使善用‘十八般兵器’的全媒化复合型新闻传播人才”①。复合型人才，必须掌握多种技术的运用技能，具备多学科知识背景，理论水平与实践能力能够完美结合。

传统媒体在融合进程中对人才的具体需求主要体现在两方面：一是传统媒体岗位对从业者的需求发生了变动；二是各类媒体机构中与新媒体相关的部门与岗位近年来持续完善和扩充，涌现了大量新媒体部门与岗位②。业界加快转型，对新闻从业者有了新的期许和要求。

传媒业生态加速重构，专业新闻媒体所需要的人员结构发生了变化，特别青睐于多学科知识背景的新闻采编人员，新闻与传播学科的本科教育规模相对于这种变化明显表现出过剩态势；随着新媒体的兴盛，非专业新闻媒体对新闻传播人才的需求出现了高涨的趋势③。谁掌握了多学科知识和技能，谁就能在激烈的市场竞争中拔得头筹。

二、传统新闻教育面临的困境

传统新闻学专业课程着力于采访、写作、编辑、评论、摄影等技能培养，而现在和未来的新闻教育必须培养学生融合新闻制作的技能，使学生不至于在激烈的市场竞争中落于人后甚至是被淘汰出局。

囿于资金和条件的限制，现行新闻教育往往滞后于业界的变化和需求。新闻传播专业是实践性极强的科目，但是国内众多新闻院校对学生社会实践、专业实践能力的提升不够。纸上得来终觉浅，绝知此事要躬行，要想了解国内主流媒体融合发展的现状，必须深入到实践中去学习。

按照教育部、中宣部的要求，新闻院校要“强化实践育人，建设一批‘进基

---

① 《教育部　中共中央宣传部关于提高高校新闻传播人才培养能力实施卓越新闻传播人才教育培养计划2.0的意见》，《中华人民共和国教育部公报》2018年第10期。

② 蔡雯、翁之颢：《融合转型的传媒业需要什么样的新闻传播人才？——对近年传媒业人才需求状况的观察与分析》，《新闻记者》2016年第12期。

③ 蔡雯：《新闻教育亟待探索的主要问题》，《国际新闻界》2017年第3期。

层、懂国情、长本领’新闻传播实践育人项目，推动师生深入基层、深入群众，培养学生为党为国为人民的深厚情怀和担当意识”。在实施卓越新闻传播人才教育培养计划的过程中，必须主动适应信息社会变革和媒体深度融合发展趋势。“要修订完善人才培养方案，健全课程体系，加强教研室（组）建设，促进跨学科、跨专业、跨院系横向交叉融合。更新教学内容，改进教学方法，创新教学组织形式，及时融入技术变革新趋势、媒体融合新动向和行业发展新动态，综合运用文图声光电多种形式，采取案例式、现场式、任务型等多样化教学手段，用好校内外电视台、广播台、报刊、网站、新兴媒体等实习实践平台，培养未来从事新闻舆论工作的行家里手。”① 技术进步对新时代的新闻人提出了更高要求，谁能在技术变革中寻得先机，掌握新方法，谁就能在奔腾的时代洪流中站稳脚跟。

第二节　海外融合新闻教育经验

纵观海外高校的新闻传媒教育，突出特色有两点：一是强烈的技术取向，这是信息社会背景下的时代特色和必然走向。随着大数据、物联网、云技术、人工智能技术等新兴技术的发展与革新，全球互联网进入“下半场”，智能化、场景化的互联网发展阶段引领着媒介发展的新风向②。新闻传媒行业的人才培养，亟须专业化、系统化的新媒介技能教育。二是显著的实践性。西方新闻教育一直以来都有很明确的目的和定位，即培养适合当下传媒业态的新闻实践人才，其新闻教育与业界结合十分紧密，许多高校的授课教师都是经验丰富的记者、编辑，学院也会提供给学生丰富的媒体实习机会。

一、专业设置：交叉学科培养成趋势

新闻传播学是站在交叉路口的学科，新闻学因重实践而有一定的工具性，与现实议题有着紧密联系；传播学是一门结合了社会学、人类学、文学、政治学、艺术学等人文社会科学发展而来的学科，近年来更是广泛与心理学、物理学、认知神经

---

① 《教育部　中共中央宣传部关于提高高校新闻传播人才培养能力实施卓越新闻传播人才教育培养计划2.0的意见》，《中华人民共和国教育部公报》2018年第10期。

② 喻国明：《智库与创新：互联网发展“下半场”的机遇》，《新闻与写作》2018年第6期。

科学等融合互通[1]。跨学科早就成为新闻传播学发展的应有之义，欧美高校就非常注重新闻专业学生的跨专业综合培养。不少学校都调整了专业设置，为学生提供跨学科发展的教育资源，尤其注重对大数据、人工智能、信息与计算科学等前沿技术的学习。这种交叉学科的培养主要通过两种模式进行：

第一种是与相关专业合作开设选修课程或者双学位。美国哥伦比亚大学新闻学院要求学生在新闻专业课程以外，选修其他课程，还与商学院、计算机科学系、国际与公共事务学院、法学院等共同开设双硕士学位专业，帮助学生提升理论高度。此外，新闻传播院系还可以让学生进行线上线下的跨平台学习，构建开放课堂[2]。

第二种则是本专业直接为学生开设融媒体课程。对数据新闻的学习，英国传媒教育是这种模式发展较为成熟的代表，新闻传播专业实力较强的十几所高校均开设了数据新闻相关的课程或相关专业，如伦敦政治经济学院、华威大学、卡迪夫大学、伦敦大学国王学院及威斯敏斯特大学等。这些高校开设的数据新闻课程大致可以分为三种类型：概论式的介绍型课程（如“数据报道概论”）、数据新闻技能类课程（如“数字交互设计”“高级数据与编程”）、数据新闻应用类课程（如“城市复原力，灾害和数据”“文化遗产可视化应用”）。此外，不少高校还依据传媒专业的特性，开设了培养学生数据叙事能力的“数字化故事写作”“数据驱动故事写作”等课程，明确了数据新闻不是简单等同于数据可视化，数据新闻教育者需要赋予学生辩证地利用数据的能力，选用合适的可视化方式构建新闻事实的理念[3]。

二、课程设置：跨媒介融合的实验教育

针对新闻传播行业的实践性，除了基础学理教育之外，海外高校同样十分注重实验教育，主要的培养方式是建立专门功能的实验室。这一做法增强了学科的科学性，新闻传播学自创始以来就是典型的文科学科，普遍来说思辨性强于实验性。实验室的引入，其实是一种将自然科学的研究方法接入社会科学研究问题的做法，不仅拓宽了新闻传播学的研究路径，也使这一学科的严谨性、科学性得到提高。

美国北卡罗来纳大学信息与传播学院建立了“卡罗来纳中心”实验室，该实验室专门针对社交媒体，旨在让学生掌握挖掘和解析社交媒体中大数据的技能。学

---

① 梁爽：《兼收多元、因学施教：传媒教育的进路探析——英国传媒教育的经验与启示》，《教育传媒研究》2019 年第 1 期。

② 何映霏、闫玉荣：《智媒语境下新闻传播教育的发展路径》，《教育传媒研究》2019 年第 4 期。

③ 栾轶玫、何雅妍：《从“可视化”到“数据叙事”——以英国数据新闻理念变迁看数据新闻教育的未来走向》，《传媒观察》2019 年第 8 期。

校聘请了来自图书与信息科学领域擅长数据采集和分析的教师，教授获取社交媒体上经济、金融、健康等数据处理技能[①]。在社交媒体大行其道的数字时代，这种技能和知识的培训切实地增强了学生的竞争力，使其有能力去紧跟时代的变化，拓宽研究的可能性。

对于VR、AR等新技术，海外高校也予以关注、重视。美国西北大学艺术、媒体与设计学院的“体验技术实验室”就利用VR/AR设备捕捉用户数据，以供学生将其应用到不同的研究课题中，如游戏传播、健康传播、交互叙事等。同属西北大学的梅迪尔新闻学院推出了Knight实验室课程项目，其本质是集合设计者、技术开发者、教师和学生的跨学科合作社区，每学期的学生团队在教员帮助下探索如何通过科技工具来解决真正的问题，项目课程融入了用户和受众研究、设计思考、批判和分析研究、迭代建模、可视化叙事、新技术以及适量的实验设计内容[②]。目前，该项目培养的学生陆续输送至媒体巨头，如纽约时报、时代传媒集团、华盛顿邮报等。

三、师资与培养模式：学界业界多重把关

海外高校十分重视“经验”的传承，许多高校新闻学院的任课教师都是资深的记者、编辑，拥有相当丰富的实践经历，这与新闻业最初的“学徒制”培养是一脉相承的，也符合其实践性极强的特点。

双导师或多导师制是结合业界进行人才培养的典型模式，这在英国传媒教育中较为普遍。如博士生培养的“双导师制”中，院系会根据学生的研究计划配备两位导师，配置情况有两种：一种是一位本院系的在职教授，此为学界导师，为其学术研究、学术规范等方面进行指导，另一位则通常是来自业界的资深媒体人，负责帮助学生收集业界数据、积累实践经验；另一种情况则是，两位导师均为学界在职教授，其中一位也可以由学生经申请后由其他学校的院系所教授担任，为学生提供跨学科的学术指导和帮助[③]。

美国新闻教育向来以实践性、职业性为导向，其新闻学硕士研究生规则为新闻从业者的再教育提供了渠道，也是弥合学术界与新闻实践缝隙的好办法。哥伦比亚

① 何映霏、闫玉荣：《智媒语境下新闻传播教育的发展路径》，《教育传媒研究》2019年第4期。
② 敖鹏：《算法新闻生产的前沿实践、问题及对新闻教育的启示》，《传媒观察》2019年第1期。
③ 梁爽：《兼收多元、因学施教：传媒教育的进路探析——英国传媒教育的经验与启示》，《教育传媒研究》2019年第1期。

大学新闻学的硕士教育项目招生就规定其申请者必须有3—15年的新闻从业经历，这为美国新闻教育的实务性和职业性提供了入口上的制度保障①。除此之外，美国高校也普遍建设“双导师”制度，以提高新闻学院专业教师队伍的质量。

除了校内的招生及导师队伍建设之外，还有些校际建设项目也不失为一种人才培养的有效模式。2012年获批的中英合作项目“北外—博尔顿全媒体国际新闻硕士项目”（International Multimedia Journalism，简称IMMJ），是融合新闻国际教育的探索性项目。该项目融合了上述几点做法，在师资队伍、课程体系和教学模式上都有亮眼之处。其师资队伍为“3+6小核心大外围”结构，即3名稳定的核心成员和6名流动成员，后者全部来自业界；教学模式为英国模式，在一年的学制中，对全媒体的基本理论技能进行教授，也会随现实的发展而增加新传播技术的内容；教学模式上除课堂授课外，采用了极具特色的“背包教学”模式，背包中装有电脑和相机等常用的新闻生产工具②，无论学生和教师都“背包”上课，实习时也背包上岗，课堂与实践无缝对接。这种模式下培养的综合人才，更能符合当今传媒市场的需求。

四、硬件设施：资金与实验条件的保障

“工欲善其事，必先利其器”同样适用于新闻教育，在新闻行业工具性、实践性极强的背景下，完善、先进的硬件设施是高校人才培养的利器。随着媒介技术发展愈发迅猛，相关实验设备、实践工具的更新换代不断加快，融媒时代的新闻教育在资金和技术、设备上的压力也越来越大。

许多海外高校开设的前沿技术相关课程，如数据新闻、VR新闻等，都依赖于先进的硬件设施和工具，相关实验室的建设则投入更高，这样才能让学生接触和体验最前沿的传播技术，并且随着技术的发展，其课程和硬件设施的更新也颇为及时。如南加利福尼亚大学曾经开设的“谷歌眼镜”课、密苏里大学的“机器人新闻写作”、哥伦比亚大学的“传感新闻”和“数据调查报道”等课程③，都是紧跟技术发展的体现，能保证学界教育与业界前沿进展相衔接。

---

① 韩敏：《新闻媒体与高校的融合教育——新闻与传播专业学位研究生培养机制研究》，《教育传媒研究》2018年第2期。

② 章晓英：《“融合国际新闻教育模式”的实践与研究——以北外—博尔顿全媒体国际新闻硕士项目（IMMJ）为例》，《对外传播》2015年第11期。

③ 蔡雯：《新闻教育亟待探索的主要问题》，《国际新闻界》2017年第3期。

第三节 融合新闻教育改革的中国路径

当前，以媒体深度融合发展为重点的中国新闻业改革已经进入深水区，传媒业与新兴技术的融合正在向纵深推进。如何培养融合新闻生产语境下的全媒体传播人才，拓展新闻教育的内涵与外延，成为各大新闻院校持续关注的热点问题。

一、宏观层：守正创新，完善顶层设计

在宏观层面，中国融合新闻教育在守正与创新间把握平衡，以马克思主义新闻观为指导思想，完善顶层设计。高校校内展望学科前沿，设计特色课程，创新教学方法，打造媒体融合实验室；校外争取合作办学，与省市级党委宣传部门、媒体和企业联合构建实践平台，实现政产学研协同育人。

（一）牢固树立马克思主义新闻观

发展融合新闻教育，目的在于培养时代需要的复合型全媒体人才。马克思主义新闻观作为根本的指导思想和理论基础，被众多新闻院校列为本科生、硕士生、博士生必修的专业核心课程。如清华大学新闻与传播学院于 2007 年成立马克思主义新闻学与新闻教育改革研究中心，将马克思主义新闻观贯穿于教学体系和课程体系中，坚持用马克思主义新闻观的教育统领新闻传播学各学科，以培养具有马克思主义思想、情感和立场的新闻传播工作者为育人目标。

武汉大学新闻与传播学院从 2014 年开始举办马克思主义新闻观大讲堂，围绕马克思主义新闻观的基本内容、历史脉络、精神实质和核心价值展开系列讲座，旨在提高广大师生和媒体工作者运用马克思主义新闻观分析现实问题和创新新闻传播的能力①。

（二）创新培养路径

技术更迭不断加速的传媒业变局中，传统学科之间的界限被一一打破。培养能够适应数字媒介环境的复合型全媒体传播人才，成为中国新闻院校践行融合新闻教

① 《尹汉宁做客马克思主义新闻观大讲堂首讲》，http：//journal. whu. edu. cn/news/20141114avqs，访问日期：2014 年 11 月 14 日。

育改革的方向。

培养方案设计上，学科融合的趋势愈发明显。立足本校教学资源和社会科学学科群，更利于培养具备多种学科思维和知识的复合型新闻传播人才。中国人民大学新闻学院与法学院联合制定新闻—法学实验班培养方案，共同培养具有新闻传播学与法学专业知识、执业技能和发展潜质的复合型人才。实验班学生在完成法学和新闻学两个专业的核心课程以外，还可以修习法制新闻报道、大数据与司法舆情分析等跨专业设计的融合课程，按方案要求修读完毕即可获得文学、法学双学士学位。

课程设置上，融合新闻教育涵盖理论研究与实践技能，数据挖掘与应用成为部分高校新闻学子在校期间必须掌握的能力之一。从教学导向的角度看，融合新闻类课程主要可以分为学理型课程与实务型课程。学理型课程侧重于网络与新媒体背景下融合新闻的历史溯源、现状分析与未来展望，从学术理论的维度，解析融合新闻的内涵与外延，代表课程包括："融合新闻理论""媒介融合导论""网络与新媒体研究""新媒体概论"。实务型课程侧重于融合新闻领域需要具备的相关技能，从生产实践的维度，培养学生在融合新闻生产流程中数据处理、视听呈现、营销推广等方面的能力，代表课程包括："全媒体新闻业务实践""融媒体产品策划与运营""融媒报道出镜主持""多媒体舆情信息监测与分析""机器学习与新闻推荐系统"。值得关注的是，从学科背景的角度看，信息技术类被越来越多的高校纳入课程体系之中，包括："网络数据分析与挖掘""人工智能与数据科学""计算机及程序设计基础""程序设计实践"。部分高校还开设了哲学、社会学类特色课程，如"网络哲学""网络群体动力学"等。

教学方法上，工作坊（workshop）、训练营等实践教学方式被越来越多的新闻院校采用。工作坊和训练营主要采取专题讲座、圆桌讨论、外出学习、社会调研、产品设计、项目运营等方式激发创新意识，提升实操能力。深圳大学传播学院为新闻学专业本科生开设新闻工作坊和摄影工作坊，为网络与新媒体专业本科生开设新媒体用户研究、用户体验设计、前端程序设计工作坊。西北政法大学新闻传播学院专业技能工作坊的主题包括数据挖掘、3D 特效制作、3D 影片制作、商业摄影等多种类型①。通过小班制、项目制、主题式的实战演练，学生在了解前沿知识、掌握专业技能的同时，创新性思维能力、自主学习能力和合作意识得到提升。

暨南大学新闻与传播学院聚焦新闻游戏领域，于 2019 年开展首期功能游戏训练营。该学院以专业教师指导、学生自主设计的孵化模式，围绕校园贷、传销、艾

① 孙江：《"育人为本、能力导向、多元融合"——新闻传播人才培养的使命与担当》，《新闻与传播研究》2018 年增刊。

滋病科普、阿尔茨海默症等社会议题，创作出 19 个以社会公益为导向、以新闻调查为主题的功能游戏，并与网易游戏“异次元”合作，对优秀作品进行奖励和推广。课堂讲授与课下实践互为补充，有机结合，达到知行合一的育人效果。

（三）着力打造融媒体实验室

为给融合新闻实践提供充足的硬件支持，近年来创办融媒体实验室成为热潮。2007 年汕头大学长江新闻与传播学院与美国密苏里大学新闻学院合作成立国内第一个融合媒体实验室。此后，清华大学、中国人民大学等高校相继设立融媒体实验室。

中国传媒大学 2017 年以来便以智能传媒为主攻方向，全面布局智能传媒教育，在媒体融合领域已形成了特色鲜明的学科专业布局和富有成效的人才培养体系，搭建了十多个省部级科研平台和教学示范基地①。

2018 年 1 月，总面积 700 平方米的中国传媒大学全媒体运行中心正式投入使用。该实验室由融合媒体指挥中心及多平台发布系统、全媒体交互式新闻演播室系统、融合媒体虚拟化生产平台三大部分组成，包含融媒体新闻采编制作、数据可视化和虚拟图文包装制播、多屏矩阵展示、云桌面资源管理、手机采访制作等 16 个子系统。其中，融合媒体指挥中心分为指挥控制区、编辑制作区与发布运营区，实现对融合新闻、融合内容生产、互动运营发布等多种业务、多种场景实践和教学活动的全流程生产、演示和监控，并对发布运营效果进行实时响应和反馈。全媒体交互式新闻演播室设有 LED 大屏幕及多个区域，可以满足多种节目形态的制作需要。融合媒体虚拟化生产平台承载了云非编、云制作和云存储的基础架构和全媒体素材库，可实现制作站点云桌面的运作方式②。

2019 年 11 月，以中国传媒大学为依托单位的媒体融合与传播国家重点实验室获得科技部批准建设。该实验室是国家首次在媒体融合领域设置的国家重点实验室，“旨在解决媒体融合领域存在的关键基础性问题，实现前瞻性基础研究、引领性原创成果重大突破，进而加大科研成果应用转化力度”。根据中国传媒大学官网信息，实验室围绕“媒体融合的服务模式”“媒体融合传播与未来形态”“媒体信息智能处理”三个主要研究方向开展工作，聚焦媒体融合领域重大科学前沿问题、国家重大需求，超前开展可能引发重大变革的基础研究和应用基础研究，形成媒体

① 《喜讯：我校获批建设媒体融合与传播国家重点实验室》，http：//www. cuc. edu. cn/2019/1126/c1382a159642/pagem. htm，访问日期：2019 年 11 月 26 日。

② 《中国传媒大学全媒体运行中心正式启用啦》，http：//www. sohu. com/a/215208128_681324，访问日期：2018 年 1 月 6 日。

融合传播系统研究和媒体融合领域高精尖人才培养模式①。

（四）联合构建实践平台

秉承政产学研相结合的实践教学理念，中国新闻传播院校通过部校共建、校媒联动、校企合作等方式，联合搭建融合新闻实践平台，补齐融合新闻教育专业实践能力的短板。

1. 部校共建

部校共建指省市级党委宣传部门、中央和地方的媒体与有关高校，在中宣部、教育部印发的《关于地方党委宣传部门与高等学校共建新闻学院的意见》指导下，开展共建学院、专业、人才培养基地的举措，从 2014 年开始在全国推广。

复旦大学新闻学院是全国首个开展部校共建的新闻院系，面对媒介技术变革带来的挑战，上海市委宣传部全力帮助复旦大学新闻学院推进复旦大学上海新媒体实验中心建设，为融合新闻教育提供硬件支持。复旦大学上海新媒体实验中心启用后，配备功能试验战区、数据采集汇聚分析场、可视化传播实验坊、广播数据直播间等，能够满足学生各类实践操作需求。

除了资金和技术支持外，上海市委宣传部还为复旦大学新闻学院提供优质的媒体资源作为学生实践平台。在部校共建的框架下，2016 年起复旦大学新闻学院与澎湃新闻网联合打造"记录中国"专业实践平台，旨在"以新闻人的专业实践服务国家大战略，记录时代大发展"，取得丰硕成果。

2. 校媒联动

高校与主流媒体联动，有利于构建新闻实践育人的长效机制。2007 年起，暨南大学与南方报业传媒集团共同打造的"暨大准记者南方训练营"，每年组织新闻与传播学院学生到南方报业传媒集团下属各个媒体中进行为期数月的专业社会实践，在记者一对一的指导下，学习南方报业的新闻运作理念，提升融合新闻报道技能。而兰州大学新闻与传播学院、香港大公文汇传媒集团合作推出"兰州大学新闻学子香港媒体训练营"，每年选拔 40 名新闻学子赴香港高校与媒体开展教学实践活动②。

3. 校企合作

校企合作推动专业实践教学改革，探索新的育人路径。华中科技大学新闻与信

---

① 《"媒体融合与传播国家重点实验室（中国传媒大学）"招聘启事》，http：//www. cuc. edu. cn/2020/0117/c1527a165014/page. htm，访问日期：2020 年 1 月 17 日。

② 《兰州大学新闻与传播学院：立身西北角培养全媒人》，http：//media. people. com. cn/n1/2019/0612/c40606 -31132866. html，访问日期：2019 年 6 月 12 日。

息传播学院与湖北睛彩视讯科技有限公司联合创建新媒体实践室、产学研发室、培训就业工作室和成果推广工作室四个工作与体验场所①。四川大学新闻学院与腾讯联手成立企鹅新媒体学院，打造新媒体人才孵化基地，在课堂内外为学生提供丰富的实习锻炼机会和优质的行业导师资源②。

二、中观层：锐意改革，整合师资力量

媒介技术变革下，新闻传播学科与社会学、经济学、营销学、艺术学、计算机科学与技术、信息与通信工程等学科的关联愈加紧密。一方面，发展融合新闻教育需要打开思路，广泛引育符合融合新闻发展趋势的优质人才，优化现有师资结构，提高教学育人质量，激发学院内部活力。另一方面，为了进一步开拓优质教学资源，新闻院校对内积极完善教师考核机制，减少教师在育人过程中的后顾之忧，对外灵活采取多种方式建立业界导师授课机制，形成学界与业界有机互动的教学机制。

（一）引育人才的趋势：跨学科、跨行业、跨国界

具体而言，中国知名新闻院校在引育人才的标准上呈现三大趋势。

1. 学科背景更多元

自2017年中国人民大学新闻传播学科进入国家“双一流”学科建设序列后，中国人民大学新闻学院引进博士后的专业要求日趋广泛。2019年中国人民大学新闻学院除新闻传播学相关专业外，还面向计算机科学与技术、信息科学、统计学、心理学、法学、哲学、历史学、社会学、政治学等相关专业招聘师资博士后。此外，中国人民大学新闻学院还联合浙报集团招收媒介融合研究博士后，招聘毕业于海内外著名高校新闻传播学相关专业和计算机科学与技术、信息科学、统计学等相关专业的博士，职责是围绕传播智能化发展方向，为媒体大数据融合提供底层数据仓库建设思路，构建新型主流媒体的标签体系和数据仓库体系，探索应用人工智能的精准分发体系③。

---

① 《新媒体社会责任蓝皮书（2015）在武汉发布　华彩新媒体联合实验室同场成立》，http：//sjic. hust. edu. cn/info/1039/2990. htm，访问日期：2015年12月2日。

② 《我院师生参加第十三届中国传媒年会》，http：//lj. scu. edu. cn/info/1039/1264. htm，访问日期：2018年11月8日。

③ 《中国人民大学新闻学院全球引进博士后公告》，http：//jcr. ruc. edu. cn/xinwen/gonggao/content－1786. html，访问日期：2020年1月20日。

2. 从业背景更广泛

在媒体融合的进程中，学界与业界优质人才资源相互流动成为常态。当前，中国传媒大学、复旦大学、华中科技大学、暨南大学等高校的教学团队中，均有具备记者、编辑、媒体管理者、媒体创业者等业界工作经历的教师。此类教师广泛的从业背景和丰富的实战经验，为学院在融合新闻实务领域的教学科研工作输入源源不断的新鲜血液，提升学生对融合新闻生产一线的认知，也为学生提供赴各类媒体调研实践的机会。

3. 视野格局更开阔

上海交通大学媒体与传播学院官网介绍，该院新闻与传播系目前有两名外籍教授，其中一位兼任迈阿密大学新闻与媒介管理系教授，研究方向包括新型传播科技、媒体经济与国际传播，另一位在本科生到博士阶段先后修读新闻学、广告学、交互美术与工艺等专业，具有业界工作经历和国内外四所高校的从教经历。汕头大学则有约三分之一的教师来自境外，他们之中有资深学者，也有马来西亚、尼泊尔、日本等地的优秀媒体人以及媒体公司的负责人。

（二）开拓教学资源的路径

除了公开招聘业界的优秀人才到高校任教，中国的新闻院校主要通过以下两条路径保障优质教学资源的持续供给。

1. 优化在职教师考核方式

为了更好地吸引和留住优质师资，华中科技大学新闻与信息传播学院对于不同岗位的教师采取不同的考核方式。科研岗教师在考核时对科研方面的要求比较高；教学岗教师的工作包括授课和指导学生创新团队，教学任务较重，学院适当降低对其在科研方面的要求；教学科研并重的教师是师资队伍的主体部分，既要达到一定的教学工作量，也要完成一定数量的科研任务①。通过对不同岗位的区分考核，可以有效减轻在职教师的工作压力，更好地保障教学科研质量。

2. 邀请业界精英授课教学

复旦大学新闻学院建立由百余名业界导师组成的导师资源库，并设立“旋转门”机制，让业界精英走进课堂，共同培养新闻人才。在学院的邀请下，上海主流媒体的资深高级记者、编辑负责整个学期的新闻采访、新闻评论课程教学工作，把一线从业经验带入课堂，提升学生的采访、写作、编辑、评论技能。

深圳大学传播学院为新闻与传播学专业硕士研究生搭建业界导师平台，邀请来

---

① 张昆：《新闻评论教育的“华科大模式”》，《新闻记者》2018 年第 6 期。

自深圳新闻传播业界具有标杆和代表性的政府机构和企业，包括深圳报业集团、深圳广电集团、深圳出版发行集团、华扬联众、蓝色光标、深圳广告协会、平安银行、健康160、深圳市疾病预防控制中心等20多家机构的负责人和业务骨干担任业界导师。每名业界导师辅导2—3名专业硕士研究生，通过授课、讲座、安排学生前往业界导师所在单位实习以及指导毕业设计等形式，对研究生进行定向指导①。

三、微观层：创造空间，重视个性发展

教育教学的核心落脚点在于人。充分调动主观能动性，激发自主学习能力，对于新闻学子在专业道路上的可持续发展至关重要。培育有专长、能创新的全媒体人，需要为学生创造充分自主的学习平台和实践空间，满足其个性化发展需要。

在学习平台方面，跨专业自主选修可帮助学生系统性学习兴趣学科，提升在就业市场的竞争力。湖南师范大学新闻与传播学院为新闻学专业融媒体新闻方向（新闻实验班）开设学科平台课程，满足学生跨专业修读兴趣学科的需要。学生可以在社会组、政法组、财经组中选择自己感兴趣的学科方向，修读该方向下属的四门基础课程。

在实践空间方面，基于专业社团的融合新闻生产实践，使学生在选题策划、采编制作、营销推广、经营管理过程中，充分了解新闻生产传播的各个环节。南京大学新闻传播学院开设了“南大新传”“新记者”“南大家书”“新天地”“新潮”“NJU核真录”“南大创意传播”“大学英雄”“南大网台NTV”等九个专业社团，内容生产形式多元，包括新闻评论、深度报道、数据可视化报道、新闻摄影、视频新闻、海报、影视短片、广告片、纪录片等各个方面。其中，“NJU核真录”与澎湃湃客、虎嗅、知名公众号形成内容生产方面的合作。“南大网台NTV”获得2019年纽约广告节Finalist、2019时报金犊奖校长奖 & 全球入围奖、第二届广州国际城市影像节铜奖等奖项②。高度自主的实操环境能够满足学生个性化实践的需要，为学生深入学习感兴趣的垂直领域提供空间。

面对媒介技术变革带来的持续挑战，把握守正与创新的平衡、专业与跨界的平衡、理论与实践的平衡，对于发展融合新闻教育而言至关重要。在传统新闻生产向

① 《深圳大学首届新闻与传播学专业硕士研究生业界导师聘任仪式暨师生见面会顺利召开》，http：//cmc. szu. edu. cn/Home/Default/NewsDetailMore/4132. html，访问日期：2019年10月24日。

② 《2019“南大网台”年度报告》，https：//jc. nju. edu. cn/11/45/c11970a463173/page. htm，访问日期：2020年1月9日。

融合新闻生产转型过程中，中国知名新闻院校在融合新闻教育改革中的成功经验值得推广，新的探索有待进一步展开。

第四节 融媒时代新闻传播人才应具备的素质

目前我国媒体融合转型正处于关键时期，一方面，传媒行业需要具有融合思维、掌握多种媒介技术的“全媒型”新闻人才撑起媒体融合的重任；另一方面，部分新闻人思维陈旧、故步自封，缺乏创新意识和互联网思维，无法跟上传媒业革故鼎新的浪潮。同时，部分传统媒体的沉疴痼疾难以根除，陈旧僵化的管理体制留不住新闻人才，大量新闻人流向互联网等朝阳行业，传媒业优秀的新闻人才流失严重。供需不对称阻碍媒体融合推进的步伐，数字时代的新闻传播人才必须转变思维，调整心态，提高能力，既要有职业媒体人的深度与专业，又要与自媒体拼速度和流量，站在媒体大融合的桥头，成为真正的“背包记者”。

一、革故鼎新的传媒业需要什么样的新闻传播人才

尽管媒介技术的发展使得“人人皆记者”的口号越来越响，但是因循守旧、故步自封的新闻人无法担起传媒业融合转型的重任，转型中的传媒业在新闻人才招聘方面更加谨慎严格，这变相提高了行业准入门槛。革故鼎新的传媒业究竟需要什么样的新闻传播人才，本节通过梳理几大主流媒体的招聘启事，总结出当今媒体行业的人才需求标准。

（一）政治导向：坚定的政治立场和良好的道德素养

新闻事业属于上层建筑，或者说，新闻事业就是上层建筑的一个组成部分，中国共产党领导的新闻事业是党和人民的喉舌①。“做好党的新闻舆论工作，事关旗帜和道路，事关贯彻落实党的理论和路线方针政策，事关顺利推进党和国家各项事业，事关全党全国各族人民凝聚力和向心力，事关党和国家前途命运。”② 面对国内外复杂的环境，新闻工作者必须有坚定的政治立场和敏锐的政治头脑。

① 李良荣、沈莉：《试论当前我国新闻事业的双重性》，《新闻大学》1995 年第 2 期。

② 《习近平在党的新闻舆论工作座谈会上强调 坚持正确方向创新方法手段 提高新闻舆论传播力引导力》，《人民日报》2016 年 2 月 20 日第 1 版。

分析观察媒体行业的招聘公告，各媒体单位通常将“政治立场”作为第一要义，政治导向是招聘新闻人才的首要标准。人民日报将“政治立场坚定，始终同以习近平同志为核心的党中央保持高度一致，牢固树立‘四个意识’，拥有高远的人生和职业理想”作为应聘条件的第一条。新华社、光明日报等高端主流媒体的招聘报名条件里，同样能看到“政治立场坚定”“坚持马克思主义新闻观”“具有良好的道德素质和政治品行”等关键词。

（二）专业背景：新闻学背景及垂直专业适配不同岗位

从各大主流媒体招聘条件来看学历要求，本科及以上是基本的应聘要求，硕士生、博士生所占比例越来越高。以光明日报社 2019 年应届高校毕业生招聘公告来看，16 个采编岗位学历要求全部为“硕研以上”，而新华社在 2020 年度招收毕业生信息表“意向高校”一栏中标明“双一流高校优先”。可见，传媒行业对新闻传播人才的学历要求越来越高，对教育程度的限定变相说明新闻行业进入门槛变高，融媒时代传媒业需要的是专业领域的顶尖人才。

新闻与传播专业的人才在校期间学习过基本的采访、写作、编辑、评论等业务技巧，熟悉新闻传播规律，能够在进入岗位后较快地适应工作要求，因此，从几大主流媒体招聘条件对专业背景的限定来看，新闻与传播专业仍是招聘岗位中最常规定的专业要求。由于传媒业与各行各业有着密切联系，新闻人需要将社会各领域发生的事实呈现给公众，向公众阐释真相，为公众释疑解惑，消除受众的认知不确定性，因此传媒业需要垂直专业人才来报道相关领域内的事实和真相。以人民日报社 2019 年公开招聘公告为例，通过对公告显示的 25 个岗位的专业背景进行词频分析，“新闻”一词被提及 9 次，经济学、语言学、平面设计、法律、社会学等专业也是需求热门。

（三）职业技能：采写基本功外技能要求更多元复杂

纸媒时代，媒体行业对新闻传播人才的要求是熟练掌握采访、写作、编辑、评论等基本功，但在新媒介技术引领的数字时代，仅凭借采写编评能力已经无法适应快速变化的媒介环境，传媒行业对新闻工作者的技能要求变得更复杂、多元，这在各大媒体的招聘公告中体现得很明显。融合新闻时代，采写编评基本功仍不可或缺，几乎所有媒体的招聘公告中都有“具备良好的语言表达和中文写作能力”这一条规定。在注意力稀缺的当下，媒体用创新、创意专题策划来吸引受众关注至关重要，澎湃新闻、新京报等媒体的编辑类岗位强调“独立策划能力”。

在强调视觉性、互动性的数字时代，媒体对新闻人有了更多元化、差异化、符合新媒体特性的能力需求。例如，“相关媒介技术应用能力”被列为招聘条件之一，除了“熟练运用 Photoshop 等软件进行图片编辑，熟练使用 Premiere/AE 或其他视频制作软件”，澎湃新闻还要求掌握“一定的数据分析能力”，人民日报等媒体设置专业的“首席技术官”“高级设计及交互工程师”“高级数据分析师”等技术类岗位。

值得注意的是，“媒体运营能力”成为传媒行业日益重视的能力条件，新京报和澎湃新闻都设有“互动专员”“互动新闻中心”等岗位，负责与用户互动，维系好核心用户的良好关系，经营用户社群等内容职责。

（四）性格素养：有责任心、抗压和团队协作精神是基本的素质要求

几乎所有的媒体在招聘公告上都提到了“有责任心”“抗压”“团队协作精神”这三点要求。此外，“善于沟通”“强烈的好奇心”等也是常见的素质要求。

新闻报道的每一个判断都必须对公众负责，记者、编辑须有极强的责任心才能确保每个新闻要素符合事实。在当前快节奏的社会，工作压力越来越大，新闻行业尤其强调“时效性”，面对随时发生的突发性事件，新闻人必须有较强的抗压能力，才能妥善处理各种突发的棘手问题。一件新闻产品的完成，不可能只由一个人就能完成，如今新媒体产品更强调可视化、互动性等多种复杂的操作，更需要不同部门、不同岗位之间互相合作，从选题策划到采访制作，再到最后产品的呈现，每个环节都需要成员之间充分沟通、互相协作，因此“团队协作精神”对于新闻工作者来说不可或缺。

二、坚守与转变：融媒时代新闻传播人才应具备的素质

在招揽人才方面，变革中的传媒业提出了更细致、多元、差异化的要求和标准。为了更好地适应传媒业融合转型发展的需要，加快媒体深度融合发展进程，融合新闻人才需要具备更高的素质。

（一）思维模式：坚守政治底色，发展融合、创新的思维方式

不论媒介环境如何变化发展，坚守政治底色永远是第一原则，政治导向思维是新闻工作者最根本的思维。新闻工作者必须有坚定的政治立场和政治敏锐性，用马克思主义新闻观武装自己，始终保持政治清醒和政治定力。融合新闻时代的新闻工作者更要秉持“政治家办报”的理念，做好舆论引导和新闻宣传工作，筑牢意识形态阵地。

在坚持正确政治方向、舆论导向和价值取向的前提下，“融合思维”是数字时代新闻工作者从事新闻报道生产的基本理念。所谓“融合思维”，指的是基于融合

文化的特征，从新旧媒体融通性的角度考虑问题的一种大系统思维方式①。媒介融合走过了报网互动、报网融合的阶段，但“融合”不是简单地将报纸搬上“网”，融合新闻产品不是纸媒内容的数字化转换，也不是传统的报道内容和新传播形式的生硬拼接，而是在考虑传播内容本身特质的基础上选择合适的媒介技术形式呈现给受众，使媒介形式与内容真正做到相“融”而非简单相“加”，达到“1 + 1 > 2”的效果。2017 年人民日报制作的融媒产品 H5《快看呐！这是我的军装照》，正是融合思维的最佳体现，将建军 90 周年以来的军装变化与媒介互动技术 H5 巧妙融合，实现现象级的传播。

在注意力稀缺的数字时代，新闻业需要在创新型人才的带领下破旧立新，推动主流媒体传播能力建设。乏善可陈的新闻作品难以“入眼”，更遑论“入脑”“入心”。因此，融合新闻产品需要不断推陈出新，新闻传播人才只有具备创新思维和探索精神，方能充分挖掘题材新意和亮点，推进新闻故事的创造性表达，增强新闻传播的亲和力和实效性。

（二）知识结构：具有“T 型”知识结构的专家型人才

观察近年来传媒业的人才需求状况，业界对“专家型”的新闻传播人才需求旺盛，即具有“T 型”知识结构的新闻人才更能符合传媒业发展的需要。新闻人既需要有广博的知识面，又需要对某一垂直领域有深刻独到的见解，“博”与“精”在“横”与“纵”两方面构成一个“T 型”。以往新闻从业者学习的是纸媒时代“大众传播”知识，但数字媒体出现以后，新闻传播方式和特点发生了很大变化，传播从“广播”变成“窄播”，传统意义上的大众传播规律很难再适用，新闻人应与时俱进，学习新媒体相关知识，科学把握移动互联下的内容生产规律与传播规律，提高新闻舆论引导水平。

美国学者詹姆斯·凯瑞在《新闻教育错在哪里》一文中写道，新闻学和文学联系，这样才能提高语言和表达能力，并深刻理解叙述的方式和哲学联系，由此确立自己的道德基准和历史联系，在此基础上建立自己的意识和直觉②。文史哲知识作为通识类知识对提升人的情操大有裨益，学习文史哲知识培养自己的人文情怀对于新闻工作者来说至关重要，新闻报道要有人文关怀才能打动人心。

新闻传播人才在知识获取方面不仅要广为涉猎，还要对某一垂直领域深入钻研获取专业性知识。从几大媒体招聘公告来看，财经、体育、农业、法律记者等专业

---

① 王君超：《报业转型：“互联网思维”还是“融合思维”》，《中国报业》2014 年第 23 期。
② James W. Carey：《新闻教育错在哪里》，李昕译，《国际新闻界》2002 年第 3 期。

性强的岗位人才稀缺，进入新媒体受众细分时代，新闻人才更应发展专长满足特定领域读者的阅读需求，这也是未来新闻人实现自身价值的发展方向。

（三）业务能力：成为掌握全媒体技能的“背包记者”

1. 练好采写编评基本功打造精品内容

媒体融合转型时代，“内容为王”仍不过时，寻找新闻线索，讲好新闻故事，呈现精品内容才能真正打动人心，扎实的采写编评能力是成为优秀新闻人才的基本功。

网络信息充分流动，互联网成为新闻线索的集散地，一些记者以坐在电脑前等待网络爆料代替深入一线现场，这是不可取的。对于新闻工作者来说，脚下有泥土，笔下才有真情，新闻报道才能接地气。记者必须深入基层，亲身体验，才能捕捉到真实的细节，写出动人的故事。新闻工作者“要转作风改文风，俯下身、沉下心，察实情、说实话、动真情，努力推出有思想、有温度、有品质的作品”①。面对数字时代舆论环境的变化，新闻工作者需要研究受众的阅读习惯，学会与受众对话而非说教，适当引入“网言网语”增强新闻趣味性以吸引受众。

2. 掌握多媒体技术手段提升受众阅读体验

融媒时代，新闻工作者仅凭借采写编评基本功难以适应信息革命的潮流。新媒体技术层出不穷，短视频、网络直播、H5、无人机等开始应用到新闻生产中，不断丰富新闻人讲故事的手段和新闻产品的呈现形式，优质故事搭载先进的媒介技术实现传播的指数级增长成为常态。融媒时代的新闻工作者需要灵活掌握多种媒介技术手段，以互联网思维将新闻文本内容与媒介技术有机融合，实现新闻的可视化，充分调动受众感官，提升受众的阅读体验。

3. 提升数据挖掘和分析能力实现信息适配

网络上的海量信息汹涌而至，用户凭借自身媒介素养难以辨别信息的可靠程度，很容易在浩如烟海的无用信息中迷失方向，找不到有价值的目标信息。新闻人的工作不仅仅是提供信息，更需要在纷繁复杂的信息海洋中为用户提供适配内容，满足用户的个性化、差异化需求。这需要新闻工作者提升数据挖掘和分析能力，一方面利月算法等人工智能技术分析用户阅读需求和喜好，一方面利用数据挖掘软件对海量信息进行搜索、筛选和甄别，为用户提供精准有效的真实信息，提升传播效果。

---

① 《习近平在党的新闻舆论工作座谈会上强调 坚持正确方向创新方法手段 提高新闻舆论传播力引导力》，《人民日报》2016 年 2 月 20 日第 1 版。

4. 职业精神：报道事实、传播真相

近年来，各媒体之间竞争越来越激烈，特别是自媒体引爆了对注意力资源的争夺，部分媒体的考核标准异化，对流量和点击率的重视程度日益上升，导致部分新闻工作者的价值取向发生变化，为抢时效而致使新闻失真，“先发布后审核”的新闻发布机制导致“后真相”现象愈演愈烈。少数新闻工作者职业精神缺失，有偿新闻、新闻侵权等问题屡屡出现。

不管媒介环境如何变化，新闻工作者应始终坚持马克思主义新闻观，树立社会责任意识，恪守新闻职业道德，以报道事实、传播真相、追求真理、维护正义、弘扬社会主义核心价值观为工作使命。

结　语

媒体深度融合发展与新闻业未来

信息技术发展到今天，已经成为新闻业变革强劲的“自主性”推动力量。移动化、网络化、智能化技术为媒体深度融合发展提供了基础，催生了自媒体、社交媒体、智能媒体的迅猛扩张，将新闻业带入前所未有的变局和大转型。

新媒体的崛起，使传统媒体遭受巨大冲击。早在2005年，京华时报社社长吴海民就提出：都市报的冬天提前来到了，这个冬天会比人们想象的还要漫长，“一些脆弱的报纸可能会熬不过去”①。事实上，都市报的冬天，也是传统媒体的冬天，报纸、广播、电视普遍面临着受众流失和经营压力。2014年中国约有10家知名报纸停刊或者休刊，此后每年都有一批纸质媒体退出历史舞台。2017年，曾在报业市场声名显赫的《京华时报》《东方早报》停刊，当时引起了不小的震动。时至今日，报纸停刊、休刊已成为常态，人们对此习以为常，2021年便有《皖北晨报》《遵义晚报》《益阳城市报》等多家报纸停刊、休刊。传统媒体遭受的生存危机，只有通过融合转型、改革创新来化解。

在这个加速度变革的时代，新闻业面临各种不确定性。“进入21世纪以来，全球科技创新进入空前密集活跃的时期，新一轮科技革命和产业变革正在重构全球创新版图、重塑全球经济结构。以人工智能、量子信息、移动通信、物联网、区块链为代表的新一代信息技术加速突破应用”②，各种原创性的前沿技术、颠覆性技术，为内容生产、传播创新提供不竭的源泉，新闻和技术之间、采编工作和平台架构之间日益呈现交叉融合趋势。

新闻业始终处于信息技术应用的前沿，媒体深度融合发展对人们的阅读方式、信息获取方式，以及交往、沟通方式，都带来了重大改变。甲骨文系统（Oracle System）的创始人劳伦斯·艾里森认为，信息高速公路将最终从本质上改写一切中介传播方式。他说总有一天包括书籍、杂志、音乐、电视和电影等一切媒介都将被数字化，通过计算机互联网提供给每个人。美国学者罗杰·菲德勒也指出，当今的媒介形态变化进入了“由电子传播媒介向数字式语言彻底转变的阶段，现代文明

---

① 肖武：《吴海民——都市报的冬天提前来到了》，《传媒》2005年第7期。

② 习近平：《努力成为世界主要科学中心和创新高地》，《求是》2021年第6期。

正在发生深刻的转变”[①]。由此，“拯救报纸”“技术赋能”“移动优先”等主题逐渐凸显。

互联网、手机等新媒体的崛起，为数字化传播提供了更宽广、更大众化的平台，并催生新的内容服务模式。数字技术将相同的信息内容转换为不同的媒介形式传播，书、报、刊等平面媒体与音频、视频媒体在网络、手机等终端上实现融合。“融合是指所有的媒介都向电子化和数字化这一种形式靠拢，这个趋势是由计算机技术驱动的，并在网络技术的推动下变得可能。融合的出现对现有媒体秩序是一个意义深远的挑战，它为多媒体产品的发展铺就了发展道路。所谓多媒体是指文本、图片、视频、声音以及这些元素的链接和交互的混合体。”[②] 报纸、书刊等全面数字化，实现传统业态与新兴业态的融合，旧的媒介形式和新的传播方式在一段时期内并行不悖、共同演进。

新媒体的复合传播，也在悄然改变着大众的阅读方式，人们从单纯依赖报纸、书刊等纸质媒体向多元化的阅读方式转变。中国新闻出版研究院 2021 年 4 月发布的第十八次全国国民阅读调查结果显示，手机阅读和网络在线阅读是成年国民数字化阅读的主要方式，2020 年有 76. 7% 的成年国民进行过手机阅读，71. 5% 的成年国民进行过网络在线阅读。从人们对不同媒介的接触时长来看，成年国民人均每天手机接触时间最长。2020 年我国成年国民人均每天手机接触时长为 100. 75 分钟，人均每天互联网接触时长为 67. 82 分钟[③]。新媒体改变了大众的阅读习惯，人们通常会选择在自己方便的时间和地点获取新闻，“媒介受众走向碎片化”[④]，传统的新闻生产、传播方式不可避免地要进行重构。融合新闻生产，具有无限的可能性。

必须看到，融合新闻生产不是一个简单的技术问题，它涉及新闻业的战略性转变，是全流程的整体革命，单单改造流程的某一个环节并不是新闻业数字化转向、媒介融合变革的最终目的。加快推动媒体融合发展，就是要“使主流媒体具有强大传播力、引导力、影响力、公信力，形成网上网下同心圆，使全体人民在理想信念、价值理念、道德观念上紧紧团结在一起，让正能量更强劲、主旋律更高昂”[⑤]。

① ［美］罗杰·菲德勒：《媒介形态变化：认识新媒介》，明安香译，华夏出版社，2000，第 96 页。

② ［美］约翰·帕夫利克：《新媒体技术：文化和商业前景》（第二版），周勇、张平锋、景刚译，清华大学出版社，2005，第 126 页。

③ 澎湃新闻：《第十八次全国国民阅读调查报告权威发布》，https：//www. thepaper. cn/newsDetail_forward_12369739，访问日期：2021 年 4 月 24 日。

④ ［澳］斯蒂芬·奎恩：《融合新闻报道》，张龙、侯娟、曾嵘译，北京大学出版社，2015，第 37 页。

⑤ 习近平：《论党的宣传思想工作》，中央文献出版社，2020，第 354 页。

不管未来的媒体格局、媒介技术、新闻文本形态如何变化，新闻舆论工作始终要以人民为中心，不断推出有思想、有温度、有品质的融合新闻精品。

展望未来，5G、大数据、云计算、物联网、人工智能、区块链等技术与新闻业结合将更紧密。面对转型，新闻界要在发展理念、体制创新、平台建构、流程再造和人才培养等方面进行不懈的探索。

第一，在发展理念上，直面媒体深度融合发展带给新闻业的机遇和挑战，适应数字时代受众信息需求的特点，进行新闻产品形态和传播渠道方面的创新，从“传播者本位”向“受众本位”转换，以互联网思维把握融合新闻的叙事特点和规律。新传播技术代表着新的生产方式，代表着全新的游戏规则和价值标准，需要全新的观念和运作模式。

第二，在体制创新上，努力构建结构合理、机制灵活、富有活力、竞争力强的新型主流媒体。媒介融合促使形成新的价值链和业务模式，同时呼唤体制和机制的创新，推动媒介产品、业务和组织结构等方面重新整合。杰夫·贾维斯曾一针见血地指出，互联网消灭了低效率。报社是低效率的企业，采编人员的工作效率不高。大众市场已死，微众市场万岁①。新闻机构要以构建全媒体传播体系为契机，进行一系列深层次的改革，创新体制，转换机制，优化资源配置，全面提升效率，让创造的活力竞相迸发、充分涌流。

第三，在平台建构上，将服务于采编和经营的“中央厨房”、数据中心、云平台等打通，推进“云、网、端”等媒体基础设施升级，形成“数字化采集—网络化传输—智能化计算—精准化传播—多元化服务”的整合型平台。从传媒业的前沿动态来看，平台化和大型新闻、信息服务终端将逐渐成为主流。这样的平台一方面让跨媒体的流程更加顺畅，对内容资源的开发更加便捷，另一方面也有助于打造新闻、信息枢纽，将平台与社区广泛联结，形成多元服务协同效应。

第四，在流程再造上，要适应媒体深度融合发展的特点，创新组织方式、内部架构和运作流程，改革采编流程、管理流程和经营流程等，实现产业链条上各个环节的互相支撑，逐步完成全流程再造，最大限度地整合资源，占领新闻传播和媒介运营的制高点，创造出符合数字媒体发展规律的新的价值模式。

第五，在人才培养上，从业者除了业务技能外，更重要的是须形成全媒体的思维方式，具备熟练的技能，前瞻的视野，宏观、整体的把握能力，以及创造性的策划、运作方式。

---

① ［美］杰夫·贾维斯：《Google 将带来什么?》，陈庆新等译，中华工商联合出版社，2009，第 122—123 页。

新闻业的发展变化快、人才需求量大，从业者除了大量的实践，还须进行各种专业培训，锻造高技术专才和领军人物，建立战略协同的“新闻 + 政务服务商务”运营团队。未来的新闻业呼唤跨媒体、全能型、复合型、专家型的人才，必须将培养新闻从业者的全媒体技能与全媒体运作思维，融入日新月异的具体实践之中。

媒体融合向纵深发展，对新闻业提出了更高的战略目标，单一的业务模式是很难继续发展下去的。适应信息技术的变革，主流媒体积极在新兴技术领域建立业务体系，加快向数字化、移动化、网络化、智能化转型升级，势必成为今后中国新闻业的发展趋势。

参考文献

一、中文著作

蔡雯：《媒体融合与融合新闻》，人民出版社，2012。

陈昌凤：《媒体融合：策略与案例》，中国社会科学出版社，2019。

董天策：《网络新闻传播学》（第三版），福建人民出版社，2009。

杜骏飞：《网络新闻学》，中国广播影视出版社，2001。

樊荣、丁丽、贾皓、周循：《H5 交互融媒体作品创作》，中国人民大学出版社，2020。

范东升：《拯救报纸》，南方日报出版社，2011。

高晓虹：《中国新闻传播研究：智慧新媒体》，中国传媒大学出版社，2019。

辜晓进：《重走美国大报——美国报业转型：颠覆与重生》，南方日报出版社，2018。

郭全中等：《新媒体环境下传统媒体的转型战略研究》，中山大学出版社，2019。

胡百精：《新时代新闻传播教育》，中国人民大学出版社，2020。

李兰：《融合新闻写作》，浙江大学出版社，2016。

李名亮：《网络新闻编辑实务》，学林出版社，2015。

李沁：《沉浸传播：第三媒介时代的传播范式》，清华大学出版社，2013。

刘冰：《融合新闻》，清华大学出版社，2017。

彭兰：《中国网络媒体的第一个十年》，清华大学出版社，2005。

彭增军：《新闻业的救赎：数字时代新闻生产的 16 个关键问题》，中国人民大学出版社，2018。

石长顺：《融合新闻学导论》，北京大学出版社，2013。

塔娜、唐铮：《算法新闻》，中国人民大学出版社，2019。

许向东：《数据新闻：新闻报道新模式》，中国人民大学出版社，2017。

许颖：《媒介融合的轨迹》，中国人民大学出版社，2011。

［澳］斯蒂芬·奎恩：《融合新闻报道》，张龙、侯娟、曾嵘译，北京大学出版社，2015。

［美］埃弗里特·E. 丹尼斯、梅尔文·L. 德弗勒：《数字时代的媒介：连接传播、社会和文化》，傅玉辉等译，中国人民大学出版社，2019。

［美］菲利普·迈耶：《正在消失的报纸》，张卫平译，新华出版社，2007。

［美］史蒂芬·卢奇、丹尼·科佩克：《人工智能》（第 2 版），林赐译，人民邮电出版社，2018。

［美］肖恩·杜布拉瓦茨：《数字命运：新数据时代如何颠覆我们的工作生活和沟通方式》，姜昊骞、李德坤、徐琳琪译，电子工业出版社，2015。

［美］珍妮特·柯罗茨：《融合新闻学实务》，嵇美云译，清华大学出版社，2016。

［英］保罗·斯普林格、梅尔·卡森：《数字化先锋》，徐梦蔚译，机械工业出版社，2014。

［英］西蒙·罗杰斯：《数据新闻大趋势：释放可视化报道的力量》，岳跃译，中国人民大学出版社，2015。

［英］西蒙·庞特：《数字时代：互联网如何改变着我们身边的一切》，杨丽艳、屈云波译，企业管理出版社，2015。

二、中文论文

蔡雯：《从“超级记者”到“超级团队”——西方媒体“融合新闻”的实践和理论》，《中国记者》2007 年第 1 期。

曾祥敏、刘日亮：《移动新闻直播：临场交互下的信息传播》，《电视研究》2018 年第 9 期。

常江：《数字新闻学：一种理论体系的想象与建构》，《新闻记者》2020 年第 2 期。

仇筠茜、陈昌凤：《基于人工智能与算法新闻透明度的“黑箱”打开方式选择》，《郑州大学学报（哲学社会科学版）》2018 年第 5 期。

邓建国：《时空征服和感知重组——虚拟现实新闻的技术源起及伦理风险》，

《新闻记者》2016 年第 5 期。

范以锦：《人工智能在媒体中的应用分析》，《新闻与写作》2018 年第 2 期。

胡翼青、朱晓颖：《人工智能的“幻影公众”——基于新闻从业者实证研究的考察》，《中国出版》2018 年第 19 期。

黄楚新、彭韵佳：《2017 年中国媒体融合发展报告》，《现代传播》2018 年第 4 期。

黄典林、白宇：《人工智能与新闻业变革的技术和文化逻辑》，《新闻与传播评论》2018 年第 6 期。

黄雅兰、陈昌凤：《“目击媒体”革新新闻生产与把关人角色——以谷歌新闻实验室为例》，《新闻记者》2016 年第 1 期。

蒋晓丽、贾瑞琪：《新闻游戏：一个属性的界定》，《新闻界》2018 年第 1 期。

李良荣、袁鸣徽：《2017 年中国网络媒体的基本格局和态势》，《新闻记者》2018 年第 1 期。

刘丹凌、黄秋彤：《新媒体语境下新闻游戏的生成逻辑》，《现代传播》2017 年第 9 期。

陆地、高菲：《媒体融合的模式和媒介融合的趋势》，《中国广播电视学刊》2019 年第 7 期。

彭兰：《“连接”的演进——互联网进化的基本逻辑》，《国际新闻界》2013 年第 12 期。

沈正赋：《人工智能时代新闻业次生矛盾的生发、纠结与调适》，《编辑之友》2018 年第 7 期。

石长顺、肖叶飞：《媒介融合语境下新闻生产模式的创新》，《当代传播》2011 年第 1 期。

宋建武：《以服务构建用户平台是媒体融合的关键》，《新闻与写作》2015 年第 2 期。

苏宏元、舒培钰：《网络传播重构新闻生产方式：协作、策展与迭代》，《编辑之友》2017 年第 6 期。

孙玮：《融媒体生产：感官重组与知觉再造》，《新闻记者》2019 年第 3 期。

童兵：《科学和人文的新闻观》，《新闻大学》2001 年第 2 期。

韦路：《媒体融合的定义、层面与研究议题》，《新闻记者》2019 年第 3 期。

许向东：《关于人工智能时代新闻伦理与法规的思考》，《人民论坛·学术前沿》2018 年第 24 期。

喻国明、马慧：《互联网时代的新权力范式："关系赋权"——"连接一切"场景下的社会关系的重组与权力格局的变迁》，《国际新闻界》2016 年第 10 期。

赵瑜：《人工智能时代新闻伦理研究重点及其趋向》，《浙江大学学报（人文社会科学版）》2019 年第 2 期。

钟瑛、陈盼：《网络新闻分类及其评优标准探析——以中西网络新闻奖评选为例》，《国际新闻界》2009 年第 9 期。

周葆华、谢欣阳、寇志红：《网络新闻从业者的基本构成与工作状况——"中国网络新闻从业者生存状况调查报告"之一》，《新闻记者》2014 年第 1 期。

三、英文文献

Boczkowski, P. J., *News at Work: Imitation in an Age of Information Abundance*, The University of Chicago Press, 2010.

Franklin, B., *Newszak and News Media*, Edward Arnold, 1997.

Gauntlett, D., *Making is Connecting*, Polity, 2011.

Hindman, M., *The Myth of Digital Democracy*, Princeton University Press, 2009.

Kelty, C. M., *Two Bits: The Cultural Significance of Free Software*, Duke University Press, 2008.

Ling, R., Jonathan, D., *Mobile Communication: digital media and society series*, Polity, 2009.

Myerson, G., *Heidegger, Habermas and the Mobile Phone*, Icon Books, 2001.

Pariser, E., *The Filter Bubble: What the Internet is Hiding from You*, Penguin Books Ltd., 2011.

Webster, F., *Theories of the Information Society*, Routledge, 1995.

Bechmann, A., Nielbo, K. L., "Are We Exposed to the Same 'News' in the News Feed?," *Digital Journalism*, 2018, 6 (8): 990–1002.

Bodó, B., Helberger, N., et al, "Interested in Diversity: The role of user attitudes, algorithmic feedback loops, and policy in news personalization," *Digital Journalism*, 2019, 7 (2): 378–385.

Buhl, F., Günther, E., Quandt, T., "Bad News Travels Fastest: A Computational Approach to Predictors of Immediacy in Digital Journalism Ecosystems," *Digital Journalism*, 2019, 7 (4): 378–385.

Carlson, M., "The Information Politics of Journalism in a Post-Truth Age," *Journalism Studies*, 2018, 19 (13): 1879 – 1888.

Chua, S., Westlund, O., "Audience-Centric Engagement, Collaboration Culture and Platform Counterbalancing: A Longitudinal Study of Ongoing Sensemaking of Emerging Technologies," *Media and Communication*, 2019, 7 (1): 153 – 165.

Dailey, L., Demo, L., Spillman, M., "The Convergence Continuum: A Model for Studying Collaboration Between Media Newsrooms," *Atlantic Journal of Communication*, 2005, 13 (3): 150 – 168.

Diakopoulos, N., "Artificial intelligence-enhanced journalism offers a glimpse of the future of the knowledge economy," *The Conversation*, 2019.

Jones, R., Jones, B., "Atomising the News: The (In) Flexibility of Structured Journalism," *Digital Journalism*, 2019, 7 (10): 1 – 23.

Prensky, M., "DigitalNatives, Digital Immigrants," *OntheHorizon*, 2001, 9 (5): 1 – 6.

Steensen, S., Larsen, A. M. G., Hågvar, Y. B., "What Does Digital Journalism Studies Look Like?," *Digital Journalism*, 2019, 7 (3): 320 – 342.

Stray, J., "Making Artificial Intelligence Work for Investigative Journalism," *Digital Journalism*, 2019, 7 (4): 378 – 385.

Tandoc Jr, E. C., Lim, Z. W. Ling, R., "Defining 'Fake News' A typology of scholarly definitions," *Digital Journalism*, 2018, 6 (2): 137 – 153.

Thurman, N., Moeller, J., Helberger, N., "My Friends, Editors, Algorithms, and I," *Digital Journalism*, 2019, 7 (4): 378 – 385.

Vosoughi, T. S., Roy, D., Aral, S., "The spread of true and false news online," *Science*, 2018, 359 (6380): 1146 – 1151.

后　记

当今世界正处于百年未有之大变局，现代信息技术以空前的速度更新换代，传媒业格局发生了巨大变化，融合新闻生产、传播成为主流发展方向。透过融合新闻兴起的脉络走向和现实景观，我们可以触摸到社会生活、媒体环境和新闻生产变迁的轨迹与趋势。

本书力图以有机整体论的视野重新审视新闻与技术、理论与实务之间的关系，提出融合新闻学的理论框架、实践路径和操作方法，为人们把握融合新闻的生产逻辑、文本形态、叙事机理与业务创新等提供参照。

秉持集体协作精神，本书通过团队力量完成。全书由陈伟军教授拟定提纲，并对初稿做了大幅度修改。在团队的组织与协调方面，朱思敏配合做了不少工作。本书各章的编写人员如下：

绪论、结语：陈伟军

第一章：肖家明、刘汉能、邹禧乾、魏鸿昌

第二章：赵雪、周野、方豪杰、张丹露、张瑾杰、彭耀著

第三章：丁琳硕、蔡雨耘、陈施敏

第四章：陈洁玲、丁敏、李洪霞

第五章：彭丽、朱思敏、翁子璇、吕希

第六章：尹菊、袁婷、曾曦

第七章：李丽贤、刘阳、林蓉蓉、李霞梅

第八章：康雨佳、赖尔曼、朱桃、李凤凤

第九章：王淑君、王慧霞、肖潇、江龙国、周海涵

第十章：冯格格、李紫妍、赖新旖、李慧敏

“苟日新，日日新，又日新。”创新、求变是媒体发展的动力，融合新闻也是处于动态演化之中。媒体深度融合发展的实践永不停息，研究者的学识水平和业务经验却有限度，本书的粗疏、浅陋在所难免，恳请读者批评指正。

本书编写组

2021 年 5 月